● 本书为国家社会科学基金项目"基于双边市场理论的南方集体林区林权流转交易中心运行机制研究"(15XGL014)、福建省以马克思主义为指导的哲学社会科学学科基础理论研究基地"闽东特色乡村振兴之路研究中心"(闽社科规〔2020〕1号)重大项目"乡村振兴背景下闽东农业农村现代化发展研究"(FJ2021MJDZ037)成果。

● 本书获得福建省以马克思主义为指导的哲学社会科学学科基础理论研究基地"闽东特色乡村振兴之路研究中心"财政专项研究资金项目(闽社科规〔2020〕1号、闽财教指〔2021〕103号)、福建省高校特色新型智库"精准扶贫与反返贫研究中心"专项建设资金项目(闽教科〔2018〕50号)资助。

乡村振兴经济研究丛书

南方集体林区林权交易中心运行机制研究

林俊杰 魏远竹 著

厦门大学出版社
国家一级出版社
全国百佳图书出版单位

图书在版编目（CIP）数据

南方集体林区林权交易中心运行机制研究 / 林俊杰，魏远竹著. -- 厦门：厦门大学出版社，2024.8.
（乡村振兴经济研究丛书）. -- ISBN 978-7-5615-9477-3

Ⅰ. F326.22

中国国家版本馆 CIP 数据核字第 2024BF6835 号

责任编辑　李瑞晶
美术编辑　李嘉彬
技术编辑　朱　楷

出版发行　*厦门大学出版社*
社　　址　厦门市软件园二期望海路 39 号
邮政编码　361008
总　　机　0592-2181111　0592-2181406（传真）
营销中心　0592-2184458　0592-2181365
网　　址　http://www.xmupress.com
邮　　箱　xmup@xmupress.com
印　　刷　厦门市金凯龙包装科技有限公司

开本　720 mm×1 000 mm　1/16
印张　19
插页　2
字数　285 千字
版次　2024 年 8 月第 1 版
印次　2024 年 8 月第 1 次印刷
定价　68.00 元

本书如有印装质量问题请直接寄承印厂调换

厦门大学出版社
微信二维码

厦门大学出版社
微博二维码

前　言

2003年以来，随着改革的不断深入，南方集体林区各省份的新一轮集体林权制度改革取得了初步成功，但明晰产权之后的山林资源，面临着如何进一步通过市场机制实现优化配置的难题。因此，我国逐步完善集体林权制度改革的配套措施，在此背景下，林权交易市场应运而生。

近十几年来，中国政府和学术界对农村集体产权流转交易市场建设和发展问题给予了充分的关注。据统计，截至2019年，我国已初步建立了1900多个县级及以上的林权交易中心、20多个林权交易所，并且部分林权交易所已具备了省级联网交易功能。① 但现阶段林权流转交易呈现出弱市场化的发展趋势，如何建立完善的林权交易市场是新一轮林改面临的重要问题，林权交易平台的机制建设是解决这一问题的关键途径之一。

现有研究对于林权交易中心这种新型的、具有实物形态的林权

---

① 数据来源：中华人民共和国农业农村部，2019.对十三届全国人大二次会议第8630号建议的答复[EB/OL].（2019-07-17）[2023-07-15]. http://www.moa.gov.cn/gk/jyta/201907/t20190717_6321084.htm.

交易平台的作用较为认可,但缺乏对于林权交易中心运行机制的深入分析及其内在作用机理的研究。然而,只有建立完善相关的运行机制,林权交易中心才能有持续发展的原动力,林权交易市场才能实现良性发展。因此,基于林权交易市场的现实情况和研究进展,本书以福建省、江西省和浙江省等三个南方集体林区省份为调查范围,以林权交易中心运行机制的完善为研究对象,对南方集体林区林权交易中心的运行机制进行研究。

本书按照"提出问题—分析问题—解决问题"的基本逻辑,以机制设计理论和双边市场理论为指导,在对南方集体林区林权交易中心发展现状进行梳理的基础上,分别从供求调节机制、交易机制和价格协调机制等维度完善林权交易中心的运行机制。首先,市场供求主体是林权交易中心运行的基础,本书通过演化博弈模型分析林权交易中心供需双方不同的策略行为,并分析影响林权流转交易规模的重要因素;其次,本书对林权交易中心的交易方式进行对比分析,并将双向拍卖模型引入林权流转交易定价中,实现林权交易市场的价格发现功能;再次,基于双边市场理论,分析不同类型林权交易中心的价格协调机制;最后,充分借鉴国内典型林权交易中心运行机制的经验,在此基础上探索林权交易中心运行机制的优化路径,以期促进林权交易中心的健康发展。

本书的研究结论可归纳为如下几个方面。

第一,自林业"三定"以来,林权交易中心经历了平台的建立探索、平台初步形成和大规模交易平台建立三个阶段。当前南方集体林区林权交易中心已初步形成了一定的规模,但各个交易中心发挥的作用参差不齐,整体交易活跃程度呈现下降的趋势。林权交易中心在运行过程中面临不少亟待解决的问题,尤其是林权交易中心的运行机制不完善,其中的供求调节机制、交易机制和价格协调机制等组成部分并未充分发挥其应有的作用。

第二,林权交易价格、交易成本、交易费用、林业经营收益和非林业收益等是影响林权流转交易规模的重要因素。若要提高林权流转交易规模,林权交易中心应采取不同的交易方式,以实现林权交易的价格发现功能,降低供需双方的交易成本和交易费用,制定林业扶持政策以增强投资者经营林业的意愿,以及提高农户对林权交易中心的认知程度。其中:降低交易成本就是提供更加开放的事前流转交易信息,简化中心的交易程序,降低森林资源资产的评估费用和需求方的保证金费用;降低交易费用是在确保保本微利的前提下,制定差异化的佣金收费标准,减轻交易双方的流转费用压力;提高农户对林权交易中心的认知程度就是加大对林权交易中心的宣传和推广力度。

第三,提出基于双向拍卖模型的林权流转交易定价设想。在线性均衡策略下,交易双方达成交易有助于提高交易双方的效用和市场效率。因此,林权交易中心可以建立双向拍卖机制,促进交易双方参与交易的积极性,从而实现林权流转交易效率的帕累托改进。同时,林权供给方的报价足够低,林权流转交易实现的概率才会高,但这样容易导致逆向选择现象的产生。

第四,基于双边市场理论视角提出林权交易中心的价格协调机制设想。"供给方—林权交易中心—需求方"这一模式具有双边市场的基本特征。林权交易中心的性质主要包括事业单位性质和企业性质。政府主导下的林权交易中心以社会福利最大化为目的,提倡以村组为单位的林权流转交易模式,并通过调节交易费用的定价比例来动态调整交易规模,从而促进供需双方的效用最大化。而市场主导下的林权交易中心以利润最大化为目的,中心的互联互通有助于扩大市场交易对象的匹配范围,提高林权交易中心的运营效率。实现互联互通之后,中心的定价和利润水平比无互联互通时有所提高。本书的研究发现,搜寻匹配效率与中心的定价和利润水平均呈负相关,交叉网络外部性与中心的定价和利润水平无直接关系。

第五,提出林权交易中心运行机制的优化设计方案。通过比较国内不同类型林权交易中心的运行机制,本书认为,林权交易中心的有效运行需要供求调节机制、交易机制和价格协调机制均充分发挥应有的作用。为提高林权交易中心的运行效率,本书提出了合理布局和培育林权交易中心、建立系统的林权交易价格机制、健全林权交易中心的服务体系等优化措施。

与现有的文献相比,本书的特色及创新之处在于以下四个方面。

第一,从平台机制建设角度拓宽了林权交易市场的研究视角。基于南方集体林区林权交易市场的现实情况,本书从供求调节机制、交易机制和价格协调机制等维度对林权交易中心这一山林产权交易中介服务平台进行了系统的分析,这一做法有别于此前的相关研究,是本书的特色和创新之一。

第二,试图通过考察林权交易市场的动态演化路径来对现有文献进行补充。个体行为选择是林权交换效率的主要驱动因素。结合林权交易市场的实际情况,本书重点展示了交易价格、交易成本、林业收益、非林业收益四个重要因素如何影响交易双方选择的动态过程。对这些因素的考量是更具现实性和可行性的,这也与以往研究的关注点有所不同。同时,基于林权交易典型地区调查数据的可获得性,本书采用我国福建、浙江和江西这三个省份林农的调研数据集进行数值模拟,使得数值模拟结果更加可靠。

第三,尝试建立基于双向拍卖模型的林权流转交易定价设想。针对市场上"多对多"的市场结构,本书尝试通过引入双向拍卖模型分析林权流转交易定价,从而提高供需双方实现交易的效益水平和市场效率,这有别于现有研究所采用的方法,具有一定的创新性。

第四,试图建立林权交易中心的价格协调机制。首先,运用双边市场理论的均衡分析方式,本书构建了不同类型林权交易中心的定价模型,分析了林权交易中心定价策略在集体林权流转中的作用机理,描述了包括林权交易中心、需求方和供给方在内的所有参与者之间的相互作用关系,拓展了双边市场理论,从而为尚未建立林权交易定价体系的林权交易中心提供参考。其次,为了明确影响林权交易中心定价的因素,在利润最大化和社会福利最大化的前提下,本书剖析了服务水平、集团内部及外部性、跨网络外部性和搜寻匹配效率等不同因素是如何影响交易中心的利润和社会福利的最大化的,并结合双边市场特征,提出了提升林权交易中心运营效率的措施,丰富了林权交易市场的相关理论研究,这是有别于以往研究的新的尝试。

目 录

1 林权交易中心研究现实背景与总体设计 …………………………… 001
  1.1 研究背景与问题提出 …………………………………………… 001
    1.1.1 研究背景 ………………………………………………… 001
    1.1.2 问题提出 ………………………………………………… 003
  1.2 研究目的与意义 ………………………………………………… 005
    1.2.1 研究目的 ………………………………………………… 005
    1.2.2 研究意义 ………………………………………………… 006
  1.3 研究方法、思路与内容 ………………………………………… 007
    1.3.1 研究方法 ………………………………………………… 007
    1.3.2 研究思路 ………………………………………………… 008
    1.3.3 研究内容 ………………………………………………… 010
  1.4 研究特色与创新 ………………………………………………… 012

2 林权交易相关研究进展与理论基础 ………………………………… 014
  2.1 林权交易相关研究进展 ………………………………………… 014
    2.1.1 关于林权流转问题的研究进展 ………………………… 014

　　　2.1.2　关于林权流转交易的政策法规研究进展 …………… 015
　　　2.1.3　关于林权交易市场的研究进展 …………………………… 021
　　　2.1.4　关于产权流转市场运行机制的研究进展 ……………… 027
　　　2.1.5　研究进展评价 ……………………………………………… 029
　2.2　林权交易相关研究理论基础 ……………………………………… 030
　　　2.2.1　机制设计理论 ……………………………………………… 030
　　　2.2.2　演化博弈理论 ……………………………………………… 032
　　　2.2.3　双边市场理论 ……………………………………………… 034
　2.3　林权交易市场相关概念界定 ……………………………………… 036
　　　2.3.1　林权流转交易 ……………………………………………… 036
　　　2.3.2　林权交易中心 ……………………………………………… 037
　　　2.3.3　市场运行机制 ……………………………………………… 037
　2.4　林权交易中心运行机制分析框架 ………………………………… 038
　　　2.4.1　供求调节机制 ……………………………………………… 038
　　　2.4.2　交易机制 …………………………………………………… 040
　　　2.4.3　价格协调机制 ……………………………………………… 041
　　　2.4.4　林权交易中心运行的路径机理 …………………………… 043
　2.5　本章小结 …………………………………………………………… 044

3　南方集体林区林权交易中心的发展现状 …………………………… 045
　3.1　南方集体林区林权交易中心的发展情况 ………………………… 045
　　　3.1.1　南方集体林区林权交易中心的发展历史 ………………… 045
　　　3.1.2　南方集体林区林权交易中心的分布情况 ………………… 046
　　　3.1.3　南方集体林区林权交易中心的类型 ……………………… 049
　3.2　区域林权交易中心基本情况 ……………………………………… 052
　　　3.2.1　调查设计 …………………………………………………… 052

  3.2.2 调查区域林权交易中心的建设情况 ·············· 055
  3.2.3 调查区域林权交易中心的交易量变动情况 ·············· 057
 3.3 调查区域林权交易中心运行情况 ·············· 066
  3.3.1 调查区域林权交易中心的供求情况 ·············· 067
  3.3.2 调查区域林权交易中心的交易流程及方式 ·············· 070
  3.3.3 调查区域林权交易中心的服务定价情况 ·············· 074
 3.4 典型区域林权交易中心建设成效评价 ·············· 075
  3.4.1 数据来源 ·············· 076
  3.4.2 研究方法 ·············· 076
  3.4.3 林权交易中心评价指标体系构建 ·············· 079
  3.4.4 林权交易中心的成效评价结果分析 ·············· 085
 3.5 本章小结 ·············· 090

4 林权交易中心的供求调节机制 ·············· 092
 4.1 林权交易中心的供求均衡分析 ·············· 092
  4.1.1 模型假设和建立 ·············· 093
  4.1.2 供求双方演化博弈的复制动态分析 ·············· 095
  4.1.3 供求双方演化均衡的规律分析 ·············· 096
  4.1.4 供求双方演化稳定的影响因素分析 ·············· 099
 4.2 数值仿真 ·············· 103
  4.2.1 数据来源 ·············· 103
  4.2.2 仿真结果 ·············· 104
 4.3 本章小结 ·············· 113

5 林权交易中心的交易机制 ·············· 114
 5.1 林权交易中心的交易方式分析 ·············· 114

  5.1.1 协商定价 ·· 115
  5.1.2 招投标 ·· 115
  5.1.3 拍卖 ··· 116
  5.1.4 不同交易方式的对比 ·· 118
 5.2 林权流转交易双向拍卖模型 ··· 119
  5.2.1 林权流转交易双向拍卖模型的引入 ···························· 119
  5.2.2 双向拍卖模型假设 ··· 120
  5.2.3 双向拍卖模型建立 ··· 121
  5.2.4 模型求解 ·· 122
 5.3 数值仿真 ·· 127
  5.3.1 数据来源 ·· 127
  5.3.2 仿真结果 ·· 128
 5.4 本章小结 ·· 130

6 林权交易中心的价格协调机制 ·· 132
 6.1 林权交易中心的双边市场特征 ··· 132
  6.1.1 一般属性 ·· 133
  6.1.2 特有属性 ·· 134
 6.2 政府主导下的林权交易中心定价策略 ·································· 135
  6.2.1 模型构建 ·· 135
  6.2.2 模型推导 ·· 136
  6.2.3 研究结果 ·· 138
 6.3 市场主导下的林权交易中心定价策略 ·································· 140
  6.3.1 模型构建 ·· 140
  6.3.2 模型推导 ·· 142
  6.3.3 研究结果 ·· 146

6.4 数值仿真 ………………………………………………… 147
　　　　6.4.1 数据来源 ………………………………………… 148
　　　　6.4.2 仿真结果 ………………………………………… 148
　　6.5 本章小结 ………………………………………………… 155

7 国内典型林权交易中心构建经验借鉴 ……………………… 157
　　7.1 中国林业产权交易所建设的主要做法 ………………… 157
　　7.2 天津市林权交易中心建设的主要做法 ………………… 160
　　7.3 沈阳林权交易中心建设的主要做法 …………………… 163
　　7.4 内蒙古林权交易中心建设的主要做法 ………………… 165
　　7.5 经验启示 ………………………………………………… 168
　　　　7.5.1 规范交易,推动林业适度规模经营 ……………… 168
　　　　7.5.2 价值发现是推动林权流转市场化的关键因素 …… 169
　　　　7.5.3 借助网络化架构,实现高效互联 ………………… 170
　　7.6 本章小结 ………………………………………………… 170

8 林权交易中心运行机制的优化方案 ………………………… 172
　　8.1 林权交易中心运行机制的优化路径 …………………… 172
　　　　8.1.1 构建林权交易中心有效运行的基础条件 ………… 172
　　　　8.1.2 构建林权交易中心应遵循的基本原则 …………… 173
　　　　8.1.3 林权交易中心有效运行的基本模式 ……………… 174
　　8.2 林权交易中心运行机制的保障措施 …………………… 175
　　　　8.2.1 合理布局和培育林权交易中心 …………………… 176
　　　　8.2.2 建立系统的林权交易价格机制 …………………… 177
　　　　8.2.3 健全林权交易中心的服务体系 …………………… 180
　　8.3 本章小结 ………………………………………………… 183

9 研究结论及展望 ·· 184
9.1 研究结论 ·· 184
9.2 研究展望 ·· 187

参考文献 ·· 188

附　录 ·· 206
附录1　南方集体林区林权交易中心基本情况调查问卷 ············· 206
附录2　关于林权交易中心运行机制的专家调查问卷 ··············· 210
附录3　南方集体林区农户关于林权交易中心的调查问卷 ··········· 215
附录4　林权交易中心运行机制的指标评价调查问卷 ··············· 222
附录5　县级林权交易规则（尤溪县） ···························· 226
附录6　集体林权流转合同 ······································ 230
附录7　福建沙县农村产权交易中心有限公司佣金收取管理办法 ··· 237
附录8　福建省将乐县林权交易中心招标管理意见 ················· 241
附录9　海峡股权交易中心林权交易电子竞价须知 ················· 252
附录10　中国林业产权交易所活立木交易服务收费办法（试行） ··· 260
附录11　林权交易调研报告专题篇 ······························· 261

后　记 ·· 287

1 林权交易中心研究现实背景与总体设计

1.1 研究背景与问题提出

1.1.1 研究背景

党的十九大报告提出实施乡村振兴战略,指出农业农村农民问题是关系国计民生的根本性问题,必须始终把解决好"三农"问题作为全党工作重中之重。集体林权制度改革是乡村振兴战略的核心部分,不仅关系到我国农民的生产增收以及农村的社会稳定,还关系到我国生态保护政策能否有效实行。早在2018年,中央一号文件就明确提出要深入推进集体林权、水利设施产权等领域的改革。党的二十大报告更是强调要进一步深化集体林权制度改革,明确森林对国家生态安全和人类经济社会可持续发展具有基础性、战略性作用,对我国实现"双碳"目标也有重要作用。因此,要持续深化集体林权制度改革,加快推动乡村振兴战略的实施,从而促进经济社会可持续发展。

自2003年以来,各省新一轮集体林权制度改革取得了初步成功。截至2017年底,全国确权的集体林地面积占集体林改林地面积的98.97%,发放林权证面积占已确权林地总面积的97.65%,这标志着明晰产权"确权发证"的阶段性目标已基本实现(国家林业和草原局,2018)。但明晰产权之后的山林资源,面临着如何借助市场机制有效实现资源配置、确保林业经营效益和林农收益达到预期效果等问题(谢煜 等,2013;温作民 等,2011)。因此,政府推出集体林权制度改革的配套措施,林权流转交易日渐频繁。

近些年来,我国政府和学术界对农村集体产权流转交易市场建设和发展问题给予了充分的关注。早在2008年,我国就明确将耕地家庭承包经营制度延伸到林地中,以家庭承包经营为基础的集体林经营制度得以确立并逐步实施。2014年底,《国务院办公厅关于引导农村产权流转交易市场健康发展的意见》出台,明确了农村产权流转服务平台的定位和形式,标志着农村集体产权流转交易市场的建设进入了有章可循的新阶段。2016年7月,国家林业局出台《关于规范集体林权流转市场运行的意见》,细化林权流转的规范要求,鼓励农户和其他林业经营主体拥有的林权到林权交易平台、公共资源交易平台等公开市场上流转交易。2018年5月,国家林业和草原局提出要依托林权管理服务机构,加快推进互联互通的林权流转市场服务平台建设。2023年,中共中央办公厅、国务院办公厅出台《深化集体林权制度改革方案》,明确提出"各地要依托现有平台搭建林权流转交易系统"。

基于政府的支持,为促进林权流转和提高林权交易效率,各省纷纷建立了林权流转交易平台、林业要素市场、林业服务中心、林业管理中心和林业产权交易所等(本书将其统一称为"林权交易中心")。据统计,我国已初步建立了1900多个县级及以上的林权交易中心、20多个林权交易所,并且部分林权交易所已具备了省级联网交易的功能(中华人民共和国农业农村部,2019)。这些林权交易中心大多设置在重点林区县,部分重点林业县市甚至有多个交易平台,其所承担的基本功能包括交易信息发布、流转交易活动、林业行政审批及林权变更登记等服务。

伴随着全国性林业产权交易所、区域性林业产权交易所及县级林权交易机构的建立,我国林权流转交易进入市场化和规模化的阶段。当前,建立健全的林权交易市场体系已经成为学术界和实务界的一致目标,而平台的机制建设又是其中的核心部分。作为重要的山林产权交易的集中地,林权交易中心成立的目的之一是在市场机制的引导下盘活森林资源资产,使林业生产要素重新优化配置,市场交易主体多方共同受益。林权交易中心最主要的功能就是担任山林产权交易的中介,为交易各方提供真实可信的相关信息,解决交易双方的信息不对称问题,并最终促成交易双方实现产权的交易和流转。由此可见,林权交易中心不仅是集体林权制度改革不断深化的产物,而且是后林改时代综合配套改革实施的核心部分,对深入推进林权改革具有重要的价值。我国林权交易中心的运行现状如何?机制建设是否完善?深入探究这些问题有助于优化林权交易中心建设,从而推进林权流转交易的市场化进程。因此,只有通过实地调研林权交易中心的发展现状,并从平台的机制建设角度深入了解和完善林权交易中心的运行机制,才能建立健全的林权交易市场体系。

1.1.2 问题提出

从前文的分析可知,新一轮林改为优化配置林地资源提供了基础条件。而在产权明晰后,如何建立健全的林权交易市场体系以实现林业适度规模经营,一直是新一轮林改的重要问题。其中,平台的机制建设是寻找问题解决思路的关键途径之一,即建立常态化的林权交易场所规章制度和促进林权流转交易是未来发展的趋势(谢煜 等,2013)。但现阶段,我国林权流转交易呈现出弱市场化的态势(刘祖军 等,2018),截至 2017 年底,全国林权流转交易的面积仅为 0.189 亿公顷,占全部确权面积的比例约为 10.46%。另外,本研究调研组在南方集体林区重点林业省份的农户调研结果表明,林权转出方占有效样本的比例仅为 8.35%。

有学者从供需双方的意愿角度对上述情况产生的原因进行阐释(魏远竹 等,2014;谢煜 等,2016;卢秋佳 等,2018),但关于如何进一步解决问题的研究不多。虽然有部分研究分析林权交易市场的交易活跃程度不高、机制建设不够完善等现实情况,并提出要重视林权交易市场的机制建设(乔永平,2014;张丽影,2016;杨丽颖 等,2017),但相关研究总体而言较少,系统研究更少,尤其缺乏对林权交易中心运行机制的深入分析以及对内在作用机理的研究。

诚然,在当前我国林权交易中心稳步发展的前提下,建立和完善林权交易中心的运行机制显得十分重要,只有完善了相关的运行机制,林权交易中心才会有持续发展的原动力,从而推动林权流转交易的市场化进程。现有林权交易中心的运行情况如何,是否充分发挥着促使供求双方实现均衡的调节作用,中心的交易流程、交易方式和服务定价制度是否完善,对这些问题的解答有助于更好地建立和完善林权交易中心。因此,基于林权交易市场的现实情况,本书从平台机制建设的角度出发,以福建省、江西省和浙江省三个南方集体林区省份为调查范围,以林权交易中心运行机制的完善问题为研究对象,对南方集体林区林权交易中心的运行机制进行研究,主要包括以下几个方面:(1)现有南方集体林区林权交易中心在运行过程中存在的问题有哪些?本书通过对由实地调研获取到的、关于调研区域内林权交易中心、专家和农户等的统计资料进行描述性分析,并深入探究林权交易中心的运行现状及存在的问题,指出目前林权交易中心运行机制存在的不足之处,主要体现在林权交易中心促使林权供给与需求平衡方面的作用、交易方式及服务定价制度等方面。(2)完善林权交易中心的运行机制的过程中具体涉及哪些子机制?结合南方集体林区林权交易中心在运行过程中面临的主要问题,本书分别从供求调节机制、交易机制和价格协调机制等维度进行研究。(3)市场供求主体是林权交易中心运行的基础,本书对林权交易中心的供需双方如何实现市场均衡状态,以及影响供需双方交易的因素展开探究。(4)针对林权流转的竞价机制设计问题,本书对林权交易中心如何设计双向拍卖的交易方式,以实现林权流转交易的价格发现功能,提升双方参与流转交易的积极性,提高流转交易效率进行分析。(5)结合"供给方—林权交易中心—需求方"的双边市场结构,不同类型的林权交易中心如何制定价格策略以协调流转交易规模和供需双方的效益?本书对此进行分析。(6)根据上述相关机制的研究,本书对如何设计林权交易中心运行机制的优化路径,以保障林权交易中心规范、健康、持续地运行这一问题进行回答。

1.2 研究目的与意义

1.2.1 研究目的

本书拟在新一轮林改背景下,以南方集体林区林权交易中心运行机制的完善问题为研究对象,深入探究林权交易中心的供求调节机制、交易机制和价格协调机制等在集体林权流转过程中的作用机理,并提出林权交易中心运行机制的优化路径,为促进南方集体林区林权交易市场的健康发展提供理论和实践的支撑。具体的研究目的如下。

(1)明确南方集体林区林权交易中心的运行现状及存在的主要问题。

(2)构建林权交易中心的供求调节机制,揭示影响林权流转交易规模的关键因素,为完善林权交易中心运行机制奠定基础。

(3)构建林权交易中心的交易机制,设计合理的交易方式,实现林权交易的价格发现功能,促使交易双方在确保各自利益的基础上增大林权流转交易规模,从而优化森林资源配置。

(4)构建林权交易中心的价格协调机制,基于双边市场理论,明确不同类型林权交易中心的最优定价策略。

(5)根据研究结果,提出林权交易中心运行机制的优化路径,为政府相关职能部门的决策提供参考依据。

1.2.2 研究意义

本书立足于南方集体林区林权交易市场的实践经验,以机制设计理论和双边市场理论为指导,构建了南方集体林区林权交易中心的运行机制,对林权交易市场的健康发展有丰富的理论和实践意义。

(1)系统研究林权交易中心的运行机制,拓宽了林权交易市场的研究视角。本书立足于南方集体林区林权交易市场的现实情况,从平台机制建设的角度出发,基于供求调节机制、交易机制和价格协调机制等维度,对林权交易中心这一山林产权流转交易中介服务平台的运行机制进行了系统的分析,并提出了优化林权交易中心运行机制的路径,拓宽了林权交易市场研究的视角。

(2)通过完善林权交易中心的运行机制,有助于促进集体林权制度改革的深入推进。作为直接联结林权转入方和转出方的平台,林权交易中心在促使供需双方达成交易方面发挥着关键的作用,有助于解决转入方和转出方的信息不对称问题。林权交易中心的建立和运行机制的不断完善,有助于促进林权的规范流转和实现林业要素的合理配置,盘活"沉睡"的资产,推动林业适度规模经营,有助于解决新一轮林改所带来的"林地经营破碎化"等瓶颈问题,从而促进改革的深入推进。

(3)通过运行机制的完善,林权交易中心能够发挥主渠道作用,推动林权交易市场的持续发展。本书从林权交易中心的供求调节机制、交易机制和价格协调机制等维度提出合理、具有可操作性的建议,有助于完善林权交易中心的运行机制,促使林权交易中心充分发挥主渠道作用,这对于限制林农私下交易等不规范的交易行为和增加交易双方的收入水平均具有重要的意义,从而促进林权交易市场的健康持续发展。

(4)为将双边市场理论延伸至林权交易市场领域提供了一种全新的探索与尝试,拓展了林权交易市场研究的新思路,同时也完善了双边市场理论的应用研究。林权交易市场的"供给方—林权交易中心—需求方"这一模式具备了典型的双边市场结构,本书经论证认为林权交易中心具有双边市场的基本特征。双边市场理论的定价策略对平台的运营效率有着很大的影响,通过对已有的文献进行归纳总结,本书深入研究双边市场理论视角下不同类型林权交易中心的定价策略,并结合双边市场特征提出相应的措施,以提升林权交易中心的运营效率,不仅丰富了林权交易市场的理论研究,而且拓宽了双边市场理论的应用范围。

1.3　研究方法、思路与内容

1.3.1　研究方法

本书采用多种研究方法对南方集体林区林权交易中心运行机制展开研究,具体方法如下。

(1)调查研究法。调查研究法是指通过实地考察收集相关材料并进行分析研究。本书通过实地调研、问卷调查和专家访谈的方式对南方集体林区林权交易中心的发展现状进行调查研究。调查的对象包括林权交易中心的管理人员、政府主管部门负责人、相关的林农和林业专家学者,最终获取到的有效的农户问卷多达575份,有效的专家问卷52份。同时,本书选取典型的林权交易中心进行实地调研,通过线上和线下相结合的方式收集林权交易中心的有关数据，并运用描述性统计方法对南方集体林区林权交易中心的运行现状及问题进行分析，为完善林权交易中心的运行机制奠定基础。

(2)博弈分析法。博弈分析法是指在一定假设条件下，研究市场主体如何做出有利于自身效益最大化决策的分析方法。完整的博弈情况包含演化博弈、局中人假设、行为策略、双向拍卖等。首先，本书运用演化博弈方法分析林权交易中心供求主体不同行为的均衡策略，并得出影响供需双方实现交易的因素。其次，结合博弈分析法，本书引入双向拍卖模型分析林权流转交易的价格发现功能，旨在提高交易双方的效益水平和交易效率。

(3)数学建模法。数学建模法是指通过数学符号、公式、程序对实际现象进行描述和揭示，相应的运算结果可以用来解释某些客观现象或预测未来的发展规律。本书首先构建数学模型分析林权交易中心的供求均衡策略；其次，构建数学模型分析林权流转交易的价格发现功能；最后，结合双边市场理论，分别构建政府主导下和市场主导下的林权交易中心定价的数学模型。同时，本书运用 Matlab 软件对模型推导结果进行数值模拟，通过取值的变化对研究结论进行直观的验证。

1.3.2 研究思路

本书在新一轮林改背景下，以健全林权交易市场体系为目标，从平台机制的建设角度出发，以林权交易中心运行机制的完善问题为研究对象，在系统梳理南方集体林区林权交易中心发展现状的基础上，从供求调节机制、交易机制和价格协调机制等角度构建林权交易中心的运行机制，并积极探索南方集体林区林权交易中心运行机制的优化路径。本书的具体研究思路详见图 1-1。

(1)文献整理和提出问题。通过对国内外文献的搜集和研究，系统总结了林权流转问题、林权交易市场和产权流转市场运行机制等方面的研究成

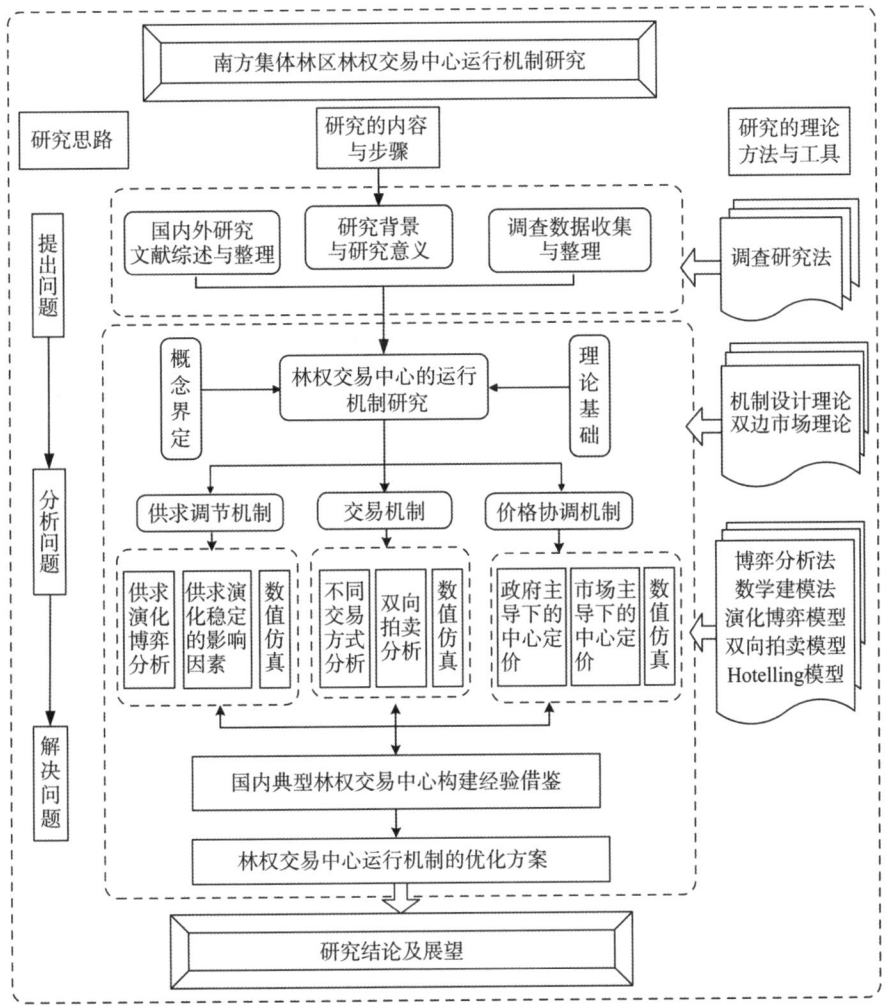

图 1-1 研究思路

果。基于南方集体林区林权交易中心的现实情况,本书提出能否建立健全的林权交易市场体系一直是新一轮林改面临的重要问题,而梳理当前林权交易中心的运行机制和内在规律有助于寻找解决问题的思路。因此,本书的研究对象为林权交易中心运行机制的完善问题。

(2)调查了解南方集体林区林权交易中心的发展现状。本书通过向林权交易中心、专家和农户等发放问卷来展开实地调研并收集数据,对调研区

域林权交易中心的发展时期、分布情况、市场结构类型、建设情况、交易量变动情况、供求情况、交易流程及方式、服务定价情况等进行描述性统计分析,并选取福建省为研究对象,对福建省林权交易中心运行成效进行评价。

(3)系统研究南方集体林区林权交易中心的运行机制。本书以机制设计理论和双边市场理论为指导,在分析南方集体林区林权交易中心发展现状的基础上,从供求调节机制、交易机制和价格协调机制等维度对林权交易中心的运行机制进行系统研究。

(4)提出南方集体林区林权交易中心运行机制的优化路径。本书结合典型林权交易中心的运行机制经验,针对林权交易中心运行的特点,提出优化南方集体林区林权交易中心运行机制的路径,以期促进林权交易中心的持续健康发展。

1.3.3 研究内容

按照"提出问题—分析问题—解决问题"的基本逻辑,本书对南方集体林区林权交易中心的运行机制展开研究,研究内容具体如下。

第1章是林权交易中心研究现实背景与总体设计。本章重点分析了研究的总体设计,主要包含了研究背景与问题提出,研究目的与意义,研究方法、思路与内容等方面,并总结本书可能存在的特色与创新之处。本章的目的在于提出问题,为后续章节的研究奠定基础。

第2章是林权交易相关研究进展与理论基础。本章首先对已有的研究文献进行回顾,以便总结出相关的研究观点和前沿动态;其次,介绍机制设计理论和双边市场理论等相关理论,并界定林权流转交易等相关概念,在此基础上得到林权交易中心运行机制的分析框架和路径机理,为下文的研究奠定理论基础。

第3章是南方集体林区林权交易中心的发展现状。通过实地调研南方集体林区林权交易中心的现实情况,结合对专家和农户的调研数据,深入分析后林改时期林权交易中心的运行情况,并指出林权交易中心的运行机制不完善,尤其是供求调节机制、交易机制和价格协调机制等组成部分并没有充分发挥其应有的作用。本章的主要作用是寻找和明确当前林权交易中心在运行过程中所面临的主要问题,为下文完善林权交易中心运行机制的研究提供一定的参考依据。

第4章是林权交易中心的供求调节机制。基于演化博弈理论,以有限理性的供需双方作为决策主体,本章构建供需双方之间的演化博弈模型,探讨供需双方不同策略行为的动态演化过程,并分析影响林权流转交易规模的重要因素。本章的主要作用是建立供求调节机制,为交易机制和价格协调机制的研究做铺垫。

第5章是林权交易中心的交易机制。现有林权交易市场的结构呈现出多元化的态势,结合当前林权交易市场的实际情况,本章引入双向拍卖模型对林权流转交易定价进行研究,将交易成本、机会成本和经营效益等作为林权流转交易定价的重要影响因素,分析这些因素对交易双方的效益和市场效率的影响,并结合数值仿真验证结论的合理性。本章的主要作用是构建林权交易中心的交易机制,为林权流转交易的价格发现提供可借鉴的经验。

第6章林权交易中心的价格协调机制。林权交易中心和供求双方形成了双边市场的结构,结合双边市场理论,本章构建了政府主导下与市场主导下林权交易中心的定价模型,探讨了政府主导下的林权交易中心实现利润最大化和社会福利最大化的价格结构,以及市场主导下的林权交易中心实现互联互通的定价策略,并结合数值仿真验证结论的合理性。本章的主要作用是构建林权交易中心的价格协调机制,以提升林权交易中心的运营效率。

第7章是国内典型林权交易中心的构建经验借鉴。为了全面掌握各地林业产权市场的建设情况,本章聚焦于中国林业产权交易所、天津林权流转交易中心、沈阳林权交易中心以及内蒙古林权交易中心这四个典型的林权交易中心，深入剖析了它们的运行策略。通过对比分析，归纳总结了这些林权交易中心在业务模式、交易方式和服务定价策略等方面的特点。本章的主要作用是为南方集体林区林权交易中心运行机制的优化提供启示和借鉴。

第 8 章是林权交易中心运行机制的优化方案。目前南方集体林区林权交易市场发展的重点是建立和培育，本章提出了南方集体林区林权交易中心运行机制优化的措施，包括合理布局和培育林权交易中心、建立系统的林权交易价格机制和健全林权交易中心的服务体系等，以期完善林权交易中心的运行机制，从而推动林权交易市场的持续发展。

第 9 章是研究结论及展望。本章对各个章节的研究结论进行了概括、梳理，并提到了本书可能存在的一些局限和不足之处，还提出了未来的研究方向。

1.4　研究特色与创新

与现有的文献相比，本书的特色或创新之处在于以下四点。

(1)从平台机制建设角度拓宽了林权交易市场的研究视角。基于南方集体林区林权交易市场的现实情况，本书从供求调节机制、交易机制和价格协调机制等维度对林权交易中心这一山林产权交易中介服务平台进行了系统的分析，这一做法有别于此前的相关研究，是本书的特色和创新之一。

(2)试图通过考察林权交易市场的动态演化路径来补充和完善现有文献。个体行为选择是林权交换效率提高的主要驱动因素，已有研究讨论了交易演化稳定策略受交易价格、交易成本、利益分配和收益等多种因素的影响(胡超 等，2011；林彤 等，2018；刘园园 等，2012)。结合林权交易市场的实际情况,本书重点呈现了交易价格、交易成本、林业收益、非林业收益四个重要因素如何影响交易双方选择的动态过程。这些因素的考量是更具现实性和可行性的,与以往的研究有所不同。同时,基于林权交易典型地区调查数据的可获得性,本书采用我国福建、浙江和江西这三个省份林农的调研数据集进行数值模拟,使数值模拟结果更加可靠。

(3)尝试建立基于双向拍卖模型的林权流转交易定价设想。针对市场上"多对多"的市场结构,本书尝试通过引入双向拍卖模型分析林权流转交易定价,从而提高供需双方实现交易的效益水平和市场效率,这有别于现有的研究,具有一定的创新性。

(4)试图建立林权交易中心的价格协调机制。第一,通过运用双边市场理论的均衡分析方式,本书构建了不同类型林权交易中心的定价模型,分析了林权交易中心定价策略在集体林权流转中的作用机理,描述了包括林权交易中心、需求方和供给方在内的所有参与者之间的相互作用关系,不仅拓展了双边市场理论的应用范围,还为尚未建立林权交易定价体系的林权交易中心提供了参考。第二,为了明确影响林权交易中心定价的因素,在利润最大化和社会福利最大化的前提下,本书展示了服务水平、集团内部外部性、跨网络外部性和搜寻匹配效率等重要因素,如何影响交易中心的利润和社会福利的最大化,并结合双边市场特征,提出相应的措施以提升林权交易中心的运营效率,丰富了林权交易市场的理论研究,这是一种新的尝试,有别于此前的相关研究。

2 林权交易相关研究进展与理论基础

本书关于林权交易中心运行机制的研究需要以现有研究成果和理论为基础,因此,本章将对林权流转问题、林权交易市场和产权流转市场运行机制的研究成果进行回顾,总结相关的研究观点和前沿动态,并以机制设计理论和双边市场理论为指导,构建林权交易中心运行机制的分析框架,并探讨林权交易中心运行的路径机理,为后续林权交易中心运行机制的研究奠定理论分析的基础。

2.1 林权交易相关研究进展

2.1.1 关于林权流转问题的研究进展

由于欧美发达国家对于森林产权的界定比较清晰,国外学者对森林资源的研究主要集中在林地用途的影响因素方面,包含了人口规模、收入水平和收益成本等因素(Nagendra et al.,2004;German et al.,2014)。随着新一轮林改在我国的推进,国外有学者也关注了此问题,研究主要集中在几个方面:第一,研究中国集体林权制度改革的进展情况,并指出成熟的林权改革在市场上扮演着重要的角色(Runsheng et al.,1998);第二,研究中国林权流转交易存在的主要问题,指出林木限额采伐、山林经营的破碎化、价格形成机制缺失、林权流转的中介服务组织不足等原因阻碍了林权交易市场的发展(Peter,2005;Pacheco et al.,2012;Mcdermott et al.,2015)。

国内学者认为目前集体林权流转面临着流转不够顺畅、中介平台缺失等问题(聂影,2009;孔凡斌 等,2008,2011;乔永平 等,2012),并从不同角度研究林权流转过程中存在的问题:从市场化角度而言,林权流转交易的市场化程度较低,私下交易的盛行影响农户的利益(谢屹,2009;曾华锋 等,2009;陈念东 等,2012),而市场交易信息的不对称是林权流转的主要阻碍因素(冷清波,2011);从监管制度来看,存在林权流转交易的监管服务制度缺失、林权流转程序规范性有待提高(翟洪波 等,2015)以及政府的行政干预权力过大等问题(张蕾 等,2010;郭燕茹,2016);从流转交易机制来看,流转价格机制的缺失导致林权低价流转等问题存在(曾华锋 等,2013)。

针对相关问题,学者们提出了推动林权流转发展的相关建议,主要包括降低交易成本、完善林权流转交易的服务体系和建立林权交易价格机制等方面,具体包括加快建立林权交易、评估、信息服务一体化的中介平台(刘璨,2015;徐秀英,2018);完善市场社会化服务体系,规范山林产权的流转行为(肖欣伟 等,2017);对集体林权流转进行监管的必要性,建立和完善林权流转价格机制(朱再昱 等,2012;蒋莹 等,2012;邹丽梅,2015)。

2.1.2 关于林权流转交易的政策法规研究进展

2.1.2.1 与林权交易相关的政策法规的重要性

随着我国山林资源产权逐渐明晰,相关的产权流转交易行为日益增多,林业服务中心、林业要素市场或专门的林权交易中心等与林权交易有关的机构的数量也稳步增长,机构的各项功能也开始逐步完善,这对于提高林权

流转的效率,促进广大林农等相关的山林资源产权拥有者将自身的资源优势转变为经济优势,维护林农们的合法权益,促进林业的规模化经营,等等,都具有较大的促进作用。但应该指出的是,我国当前发展的是社会主义市场经济,市场经济的高效运转是以一系列完整规范的法律法规为基础的,林权交易也不例外,规范、有序、高效的林权交易必须以完善的政策法规为基础,没有相关的政策法规的有力保障,林权流转交易难以正常地进行,也很难真正地实现预期目标。因此,必须结合我国当前集体林权制度改革的新形势和新特点,以及明晰产权之后山林产权流转的新情况,在原有的基础上进一步制定、修订或补充完善相关的政策规章和法律法规,从而使林权流转活动有章可循、有法可依,以更好地引导和规范林权交易活动,并借以促进各地与林权交易有关的中介或服务机构的发展和完善。

2.1.2.2 与林权交易相关的政策法规的发展情况

《中华人民共和国森林法》明确指出,在不改变林地用途的前提下,特定的森林、林木、林地使用权可以进行合法交易,或作为投资、合作造林、经营林木的一部分,而其他类型的森林、林木和林地使用权则禁止转让。《中华人民共和国农村土地承包法》的相关规定使得承包方能够依法、自愿、有偿地流转林地经营权,无论林地是以家庭承包还是其他方式所取得的。另外,根据我国的《退耕还林条例》,允许退耕还林后的土地及荒山荒地造林地块的承包经营权依法继承或转让。

(1)与林权交易相关的全国性政策规章的发展情况

自 2003 年以来,我国先后制定并颁布了一系列与林权相关的政策规章,主要的政策规章包括以下几项。

第一,2003 年,中共中央、国务院发布了《关于加快林业发展的决定》,旨在推进我国林业的可持续发展,为此后我国林业的发展指明了方向。该决定也对我国林权流转做出了明确的定位,认为要"加快推进森林、林木和林地使用权的合理流转"。

第二,针对林权登记发证工作出现的不规范问题,国家林业局于2007年发布了《关于进一步加强和规范林权登记发证管理工作的通知》(林资发〔2007〕33号),旨在强化林权登记发证工作的监管,确保林权登记信息的精确性,并切实维护广大林权权利人的正当权益。该通知强调了林权登记发证工作的重要性,明确了相关职责和工作要求,有助于提高我国林权登记管理水平,促进我国林业的可持续发展。主要内容包括:一要强化林权登记发证工作的管理,将其视为确保集体林权制度改革顺利进行的关键环节。通过规范和优化林权登记流程,确保每一项权属的合法性和准确性,为集体林权制度改革提供坚实的保障。二要做好林权登记法律咨询工作,为社会投资林业提供正确的引导和帮助。通过提供专业的法律咨询服务,解答林权相关法律问题,确保社会投资林业的合法性和可持续性,促进林业的健康发展。三要认真履行职责,依法受理林权登记申请。四要严格审查把关,确保其合法有效。五要加强林权登记原始档案的有效管理,确保档案资料完整且规范。六要秉持依法行政的原则,不断强化岗位培训,以最大程度地保证林权登记发证的准确无误。

第三,2008年,中共中央、国务院发布了《关于全面推进集体林权制度改革的意见》,其中明确规定各地需严格规范林地和林木的流转机制,在遵守法律框架、尊重当事人意愿并确保公平交易的基础上,林地承包经营权人可采用多种途径来实现林地经营权和林木所有权的合法转让。

第四,2009年,国家林业局发布了《关于切实加强集体林权流转管理工作的意见》(林改发〔2009〕232号),从五个方面对集体林权流转行为进行了明确规定和指导。第一,稳固林地家庭承包经营的关系,积极鼓励并引导农民采用合法途径,如转包、出租、互换和入股等方式,来流转山林产权。在这一过程中,必须坚决防止林权被过度炒卖,确保农民长期保有作为主要生产资料的山林产权,不仅能为他们提供持续的就业机会,还有助于增加他们的收入。第二,为了确保集体林权流转的规范性和有序性,需加快建立健全一套完善的流转机制。在进行林地承包经营权的转让时,必须严格遵循法律程序,并事先征得原发包地集体经济组织的同意,保障流转过程的合法性。而对于其他方式的流转,则应向原发包地集体经济组织进行备案,以确保整个流转过程的透明度和合法性。第三,要加强对集体林权流转的引导,特别是在林地承包经营权和林木所有权的流转过程中,双方当事人应当签订正式的书面合同,确保流转过程的合法性和规范性。如果涉及林权的变更,当事人应当及时并依法向林权登记机关申请办理相关的林权变更登记手续,以确保流转的合法性和规范性,同时鼓励到林业产权交易管理服务机构进行流转。第四,维护集体林权流转的秩序,确保其规范进行。要明确规定公益林的林地和林木不得进行转让,对于未明晰产权、未勘界发证、权属不清或存在争议的林权,必须禁止其流转。第五,坚决遏制任何强迫或妨碍农民流转林权的行为。对于已经承包到户的山林,农民依法享有独立自主的经营权和处置权。任何组织或个人不得以任何不正当手段,包括强迫、欺诈等行为,来迫使农民进行林权流转。任何人都无权迫使农民以不合理的低价转让山林产权,必须尊重农民的意愿和权益。该意见还进一步强调,各地需加强集体林权流转服务平台的建设,做好森林资源资产的评估工作,为林权流转提供必要的支持和保障,以满足市场主体的融资需求。此外,为了进一步规范集体林权流转的管理,确保市场的公平与稳定,要加强对集体林权流转的登记、合同管理、收益管理和监管工作,并建立健全纠纷调处和仲裁机制,为林业的持续健康发展提供有力保障。

(2)与林权交易相关的福建省政策法规的发展情况

福建省作为中国南方集体林区的林业大省,其在林业发展和林权改革等方面始终处于全国前列,对于林权流转而言也不例外。20世纪80年代中期以来,随着林业流通环节的逐步放开,福建省的森林资源流转开始逐步发展,为进一步引导和规范林权流转和交易工作,福建省出台了一系列相关的政策法规。

1988年,福建省三明市基于国务院批复同意建立全国集体林区改革试验区的有利条件,出台《三明市森林市场管理暂行办法》。同年12月,福建省人民政府出台《福建省集体林业用地和林木承包管理办法》,对森林资源流转特别是承包经营管理工作进行了规范。1992年,三明市在实践探索和调查研究的基础上,结合森林资源流转市场发展的需要,制定《三明市林木和林地流转暂行规定》。这一时期福建省的森林资源流转虽然有了区域性的政策文件,但由于缺乏全省统一的法规,与所有商品市场发展的初期一样,山林产权流转仍然具有很大的自发性和盲目性。市场的发展呼唤着法规的诞生,推动着林业立法进程。

1997年,福建省在先期试点和广泛调查研究的基础上,发布了《福建省森林资源转让条例》(以下简称《条例》)。《条例》对森林资源转让的各个环节都进行了严格的规定,对规范森林资源转让行为、维护转让双方的合法权益、促进林业健康有序发展起到了重要作用。《条例》颁布实施后,福建省的森林资源转让逐步从无序走向有序,转让市场逐步发展起来。但由于《条例》侧重于行政管理,在审批环节和评估程序上的有关规定偏多、偏严,在具体实践中部分规定难以操作,随着集体林权制度改革的推进和国家相关法律法规特别是《中华人民共和国行政许可法》的出台,《条例》某些部分已不适应林业发展新形势的要求,也不符合《中华人民共和国行政许可法》的规定,亟须作出相应的修改和完善。

2005年9月,《福建省森林资源转让条例》(以下简称新《条例》)进行了全面修订,并于同年12月1日正式实施。新《条例》对森林资源流转程序进行了精简,去除了林业主管部门对流转的审批环节,将重心放在流转后的权属管理上。对于不同所有制的森林资源流转,除了对国有和集体森林资源进行了一些特殊规定,对于其他所有制的森林资源流转的决定权和方式选择权均未设限,完全由权属主体自行决定。新《条例》在颁布施行后,迅速得到了各地广泛的欢迎与认可。

2007年12月7日,福建省林业厅根据林权登记的有关法律和政策规定,结合福建省的工作实际,发布了《福建省林业厅关于进一步规范林权登记发证工作若干问题的通知》。该通知的发布目的是深化集体林权制度改革,进一步规范林权登记发证工作。通知中详细规定了林权流转登记发证等问题,主要包括林权流转后的林权登记发证、联户经营的林权登记发证、林权抵押登记、生态公益林的林权登记发证、国有林场的林权登记发证、委托或托管造林性质的林权登记发证等相关问题。

2009年11月26日,为确保林权登记行为的规范化、加强林权管理以及保障林权权利人的合法权益,福建省颁布了《福建省林权登记条例》。该条例以《中华人民共和国森林法》《中华人民共和国物权法》等相关法律法规为基础,同时融入了对福建省实际情况的考量。该条例明确规定,在福建省行政区域内,无论是林权的设立、变更还是消灭,以及依法将林权进行抵押的情况,都应遵循本条例进行登记,具体涉及林权登记的一般规定、初始登记、变更登记、注销登记、抵押登记等各个方面。

2.1.2.3 林权交易相关政策法规的研究概况

许多学者对与林权改革相关的政策和法律法规问题展开了研究,研究领域涉及林权流转的法律属性,相关政策规章和法律法规的重要性,当前与林权流转相关的政策和法律法规存在的主要问题,以及相应的改进意见和完善建议。

有专家对林权流转的法律属性进行了分析,并认为林权流转的法律属性在本质上表现为林业物权的变动,而并非单一的森林资源交易行为;林业物权的变动主要涉及林地使用权和林木所有权的变更。因此,在新一轮集体林权制度改革之后,林权流转政策及法律法规所规范的重点在于林地使用权及林木所有权的流转(喻胜云,2007)。另有学者论及森林法对与林权流转相关的若干概念的界定,并指出了进一步规范森林、林木和林地产权流转的现实意义(张松 等,2008)。还有学者重点阐述了我国当前林权流转实践活动的概况,目前与林权流转相关的政策与法律制度的基本情况,当前林权流转政策和法律制度中存在的主要问题及相应的改进建议(曹祖涛,2005)。此外,有学者在对林权流转的转让主体构成、转让方式、转让价格、转让年限等基本情况进行分析的基础上,指出林业产权流转方面存在的一些主要问题,进而从政策和法律法规的角度提出了相应的对策建议,认为应加强对林业产权转让主体的资格审查;国家应出台相关法律明确林农拥有的林地承包使用权具有物权权能,应制定相应的林地资产评估规范;应强化政府权属保护;林业主管部门应切实加强对林权流转的监督管理;等等(李丽丽,2008)。有学者则在阐述林权特殊性的基础上,指出了不同的林权主体在其所享有的权利内涵与范围上的不同,明确了林权的行使方式与一般物权的行使方式的不同之处,认为林权的实施因森林资源所具有的生态公益性而受到了一定程度的制约,还指出了由于林权交易方式的多样化,林权交易的风险增大(姚淑娥,2008)。还有一些专家结合海南特区的特殊情况,对如何运用特区立法权建立具有海南特色的集体林权流转立法规范等问题进行了研究(邓云秀,2009)。

可见,随着新一轮林改的不断深入,理论界和实务界的学者们对与此相关的政策和法律法规的研究也将不断深入,这无疑将极大地促进与林权交易相关的政策和法律法规的不断完善。

2.1.3 关于林权交易市场的研究进展

近年来,学界对林权交易市场的研究主要集中在林权交易市场的内涵、林权交易市场的建设、林权交易中心的运行现状和完善林权交易中心的经验总结等方面。

(1)关于林权交易市场内涵的研究

对于林权交易市场而言,它是提供林业产权交换的场所和交换关系利益主体的总和(Karsenty et al.,2014)。根据划分标准的不同,可以从不同角度对林权交易市场进行界定。首先,林权交易市场包含林权的一级市场和二级市场。其中:一级市场是国家或村集体组织将林地的使用权以多元化的流转方式出让给林权需求方的市场,具体流转方式有协商、招投标、定向议价和租赁等;二级市场是拥有使用权的所有者将林地使用权再次流转给其他人的市场(程云行 等,2004),林权流转的次数并不受到限制。其次,林权交易市场有广义和狭义之分。广义的林权交易市场是指为实现森林资源产权交易的全部活动和关系,由市场交易主体、客体和交易平台等部分组成(胡加林 等,2005);狭义的林权交易市场仅是指联结交易双方的中介平台——林权交易平台,它承担了中介服务、公共服务和行政服务等功能(乔永平,2014),虽然目前重点林区县市林权交易机构的称法不一致,但功能是类似的,都试图通过全方位的服务促进林权改革的发展进程。

(2)关于林权交易市场建设的研究

国外学者对土地交易市场的研究集中在以下几个方面:第一,关于市场建设的研究。市场是土地交易的最佳途径,它为资源的有效配置提供了保障(Macmillan,2000),而产权稳定、信息充分是市场有效运行的必要条件。高度集中的产权直接影响市场主体的效用和政府的决策(Adamopoulos, 2008),产权流转可以实现市场要素的流动性(Koroso et al.,2013),有助于促进林权交易市场的规范运作(Blinn et al.,2007)。价格、交易成本和劳动力等是市场交易的重要影响因素(Vranken et al.,2006);生产属性、需求因素、供给价格弹性的高低、是否兼业和交易费用等因素是影响交易价格的核心因素(Yang,1997;Drescher et al.,2001;Monkkonen et al.,2013)。Herbohn 和 Harrison(2004)认为,澳大利亚小规模林业的发展存在若干障碍,其中尤为突出的是林权交易市场的滞后发展,并提出通过林权流转交易促进林权交易市场化是未来的趋势。第二,关于林业合作组织规范林权交易市场的研究。Kittredge(2003)分析了瑞典私有林的运作制度,研究表明,林业合作组织具备咨询服务和经济等社会功能,通过林业合作组织交易,有助于交易双方获得更高的效益,而且合作组织的模式化交易极大简化了市场交易的流程(Lisec et al.,2008),能够对规范林权交易市场起到关键作用(Prutez,2003)。

国内学术界对林权交易市场建设的必要性已经达成了共识,即新一轮林改为林权流转交易奠定了基础,建立和培育林权交易市场是促进和规范林权流转交易的重要举措(Liu et al.,2010),而建立健全一体化交易服务体系有助于加快林权流转交易的市场化运作(高鹏芳,2019;张虎,2019)。有学者从市场失灵和政府干预的角度,分析南方集体林区林地使用权流转市场政府干预的必要性,并从多层面提出了构建区域性林权交易平台和规范林权交易市场运作条件的建议(黄和亮,2006;乔永平,2008;朱再昱 等,2010;张晓丽,2013)。还有学者分析了我国林地使用权市场制度的建设情况,并提出必须加快建立和完善林权交易市场的制度(董加云 等,2012;冒佩华 等,2015)。另有学者探讨了林权交易市场的运行模式,提出当前我国森林资源产权市场仍处于起步阶段,应加快建立林权交易市场机制等(乔永平,2008)。

部分学者对国外发达国家林权流转交易的经验展开研究。陈智广(2017)借鉴不同发达国家林权流转交易制度的经验,结合目前我国林权交易制度存在的问题,提出制定林权交易法律、明确流转主体和标的性质等对策建议。李茗等(2013)在借鉴德国林业管理经验的基础上,提出我国林业的经济职能和行政职能应实现剥离和加快建立林权交易服务机构等建议。吴守蓉等(2015)从森林治理的角度出发对日本森林资源制度展开研究,并提出完善我国森林资源管理角度的建议。王桂华和付新月(2017)分析美国林权交易的演化历程,并提出林权流转交易是林权交易市场发展的核心部分,而明晰林权权属有助于加快林权交易的市场化进程。谢屹(2019)认为,日本的林业管理体系比较完善,在分析日本的林权流转制度后提出完善我国林业监管体系的措施。

(3)关于林权交易中心运行现状的研究

伴随着林权交易中心的不断建立和完善,作为一种中介型的平台组织,其在流转交易过程中发挥着不可替代的作用,目前学术界对林权交易中心运行现状的研究主要集中在以下几个方面。

第一,林权交易中心内部交易行为的研究。目前我国林权交易市场的活跃程度不高,有学者从个体行为学的角度探讨市场林权流转交易的实现过程,构建林权交易市场供需双方的博弈模型,深入剖析影响供求双方交易的因素,得出交易成本和林业经营收入是影响市场供需主体选择的关键因素,并提出健全林权交易市场运行机制的政策建议(胡超 等,2011;顾艳红,2012)。

林权交易是实现林权交易各方利益平衡的动态发展过程,能力、经验和知识的差异是影响林权交易市场动态平衡的重要因素。进化博弈可以解释市场交易从个体行为向群体行为转变的趋势。在进化博弈中,参与者的决策是在不断模仿和学习的过程中作出的。因此,进化博弈论近年来被应用于人工智能、公众参与环境治理、耕地保护与管理、商业供应链等领域(Han et al.,2021;Rohoden et al.,2020;Xie et al.,2018;Assarzadegan et al.,2020)。有学者从动态博弈的角度分析了相关交易主体之间的利益关系,认为运营成本和政府监管是影响林权交易的关键因素,并提出了完善林权交易市场的重要建议(吕铎 等,2014)。也有学者运用演化博弈理论对林权交易市场的交易主体进行分析,深入探讨市场交易主体不同策略的具体演化路径,并提出建设和完善林权交易中心的重要性(刘园园,2012)。另有学者基于林权交易市场的现状,对市场供给方和需求方等主体进行仿真研究,分析了规模效益、交易成本、非林收入等因素对林权流转交易规模的影响(谢煜 等,2013;刘园园,2013)。

第二,林权交易中心的价格机制研究。林权交易价格决定双方能否实现流转交易的核心因素,不同的交易方式所形成的价格不同,目前南方集体林区林权交易市场的交易方式主要有协商定价、招投标和拍卖等(乔永平,2014;魏远竹 等,2011),但林权交易价格形成的制度较为缺乏(刘祖军 等,2018;蒋莹 等,2012;蒋莹,2013)。有学者认为,借助博弈的方法有助于解决林权流转交易定价的问题,吴南等(2013)通过讨价还价分析林地交易价格的形成机制,得出林权交易价格的形成是双方不断讨价还价的过程这一结论;也有学者基于土地供求理论探讨林权交易价格的演变原理,得出林权流转过程存在价格均衡点,交易价格受到市场供需双方博弈的影响(黄健生 等,2011;朱再昱 等,2011、2012)。而拍卖作为博弈分析的重要方式,有助于交易价格的理性发现,相对于协商定价,通过竞价形成的林权交易价格更加合理(Sun,2013;Dang et al.,2012)。目前,林权交易市场以拍卖理论为基础,调节和确定林权交易价格。市场的拍卖方式主要是传统的增价拍卖,即"一对多"的方式(张亚琼,2008)。另有学者从林权流转交易价格的影响因素进行实证方面的研究,研究表明,交易市场的类型对林权交易价格的形成有直接影响(李兰英 等,2015;贺超 等,2017;张月月,2019)。

第三,林权交易中心的性质研究。目前,林权交易中心可以分成两种类型:一类是政府主导下的林权交易中心,此类中心是一种具有事业单位性质的交易机构,由上级林业部门直接领导。因此,政府主导下的林权交易中心以实现社会服务最大化为目标(张立 等,2013;谢煜 等,2013)。另一类是企业性质的林权交易机构,以实现自身效益最大化为目标(杨丽颖,2018)。韩雅清和魏远竹(2017)认为林权交易中心具备典型的双边市场性质,即林权交易中心和供需双方构成的市场不再是单方市场,而是具备典型的双边市场特征。

当前,林权交易中心具备交易方式较规范、交易流程公开透明和交易程序完整等优势(谢邦生 等,2010;王杨 等,2014),但由于我国林权交易市场的发展尚处于初级阶段,林权交易中心在运行过程中面临一些亟待解决的问题:林权交易中心的性质和名称不一致、业务职能不统一等问题;林权交易中心的价格体系尚未有效建立、价格的管理制度缺失等问题(蒋莹,2013);交易程序烦琐、运行成本高于效益、平台的吸引力不足等问题。

(4)关于完善林权交易中心的经验总结研究

针对林权交易中心在运行过程中面临的障碍,学者们分别从不同的角度提出了完善林权交易中心的建议。

第一,在林权交易中心的性质和名称方面,学者们认为要对林权交易平台进行整合,统一交易平台名称和交易规则(乔永平,2011),明确事业单位性质的交易中心,以便提高中心在市场中的作用(魏远竹 等,2011)。而在林权交易的市场化程度进一步提高后,林权交易中心可以转变成企业性质的交易机构(杜艳玲,2010)。

第二,针对价格机制尚未有效建立、价格的管理制度缺失等问题,有学者提出加强林权交易市场价格管理和建立健全林业资源市场规则是林权交易市场建设中的重要工作(程云行,2008;樊喜斌,2010;贾卫国 等,2010;曾华锋 等,2013)。刘祖军和陈念东(2018)认为,应通过调整林权交易基础价格和浮动价格的比例,建立林权流转交易的浮动价格机制,从而优化林权流转交易的价格形成机制。

第三,在业务职能设置方面,目前各地林权交易中心具备了中介服务、公共服务和行政管理服务等多种职能。其中:中介服务包括撮合林业生产要素的流转和交易、开展森林资源资产评估、收集和发布林权流转交易信息等服务;行政管理服务包括负责山林资源权属的登记和变更等动态管理、林权流转管理、林权抵押贷款管理等;公共服务包括提供林业法律、法规和政策方面的咨询服务,提供林业科技服务、专业人才服务,等等(杨晓杰 等,2006;魏远竹 等,2011;李丹,2012;乔永平 等,2014;邹丽梅,2015)。因此,要加快中介服务和行政管理服务的剥离,行政管理服务职能由林权管理服务中心负责提供;中介服务职能由专业的林权交易服务组织有偿提供,通过市场化的运作方式尽可能提高中心的运行效率。

第四,在交易平台建设方面,建立和完善林权交易中心的软硬件服务设施,优化场内交易的程序,降低交易费用,加大对林权交易中心服务内容的宣传力度,通过多种措施提升交易平台的吸引力,从而推动林权交易市场的发展(魏远竹 等,2012;谢屹 等,2012;温作民 等,2011;乔永平 等,2013)。

2.1.4 关于产权流转市场运行机制的研究进展

在农地流转机制方面,有学者从供求机制和价格机制等维度对宅基地和城乡统一建设用地的市场机制进行研究,并提出完善市场运行机制的建议(吴明发,2012;陈乙萍,2017)。钟林(2009)以市场定价为核心,运用经济学原理分析农地流转的价格机制,并构建了以价格形成机制、价格发现机制、价格协调机制为主的分析框架。有学者研究农地流转市场的供求机制,对不同类型的农户作出的供求决策及其决策行为是如何变化的展开研究(帅晓林,2011;刘卫柏,2013)。另有学者分析了农村产权交易所的运行机制,认为要充分发挥农村产权交易所的作用,并提出按照市场供求关系建立合理的价格形成机制,从而进一步完善农村产权交易所的运行机制(陈悦 等,2012;程欣炜 等,2014)。还有学者分别从供求主体构成、交易方式和运行效果等方面分析政府主导流转和私下流转不同的交易模式,并提出完善土地流转平台运行机制的建议(黄宝连,2012;王德福,2015;李万明 等,2017)。

在森林碳汇市场的运行机制方面,学者们主要从供求机制、价格机制和交易机制等角度展开研究,认为要推动森林碳汇市场的发展,需要搭建一个森林碳汇交易平台,并进一步优化和完善森林碳汇交易的机制设计,从而更好地管理和利用森林资源,促进森林碳汇交易的公平、透明和可持续发展(王耀华,2009;刘丛丛 等,2012;关路 等,2021)。聂力(2013)分析了碳排放的交易机制,提出构建密封拍卖和双向拍卖模型。孟刚(2012)采用价格最优拍卖方法对矿业权市场运行机制的交易机理进行深入研究。韩国庆(2016)针对市场流动性不足的问题,对碳交易平台的定价机制进行研究,并运用博弈方法分别探讨了平台的定价问题和竞争问题。丁洁(2012)综合各省产权交易市场整合的经验,构建了以供求机制和价格机制为主的市场运行机制框架。林燕新(2013)分析了产权交易中心的运行问题,并从价格机制和交易机制等角度提出完善产权交易市场运行机制的建议。

有学者从双边市场角度对交易平台运行机制进行研究。程贵孙(2007)分析传媒产业的运行机制,从价格机制角度考察了不同价格模式下的最优定价策略。梁君(2014)结合双边市场的特性,分析了会展平台的运行机制,并提出会展行业的有效运行需要交易者数量、交叉网络外部性和平台服务质量等因素充分发挥积极作用。李森彪和邢文杰(2019)分析双边市场理论的排他性竞争行为,并构建不同条件下商家和电子商务平台的供求演化均衡策略。部分学者分别对政府主导下和市场主导下的交易平台进行研究:关江华(2015)从利益主体的供求博弈、社会福利变化和定价机制等方面对政府主导宅基地流转的运行机制进行研究;张鑫琦(2015)分析网络零售平台的双边市场结构和特征,并从博弈角度对市场主导下平台的定价机制进行研究;张驰(2013)构建垄断零售平台与竞争性零售平台的定价模型,从价格结构和价格水平等角度对平台的定价策略进行研究。另有学者以煤炭交易平台为研究对象,结合双边市场理论,研究平台利润最大化情形下的价格策略(董丽荣,2018;温琳,2013)。还有学者将双边市场的定价原理运用到农地中介平台定价(朱述斌 等,2011)、物流平台定价(邢大宁 等,2017;谭春平 等,2018)、碳排放交易平台定价(王文举 等,2016)和互联网服务平台定价(Wang et al.,2019;Li et al.,2020)等方面。

互联互通是平台有效运行的重要表征,学术界将双边市场下互联互通的定价策略引入不同产业运行机制的研究。司马红和程华(2012)研究得出,日本电子货币平台在成长期可以通过互联互通的定价策略实现用户扩张的目的。有学者对软件平台的兼容性展开研究,研究表明平台间的合作有助于提高交易价格和扩大市场规模,从而实现平台的利润和社会福利最大化(董维刚 等,2013;Kim et al.,2013;Lee et al.,2016)。还有学者基于物流平台和网络交易平台等的研究表明,在网络外部性的作用下,技术、服务创新和质量等因素对平台的定价策略会产生一定的影响(纪汉霖 等,2007;刘维奇 等,2016;谭春平 等,2018;Lu et al.,2019)。

2.1.5 研究进展评价

基于上述对研究进展的回顾可知,学术界对于林权流转问题、林权交易市场和产权流转市场运行机制展开了大量的研究,这为本书对相关问题的研究提供了可借鉴的角度。但已有研究也有一些的不足之处,主要包括以下几个方面。

第一,当前学术界关于林权流转交易的研究比较扎实,主要集中在林权流转问题和对策、林权交易市场内涵和市场建设必要性等方面。但在后林改的配套改革实施阶段,学者们对集体林权制度改革相关问题的研究热度有所下降,尤其是对林权交易市场建设面临的问题缺乏足够的重视。当前,我国林权交易市场的发展仍处于起步阶段,林权交易平台的机制建设仍不够完善,但现有相关研究却相对有限。

第二,学者们对于林权交易中心这种新型的、具有实物形态的林权交易平台的作用较为认可,当前研究主要涉及中心的内部交易行为、价格机制、性质和运作经验的总结等方面。但是,现有研究少有对中心运行经验的全面总结,而大多是基于单个模式的研究。

第三,关于产权流转市场的运行机制,学者们主要是从供求机制、价格机制和交易机制等方面展开研究,且集中在农地流转市场、森林碳汇交易市场和其他产权交易市场等方面,较少涉及林权交易这一交易领域,尤其是针对林权交易中心机制建设的系统研究还较为缺乏。当前,林权交易中心的机制建设应当系统涉及供求机制、价格机制和交易机制等多方面,因此,深入开展林权交易中心运行机制的研究十分必要。

第四,目前关于双边市场交易原理的研究主要集中在农地流转中介平台定价、物流平台定价、碳排放交易平台定价和互联网服务平台定价等方面,较少涉及林权交易市场领域。现有研究仅对林权交易中心的双边市场性质进行了初步探讨,而对林权交易中心的定价原理缺乏深入和系统的研究。现实中,林权交易中心与供求双方形成了典型的双边市场结构。因此,根据林权交易市场的现实发展需要,双边市场理论视角下的林权交易中心定价策略研究是一个新的研究方向。

2.2 林权交易相关研究理论基础

2.2.1 机制设计理论

2.2.1.1 机制设计理论的产生

早在20世纪初期,学术界就对市场的经济效率问题展开了激烈的探讨,并认为需要引入新的经济分析理论框架。基于此,机制设计理论应运而生,它是指在满足不同的内外部约束条件下,设计者构建市场运行机制的分析框架并促进市场经济活动与预期目标达成一致。Hurwicz(1972)认为市场机制是一种动态的信息系统,并完整性地提出了机制设计理论的特征,奠定了机制设计理论的发展基础。首先,市场参与者相互传递自身的信息,但信息的真实性有待验证,即信息可能是真实的,也有可能是虚假的。此时,参与者通过各种方式尽可能隐藏真实的信息,并在信息不完全的条件下追求自身效益最大化。其次,交易平台需要收集参与者的信息,并事先设定规则保证信息的真实性,即需要构建一种信息机制的理论框架,双方通过约束规则实现最优目标,而约束条件主要包括双方是否具备选择权、信息交换的自由程度等。

之后有学者提出了显示原理和执行理论,进一步促进了机制设计理论的发展。Myerson(1981)运用显示原理设计了拍卖的最优机制。根据纳什均衡和社会福利最大化的关联性,有学者提出了执行理论(Maskin,1978)。

2.2.1.2 机制设计理论的核心

由于机制是一种信息交流的系统,在系统中参与者充分借助机制实现信息交换,并达到优化资源配置的目的。因此,机制设计理论的核心问题是如何通过有效的激励措施实现双方信息的交换。Hurwicz(1972)将激励相容作为机制设计的必备条件,一方面,在控制平台运行成本的前提下,交易平台需要设定实现社会利益最大化的规则;另一方面,参与者之间通过多次博弈行为实现个人利益最大化,当参与者的个人利益最大化目标和社会福利的目标是一致的,即该机制是激励相容的。

虽然参与者之间可以通过激励相容作出最优选择,但是不一定能够实现最优配置。Myerson(1982)将研究延伸到贝叶斯均衡,并提出了通过直接的激励行为可以达到机制均衡结果,即最优的均衡结果是一种直接的激励行为,参与者之间的选择行为实际上是一种相互博弈的过程,通过减少双方的信息不对称情况有助于寻找到最优的解决方法。因此,显示原理的概念应运而生,其核心在于通过多阶段的信息交流促使各方达到均衡的状态,即任何市场均衡可以通过机制的激励设计实现。由于标准拍卖机制无法确定出售方的最优选择,Myerson(1983)将显示原理运用到机制设计理论中,通过缩小最优机制的范围,将拍卖问题转变成双重约束条件下的线性规划问题,极大地简化机制设计的流程。

虽然显示原理有助于实现资源的最优配置,但它无法解决市场多种均衡解的问题,即无法确定唯一的最优解,甚至出现部分均衡解无效的问题。有学者提出引入执行理论(Maskin,1978),通过建立执行理论的分析框架,在满足一定的约束条件下,市场主体在博弈过程中能够达到唯一均衡结果,其中约束条件包含单调性、无否决权和执行方式等。执行理论在显示原理和激励相容的基础上实现了唯一的最优解,是机制设计理论发展的里程碑。随着机制设计理论的不断发展,众多学者在原有的研究基础上进一步展开深入分析。目前机制设计理论的应用和实践领域都非常广泛,主要包含拍卖方式设计、定价机制和土地使用权机制等(方燕 等,2012;张雪峰,2014;宫汝凯 等,2015)。

林业产权交易市场尝试通过设计机制解决由信息不对称所导致的逆向选择和道德风险问题,进而解决市场主体在交易前后信息不对称的问题。林权交易中心的供求调节机制主要是参与者之间通过中介平台解决信息不对称问题并最终实现交易的过程;交易机制主要是指由于市场参与者以自身利益最大化为目的,中介平台通过提供有效的竞价方式帮助参与者实现既定的目标。两种机制都强调借助市场机制实现资源的优化配置。而作为新的一种方法论,机制设计理论是对市场资源配置效率的系统分析,它通过假设分析、激励和信息等方面的创新,为供求调节机制和交易机制的研究提供了更有效、新颖的思路。

2.2.2 演化博弈理论

博弈是指个人、队组或其他组织在特定环境与规则下,从各自可选的策略中做出选择并实施,最终实现支付的过程(谢识予,2002)。在博弈分析过程中，由于人们的理性局限是不可避免的，完全理论博弈分析的预测作用难以发挥。因此，演化博弈论发展起来，并被广泛应用于不同领域，尤其是经济管理领域。

20世纪70年代，演化博弈理论经历了关键的发展阶段。学者们巧妙地将生物演化论与博弈论相融合，创造性地提出了演化博弈的基本均衡概念，即演化稳定，为深入研究生物演化提供了重要的理论支撑（Smith, 1973; Smith et al., 1974）。这一概念的提出被学术界普遍认为是演化博弈理论诞生的标志。随后，其他学者重点考察生态演化现象时，提出了演化博弈理论的基本动态概念，即复制者动态（Taylor et al., 1978），并通过复制者动态选择机制寻找博弈的演化稳定策略，为演化博弈提供了明确的研究目标。

到了20世纪八九十年代，演化博弈理论开始被应用于经济学领域，其研究方向也逐渐由对称博弈转向非对称博弈。Weibull（1995）对演化博弈理论进行了系统性的总结，摒弃了完全理性的假设，从系统论的角度入手，将群体行为策略的调整过程视为一个动态系统。他建立了具有微观基础的宏观模型，将个人行为到群体行为的形成过程及其影响因素纳入模型，从而更真实地反映主体行为的多样性和复杂性。这一研究为演化博弈论未来的发展提供了强大的动力。

演化博弈理论聚焦于市场群体随时间推移的动态演变过程，尤其关注群体如何逐渐演化并达到当前状态。群体演化受随机性和扰动现象的影响，同时存在演化规律性。演化博弈理论关注的核心问题是群体成员策略的调整过程、演进趋势和稳定性问题，尤其是在处理复杂的经济社会环境和决策问题时，演化博弈理论比传统博弈论更有优势（赵佩华，2009），能有效解决系统演化的多重均衡选择问题。

近年来，演化博弈论的应用领域也不断拓宽：有学者利用演化博弈论，对在线市场上卖方声誉机制与买方担保机制之间的相互影响进行了深入探讨，并提出有效的策略建议以促进市场的健康发展（Guth et al., 2007）；另有学者对多级城市交通网络的拥堵与定价问题进行了研究,得出了一些有益的结论(Dimitriou et al.,2009);还有学者对公共资源(如森林、渔场、地下水等)的占用问题进行了研究(Noailly et al.,2009),并在供应链、产业、知识管理、金融投资、产权交易等领域进行了有益的探索。这些应用研究进一步证明了演化博弈论的适用性。

2.2.3 双边市场理论

2.2.3.1 双边市场的定义

作为一种新兴的经济学理论,双边市场理论逐渐被应用到关于平台的理论研究中。双边市场的概念起源于双边配对关系的研究(Demange et al.,1985)。2004年,在法国产业经济研究所(IDEI)和经济政策研究中心(CEFR)联合举办的一场会议上,正式提出双边市场及平台的概念。目前学术界对双边市场的概念比较认可的是"一个必要条件"和"两个基本特征"。其中,科斯定理失效是"一个必要条件"(Rochet et al.,2003),"两个基本特征"是"价格结构非中性"和"交叉网络外部性"(Rochet et al.,2003;Armstrong,2006)。有学者从价格和交易量的角度界定了双边市场的基本概念:当平台的交易数量取决于平台的总价格水平且总价格水平不变时,平台对双边用户的收费直接影响整体交易规模,此时的市场称为双边市场(Rochet et al.,2006;吴汉洪 等,2016;Carroni,2016;Gal-Or et al.,2020)。另有学者在价格结构的基础上引入了交叉网络外部性,认为双边市场由两组参与者和平台构成;当价格水平保持不变时,平台一边用户的收益取决于另一边用户的规模(Armstrong,2006;Rysman,2009;Guijarro et al.,2015)。

2.2.3.2 双边市场的定价策略

双边市场突破了传统单边市场的局限,其交易原理是依托平台向双边用户提供有价值的服务,并通过调整定价策略吸引双边用户。如何定价一直是双边市场的核心问题,定价水平和定价结构是影响平台定价的主要因素。其中:定价结构是指平台的总价格水平在市场双边用户分配的结构。不同的定价方式会直接影响平台的需求规模,平台可通过会员费、交易费和会员—交易两步收费等定价方式调整定价结构,从而影响双边用户的参与度。双边市场下的平台往往选择对一边用户的定价为0,甚至补贴,但这并不意味着价格歧视,这样的方式有助于内部化双边用户的网络外部效应,起到弱化竞争的作用(Evans et al.,2007;Liu et al.,2013;Kodera,2015)。定价水平是平台对双边用户收取的服务费用的高低程度,它取决于双边用户之间的交叉网络外部性和价格弹性的大小。

在经典的双边市场定价研究方面,关于平台定价策略的研究主要围绕垄断和竞争等两种市场结构展开。垄断市场下平台定价策略的影响因素包含价格结构、网络外部性、归属问题和平台服务质量等(Bolt et al.,2006;Kim,2012;Mantena et al.,2012;Bardey et al.,2014;逯宇铎,2016;Belleflamme et al.,2019)。当平台之间表现为竞争性时,平台定价策略的影响因素主要有差异化和排他性等,其中:差异化是竞争平台实现合谋的重要手段(Gabszewicz et al.,2014;纪汉霖,2014;孟繁超,2017);排他性是平台抑制双边用户多归属行为的一种手段,这是因为用户部分多归属结构下平台的定价和利润可能出现下降的趋势(章瑞,2013;李丹,2015)。

林权交易中心作为林权交易市场的总枢纽,具有较强的双边市场特征。基于价格结构非中性和交叉网络外部性等特性,交易平台采取合理的服务定价策略有助于提高交易双方的交易效率,从而促进森林资源产权的优化配置。因此,将双边市场理论运用到林权交易中心这一中介平台,研究不同类型的林权交易中心的定价策略,符合当前双边市场理论的研究趋势,满足林权交易市场的现实需要。

2.3 林权交易市场相关概念界定

2.3.1 林权流转交易

林权流转交易是指森林资源的产权所有者通过合法途径将产权转让给其他经营主体的过程。与其他的产权不同,森林产权由林木所有权、林地所有权和使用权、林地的承包经营权、地役权和抵押权等一束权利组成(程庆荣 等,2010)。

目前学术界对于林权流转和林权交易概念的界定比较丰富,从广义角度看,林权流转是指林地和林木所有权两种权利的流转;从狭义角度来看,林权流转是林地使用权和林木所有权的流转(邹丽梅,2015)。林权流转本质上是市场森林资源的交易,因此,在一定程度上,林权交易与林权流转的概念是一致的,只是二者实现交易的方式有别。根据相关规定,林权流转强调林权的处置,包含转包、转让、租赁、抵押、入股、联营和互换等方式。而产权交易一般是实物形态的交易,林权交易强调林权的转移变更。

目前,关于林权流转交易的概念由林权流转和林权交易组成,是指实现除了林地所有权以外的其他一系列权利的流转交易。因此,本书将林权流转交易界定为森林资源的产权所有者以合法的方式将林权转让给其他经营主体的行为(除了林地所有权以外)。具体而言,林权流转交易不仅体现了林权的转移过程,而且包含如何实现林权交易的过程。

2.3.2 林权交易中心

林权交易中心是指从事森林产权流转交易活动且具备法人资格的林业服务机构,它是以服务为核心的交易平台,承担了公共服务、行政管理服务和中介服务等功能(杜艳玲,2010)。目前,大部分林权交易中心需要政府的批准才能设立,而且各个地方的林权流转交易活动需要通过乡镇林权交易中心分支机构、县级林权交易中心或林业管理服务中心及省级林业产权交易所等平台实现。但现阶段我国林权交易市场处于建立和培育的阶段,林权交易中心在组织形式和层级等方面并没有统一的标准,导致中心的名称和功能存在一定的差异性,常见的有"林业要素市场"、"林业服务中心"、"林业管理中心"和"林业产权交易所"等。从交易服务职能来看,林权交易中心是实现林权交换的场所(谢屹 等,2012),它提供了信息发布、组织林权流转交易和权证办理等基本服务职能(方斌,2017)。从公共服务和行政管理服务职能来看,林权交易中心是协助和规范市场交易双方的行为、提高林权交易的效率、保护交易双方利益和推动林业规模经营的服务机构。

2.3.3 市场运行机制

机制在经济学领域是指经济机体内各构成要素之间的相互联系和作用,体现了各个要素在组织运行中有机结合的过程。市场运行机制是指在市场经济发展中,各个要素之间进行的动态的调整和变化,并在制度完善、体系培育和建立等方面的整合下充分发挥作用的过程。其中,完善的规章制度是保证机制运行的前提,体系的培育和建立有助于实现市场资源的优化配置,只有建立完善的制度和体系才能形成有效的运行机制。市场运行机制一般由价格机制、供求机制和交易机制等部分组成。其中,价格机制是市场有效运行的关键部分,供求机制是市场有效运行的基本条件,交易机制是市场有效运行的保障基础。这三个机制的有效运行有助于保证交易市场运行的完整性,交易市场的整体功能的发挥有赖于这三个机制充分发挥应有的作用,即需要建立一套由价格、供求和交易等因素组成的机制。

2.4 林权交易中心运行机制分析框架

学者们对产权流转市场运行机制展开了丰富的研究,主要包含供求机制、交易机制和价格机制等(陈乙萍,2017;林燕新,2013;钟林,2009)。

林权交易市场的运行机制是市场交易主体和客体之间相互联系和作用的过程,具体表现在供求调节机制、交易机制和价格协调机制等方面(乔永平,2008)。这些机制之间相互产生作用和联系,其中一个机制的变动必然会引起其他机制的变动,也会影响总机制的运行效果。作为二级林权交易市场的核心,林权交易中心是一个复杂且动态的服务平台,由多种要素构成。运行机制就像林权交易中心的稳定器(史竹琴,2017),如果各要素之间协调得当,林权交易中心便能维持良好的运行状态;相反,如果协调不得当,林权交易中心可能会出现混乱和无序的情况。林权交易中心的运行同样有赖于供求调节机制、交易机制和价格协调机制之间的相互联系和影响,即林权交易中心的运行不是依托单一的机制实现的,而是所有子机制相互关联和作用的结果。因此,本书从供求调节机制、交易机制和价格协调机制等维度对林权交易中心的运行机制展开研究。

2.4.1 供求调节机制

供求调节机制是市场上供求双方的价值平衡机制,它以价值取向和价值判断为基础,决定市场供给和需求的各类产品及其总量。机制发挥作用时,市场上的供求双方始终处于动态的相互作用过程中,这使得物品的供给与需求之间形成了相互制约的关系。短期内,这种关系可能导致不均衡的现象,但在长期内,供求关系会实现均衡。林权流转实际上是林业产权市场交易状况的反映,并且遵循了经济学中的一般供求理论。这一理论不仅有助于解释市场上的供求关系,还能预测其变化趋势,为市场参与者的决策提供了重要依据。因此,供求调节机制是影响市场经济的核心因素,如果没有供求关系,市场经济将无法维持。

供求调节机制也是林权交易中心运行的动力来源,它可以调节林权交易市场供求双方的矛盾、促进供求双方实现均衡的状态。林权交易市场的供求关系是市场发展到一定阶段的产物,它以供给方和需求方同时出现为前提。如果没有供需双方,林权交易中心就没有存在的必要性。在市场经济活动中,林权供需双方的交易对象是森林资源产权,供需双方需要根据市场资源情况进行动态的调节,并逐步趋向于均衡的状态,从而实现资源的优化配置。

由于市场主体的信息不对称问题,供求调节机制应当成为研究林权交易中心运行机制时重点关注的问题。在借鉴相关学者(刘卫柏,2013;刘园园 等,2012)研究成果的基础上,本书认为,林权交易中心的供求调节机制是市场供需双方的内在供求联系和动态平衡。在价格、成本和收益等因素的影响下,供需双方确定是否选择平台进行流转交易,交易双方从市场不平衡逐步趋向平衡的状态。虽然双方的地位处在动态的变化调整中,但在市场均衡点上双方的交易行为是一致的。林权供给方和需求方是有限理性的经济人,他们首先考虑的是自身效益最大化,因此会进行成本效益的比较,其交易行为并不是完全静态博弈的过程,而是一个长期的演化博弈过程,最终实现动态均衡。只有市场产生有效的供给和需求,双方才会产生交易行为,具体如表2-1所示。

表 2-1 林权流转交易有效供给和有效需求的关联

供给方	需求方	
	交易	不交易
交易	有供给有需求,林权流转	有供给无需求,无法流转
不交易	有需求无供给,无法流转	无供给无需求,无法流转

2.4.2 交易机制

交易机制是指在产权交易市场中,运用特定的交易手段和方法,确保产权能够高效、顺畅地转移。交易机制涉及市场的微观结构,涵盖了市场的交易规则、技术及其影响等多个方面。具体来说,交易机制在微观层面上决定了价格的形成方式、订单与委托的匹配原则、价格监督方式,以及信息披露等关键环节的运行方式。这些因素共同影响了市场的公平性、效率和透明度,对于维护市场秩序和促进资源有效配置具有重要意义。

常见的交易机制包括招投标转让、协议转让以及拍卖转让等。交易机制是平台运行的执行机制,贯穿于林权流转交易的具体过程,直接关系到平台的运行效果。平台能够通过交易机制体现市场价格的决定、形成和波动过程,从而实现市场的价格发现功能。

南方集体林区林权流转交易主要依托于区域性的南方林业产权交易所、省级的华东林业产权交易所及县级的林权交易机构等平台实现。这些林权交易中心的运作模式是将流转交易信息公开化并提供多样化的交易方式,供需双方根据流转交易信息选择协商定价、招投标或拍卖等竞价方式确定成交价格。

现阶段林权交易市场呈现出多元化的态势,市场上存在"一对一"、"一对多"和"多对多"的结构。由于不同的交易方式形成的价格不同,在市场活动中,不同参与者面临着如何实现最优选择的问题(Tian,2008)。市场参与者需要借助林权交易平台实现信息交换,从而实现自身效益最大化,而根据机制设计理论,交易机制本身也是机制设计的过程,因此,林权交易中心可以通过有效的激励措施解决交易双方的流转交易问题,即建立激励和信息等方面的交易制度,使得双方在保证各自利益的前提下,扩大市场的流转交易规模,从而提高林地的使用效率。

2.4.3 价格协调机制

价格协调机制是调节市场流转交易规模的重要机制,平台可以通过定价制度对交易双方形成一定的约束和激励,即采取不同的定价策略有助于调节和规范交易双方的行为。由于林权交易市场的用户群体具备一定的异质性,"供给方—林权交易中心—需求方"这一模式具有典型的双边市场结构。双边市场的运行策略在于构建一个中介平台,借助该平台构建的"价格—交易"体系来吸引和促进市场主体参与交易,平台的定价水平和定价结构调整对于交易双方有媒介的功能,有助于促进市场资源的流动。因此,林权交易中心具备将具有流动性的供求双方进行联结的功能,通过供给方对需求方的数量产生正向的经济外部效应(韩国庆,2016)。平台供给方的数量越多,越容易吸引需求方进入平台,同样的,需求方的数量越多,越会吸引供给方进入平台。

目前南方集体林区林权交易中心的性质主要有事业单位性质和企业性质,即政府主导下的林权交易中心和市场主导下的林权交易中心。其中,政府主导下的林权交易中心在林权交易市场上发挥着重要的作用,实际上它具备了一定的垄断性质,以实现社会福利最大化为目标。因此,政府主导下的林权交易中心可以向双边用户提供有价值的服务,并通过差异化的定价策略吸引双边用户,从而提高整个市场的社会福利水平。政府主导下的林权交易中心的定价机理如图2-1所示。

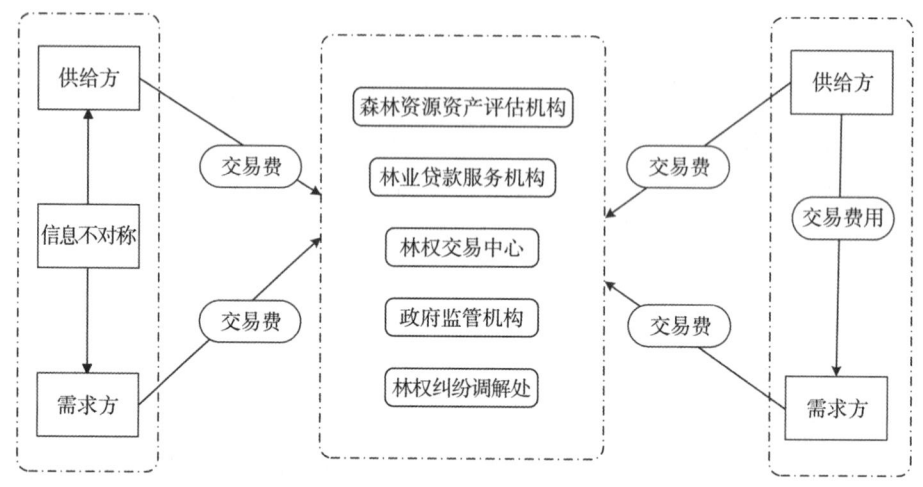

图 2-1 政府主导下的林权交易中心的定价机理

伴随着林权交易市场的不断发展,市场将出现至少两个及以上的林权交易中心为双边用户提供交易服务。目前,福建省三明市将乐县和尤溪县均有两个及以上的林权交易服务机构,其中有部分服务机构就是以实现平台利润的最大化为目的的。不同中心之间的竞争容易导致"信息孤岛"现象出现,因此,如何设计高效的定价机制,实现交易平台之间的信息共享,就成为一个亟须解决的问题。而双边市场下林权交易中心的互联互通可以扩大平台的双边用户数量,这是解决"信息孤岛"问题的重要措施。因此,林权交易中心实行互联互通的定价策略有助于扩大市场交易对象的范围,从而实现平台的利润最大化。市场主导下的林权交易中心的定价机理如图2-2所示。

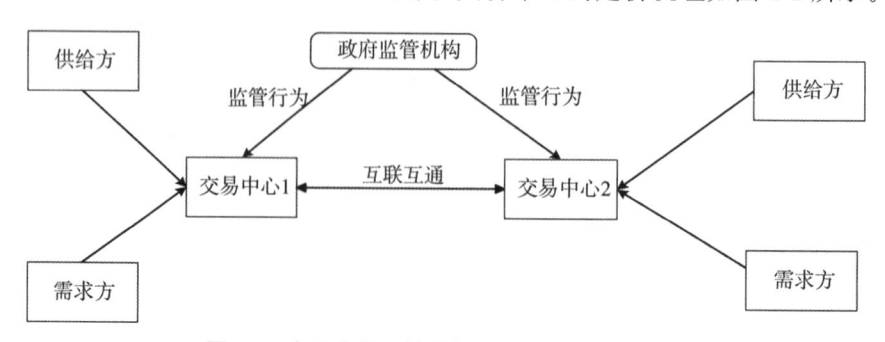

图 2-2 市场主导下的林权交易中心的定价机理

2.4.4 林权交易中心运行的路径机理

林权交易中心运行的路径机理是指在市场机制的引导下,经过一定的作用路径,市场供需双方基于一定的交易平台和规则促进森林资源的流动性。其中,交易平台借助不同的交易方式实现林权流转交易的价格发现功能,并通过定价策略调节市场供需双方的交易行为,从而优化森林资源配置。简单而言,林权交易中心运行的路径机理为:林权流转交易的弱市场化态势—林权交易中心的供求调节机制—林权交易中心的交易机制—林权交易中心的价格协调机制—林权交易中心的优化设计—森林资源优化配置,如图 2-3 所示。

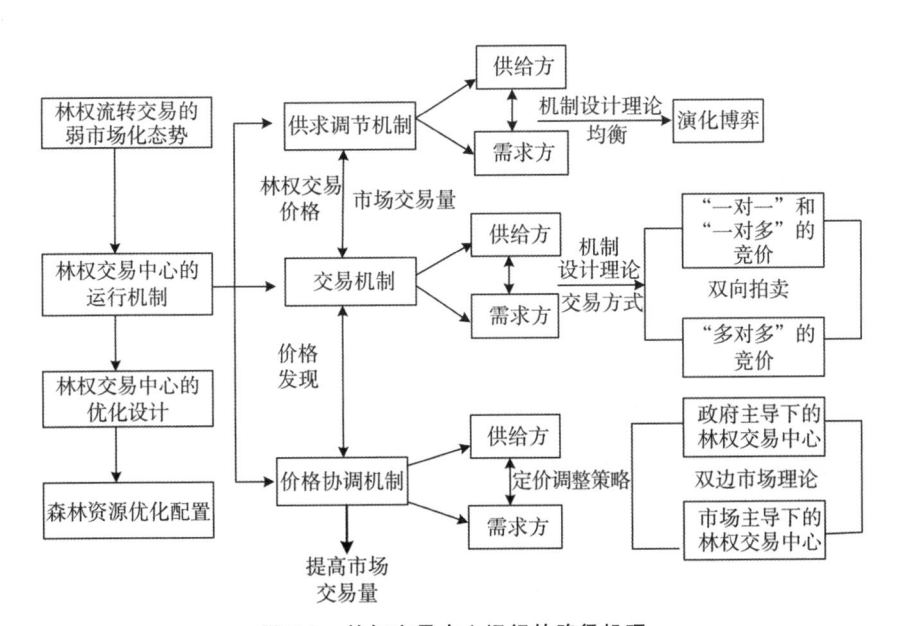

图 2-3 林权交易中心运行的路径机理

2.5 本章小结

本章主要对已有的文献进行回顾和对相关理论进行阐述,并构建林权交易中心运行机制的分析框架,为后文的研究奠定理论基础。具体内容归纳如下。

(1)在后林改的配套改革实施阶段,学者们对集体林权制度改革相关问题的研究热度有所下降,尤其对林权交易市场建设面临的问题缺乏足够的重视。当前我国林权交易市场的发展仍处于起步阶段,平台的机制建设有助于推进林权流转交易的市场化发展,但现有研究却相对有限,尤其是缺少对林权交易中心运行机制的深入分析以及中心在林权交易过程中的作用机理研究。因此,本书的研究重点在于完善林权交易中心的运行机制。

(2)林权交易中心的供求调节机制有助于维持市场供需双方的内在供求联系和动态平衡。在价格、成本和收益等因素的影响下,供需双方决定是否选择平台进行流转交易,交易双方从不平衡逐步趋向平衡的状态。虽然双方的地位处在动态的变化调整中,但在市场均衡点,双方的交易行为是一致的。

(3)"供给方—林权交易中心—需求方"这一模式具有典型的双边市场结构。政府主导下的林权交易中心实质上具备了一定的垄断性质,以实现社会福利最大化为目标。市场主导下的林权交易中心以实现平台利润最大化为目的。通过实行互联互通的定价策略,有助于交易中心扩大市场交易对象的范围,促进森林资源优化配置。

(4)林权交易中心运行的路径机理:林权流转交易的弱市场化态势—林权交易中心的供求调节机制—林权交易中心的交易机制—林权交易中心的价格协调机制—林权交易中心的优化设计—森林资源优化配置。

3 南方集体林区林权交易中心的发展现状

前文构建了林权交易中心运行机制的分析框架,本章将在前文理论分析的基础上进行调查设计,对调研区域内林权交易中心、专家和农户等方面的统计资料进行描述性分析,主要分析目前林权交易中心的运行情况,为下文关于林权交易中心运行机制的研究提供现实依据。

3.1 南方集体林区林权交易中心的发展情况

3.1.1 南方集体林区林权交易中心的发展历史

自林业"三定"时期开始,林权交易中心的发展经历了平台建立探索、平台初步形成和大规模交易平台建立三个时期。第一个发展时期是 20 世纪 90 年代初到 2003 年新一轮林改,此时林权交易中心处于初步探索阶段;第二个发展时期是 2003 年新一轮林改到 2008 年,此时林权交易中心处于初步形成阶段。早在 2003 年,福建省就开展了新一轮的集体林权制度改革,新一轮林改涉及"确权发证"和"配套改革"两个阶段。截至 2007 年底,南方集体林区的重点林业省份福建省、浙江省和江西省已经完成了第一阶段的"确权发证"工作。森林产权主体界定明晰后,为避免森林资源经营破碎化的问题,需要通过市场机制促进森林资源的流动,从而实现林业的规模经营和资源的优化配置。建立健全的林权交易平台是配套改革阶段的重要措施之一,南方集体林区部分重点林业县级市率先建立林权交易平台。第三个发展时期是2008年至今,该阶段是林权交易中心的大规模建立阶段,林权交易中心由部分地区逐渐扩展到全国各个地区。据统计,截至2019年,全国县级及以上的林权流转交易服务机构多达1900个。[①] 而早在2009年,江西省就开始探索建立专门性的林权交易中心,之后其他省份纷纷建立了林权交易中心,各地交易中心的林权流转交易功能不尽相同。

3.1.2 南方集体林区林权交易中心的分布情况

目前,南方集体林区林权交易平台主要集中在福建、浙江和江西等省份。其中,福建省是我国集体林权制度改革的首个试点省份,江西和浙江等省份是新一轮林改的先驱者,这些省份在林权交易市场的建立和发展方面的经验具有一定的可借鉴性。

福建省位于我国东南沿海地区,林地资源丰富是其独特优势。根据国家林业和草原局2019年公布的第九次全国森林资源清查结果,福建省林地面积为1.39亿亩,占土地总面积的76.08%,森林覆盖率高达66.80%,位居全国首位。[②] 作为全国集体林权制度改革的示范点,早在2006年福建省就完成了明晰产权的任务,明晰产权的面积为7545万亩,占集体林改总面积

---

① 数据来源:中华人民共和国农业农村部,2019.对十三届全国人大二次会议第8630号建议的答复[EB/OL].(2019-07-17)[2023-07-15]. http://www.moa.gov.cn/gk/jyta/201907/t20190717_6321084.htm.

② 数据来源:郑江洛,吴晟炜,2021."林改"惠八闽:生态与民生共赢[EB/OL].(2021-05-08)[2023-09-20]. http://fj.people.com.cn/n2/2021/0508/c181466-34713780.html.
1亩≈666.67平方米。

的97.2%。[①] 新一轮集体林改初期,福建省就成立了综合性的服务机构,集林权交易、林权登记管理、林权评估、林业政策咨询、林权纠纷调处等服务功能于一体,其中,林权流转交易是林权交易中心的核心功能。截至2008年底,福建省就已初步建立了233个林权交易中心,其中县级以上的中心多达66个,南平、三明和龙岩等重点林区县市全部建立了林业服务机构。[②] 尤其是作为我国林业改革先行试点县的永安市,更是先行一步,早在2004年5月份,就成立了全国第一家林业要素市场,其承担的服务功能有林权登记和动态管理、森林资源的资产评估、森林资源产权和林产品交易、林业市场信息服务、林业政策咨询等。之后,永安市下属的各个乡镇分别设立了分支的林业服务机构,积极为明晰山林产权之后林业经营主体的森林资源产权流转提供各方面的相关服务。永安林业要素市场在成立起来之后,于2004年10月份便开始正式投入运营,并取得了良好的成效(魏远竹 等,2011)。永安市建立林业要素市场的经验逐渐推广到福建省的其他重点林业县市,周边的重点林区如三明市沙县、尤溪县、将乐县,以及南平市和龙岩市等县市先后建立了功能类似的林权服务机构,重点以林业服务管理功能为主,促进了新一轮林改的发展进程。2011年,福建省成立了集林权流转交易、抵押融资和林权收储等服务职能于一体的、区域性的海峡林权流转交易平台,进一步推动了林权交易市场的发展。

江西省位于我国东南部,截至2021年,全省森林覆盖率多达63.1%,位居全国前列,已发放林权证613.4万份,其中大部分产权关系清晰,明晰率高达98.5%(刘彪彪 等,2022)。自2004年新一轮林改以来,江西省重点林区县先后共建立了70个县级以上的林权交易中心。2018年,江西省建立了

---

① 数据来源:顾仲阳,高保生,朱隽,2007.集体林权制度改革综述:激情与活力在山林中奔涌[J].中国林业(15):5-7.
② 数据来源:魏远竹,谢帮生,张宝芳,2011.福建省林权交易中心案例研究:以永安、沙县、尤溪、邵武为例[J].林业经济(10):19-25.

1835个乡、村两级林权流转服务窗口,全省初步形成了重点林区五级以上的林权交易管理服务机构。[①] 江西省还组建了区域性的林权服务管理平台,通过全省统一的网上交易大数据,便捷地完成挂牌申请、报名申请、交易报价等操作流程,从而确保林权在交易过程中保值升值。早在2009年,区域性的南方林业产权交易所就在江西省南昌市挂牌成立,该交易所提供林权交易信息查询、林权证抵押融资、森林资源资产评估、大宗林业商品交易和林业保险等各项服务,推动了林业服务市场化的进程。同时,江西省实施了林地承包和林权经营权流转的"两本证"制度,仅2018年整个省的林权流转证就新增了1036本,涉及的流转交易面积达11.61万亩。[②]

浙江省位于我国东南沿海地区,截至2021年,全省林地面积9903万亩,其中森林面积多达9113万亩,活立木蓄积量为3.85亿立方米,森林覆盖率达到61.15%。早在2007年底,浙江省就基本完成了确权的目标,形成了以家庭承包为基础的林业经营方式。目前全省明晰产权面积多达8654.5万亩,占全部林地面积的96.8%;全省已发放全国统一式样的林权证425.9万本,而林权证发证到户的比例也相当可观,为98.18%。基于山区林农面临资金短缺、信息不畅和市场受限等一系列问题,浙江省加快建立了林权交易服务平台,以促进林权的流转。林权交易服务平台的核心职能有:第一,制定并实施统一的交易规则、鉴定程序和服务标准等,同时负责流转信息平台和诚信体系的运营、建设;第二,提供林权交易、大宗林产品流转和交易服务;第三,搭建林产品电子商务的桥梁,为个体和企业用户提供在线交易林产品的服务平台;第四,系统化地开展林权抵押贷款、森林保险、森林资源资产评估、林木和林地收储以及森林资源担保等服务,以满足市场主体的需

[①] 数据来源:江西省绿化委员会,2019.江西省2018年国土绿化状况公报[EB/OL].(2019-03-12)[2020-03-20].https://www.jiangxi.gov.cn/art/2019/3/12/art_396_665576.html.

[②] 数据来源:江西省绿化委员会,2019.江西省2018年国土绿化状况公报[EB/OL].(2019-03-12)[2020-03-20].https://www.jiangxi.gov.cn/art/2019/3/12/art_396_665576.html.

求;第五,提供林业法律、法规和政策方面的专业咨询服务(浙江省林业局,2020)。截至 2018 年底,浙江省建立了 111 个林权管理中心,其中初步建立 65 个县级以上林权管理中心,并在重点林区建立了 49 个的林权交易中心,中心的服务职能包括林权流转交易、流转信息发布和管理、森林资源资产评估、林权变更登记等。[①] 2010 年 12 月,浙江省组建了唯一的全省性林权交易平台——华东林业产权交易所,极大地推动了区域性林权交易市场的发展。

总体而言,福建、江西和浙江组建林权交易平台的经验具备一定的可借鉴性。三个省份都初步建立了省级林业产权交易所,并且在县级市基本设立了林权交易的服务机构。这些林权交易中心延伸和整合了多部门业务,为林权的流转交易提供相应的场所,并提供林权流转交易信息、森林资源资产评估、组织交易、产权登记和变更等服务职能,在一定程度上为区域范围内的森林资源产权流转提供了便利。

3.1.3 南方集体林区林权交易中心的类型

从理论上而言,林权交易中心的核心功能是以独立的身份为市场交易主体提供可靠的交易信息,从而促进双方实现流转交易。南方集体林区林权交易中心的类型主要包括政府主导下的林权交易中心和市场主导下的林权交易中心,下面将对两种不同类型的交易中心进行分析。

3.1.3.1 政府主导下的林权交易中心

林权流转交易活动具备一定的公益性。正因为如此,我国目前大部分的林权交易中心均由所在地的林业和草原局主导设立,且多为具有事业单位性质的交易平台,主要提供林权流转交易信息发布、资产评估、抵押融资、

---

① 数据来源:高鹏芳,2019.论集体林权流转交易体系的完善:以浙江省的探索实践为例[J].改革与战略(9):84-91.

产权变更及登记、纠纷调处等服务。笔者经过实地调研发现,作为新一轮林改的重点试点省份,福建省、江西省和浙江省成立的县级林权交易中心绝大多数是事业单位性质的政府服务机构,而且大多同时提供与山林资源产权相关的综合性服务,至少具有以下几个方面的基本功能。

第一,促进林权流转交易。林权流转交易是林权交易中心最基本的功能之一。林权交易中心可促成林权供需双方直接实现面对面的谈判和交易,有助于减少交易双方的信息不对称问题,实现公平、公正和公开的交易,有效地保障市场交易主体的合法权益。

第二,森林资源资产评估。森林资源资产评估是林权交易中心的基本职能之一,这也是山林资源通过要素市场进行产权交易必须经历的一道基本程序,经有资质的资产评估机构确定的山林资源价值是确定交易双方最后成交价格的基础。具体而言,林权交易中心下属的森林资源资产评估中心为集体林权的流转和林权证抵押贷款等提供资产评估服务,旨在客观、公正地确定标的物的价格,从而为交易双方提供相关的价格咨询服务,以确保山林产权交易的公平和公正。

第三,林业经营资金筹集。资金不足是长期以来限制中国林业经济增长最主要的因素。新一轮林改明晰了山林资源的产权归属,这为实施林权证抵押贷款创造了最主要的前提条件。在产权明晰的前提下,林农可以将其持有的代表产权归属唯一凭证的林权证抵押给金融机构以获取贷款,增加经营资金来源,从而缓解林业经营资金短缺的问题。

第四,林业科技服务、政策法规咨询等。目前,福建省各个林权交易中心基本上都有林业科技服务、政策法规咨询等方面的服务功能。

3.1.3.2 市场主导下的林权交易中心

目前,福建省和浙江省分别设有企业性质的福建金森林业股份有限公司和华东林业产权交易所等。

福建金森林业股份有限公司位于福建省三明市将乐县,是以竹木交易和生产经营为主营业务的股份制企业。目前,该公司在将乐县有 80 万亩左右的森林资源。该公司的组织架构由行政部、审计部、木材销售部、资源管理部、信息中心和财务部等业务部门组成,如图 3-1 所示。该公司积极探索出"1+4"的林业经营模式,以公司总部为核心,设有三明市林权交易中心有限公司、三明金晟林权收储有限公司、福建省金林碳资产管理有限公司和将乐县鑫绿林业担保有限公司等四个子公司。

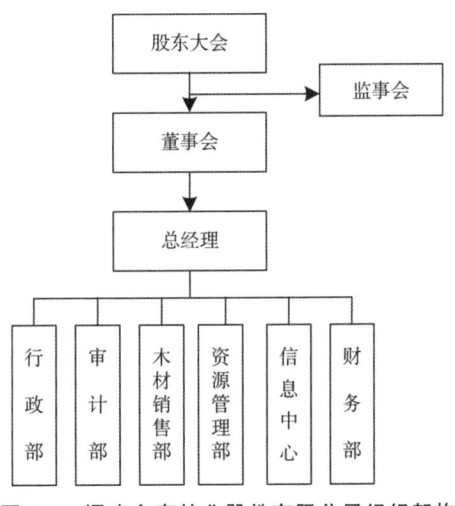

图 3-1 福建金森林业股份有限公司组织架构

华东林业产权交易所位于浙江省杭州市,该交易所由浙江信林担保有限公司设立,旗下设有四个平台:浙江林业小额贷款有限公司、浙江信林担保有限公司、浙江信林资产评估事务所和杭州信林评估咨询有限公司主要由林权交易中心、林业碳汇交易平台、大宗林产品交易中心、森林资源产权评估中心和林业金融产品创新中心等业务部门组成。目前,该交易所提供包括林权流转交易、大宗农林产品现货电子交易、收藏品交易、林业碳汇交易、林业融资担保和林权收储等在内的一体化服务,其组织结构如图 3-2 所示。

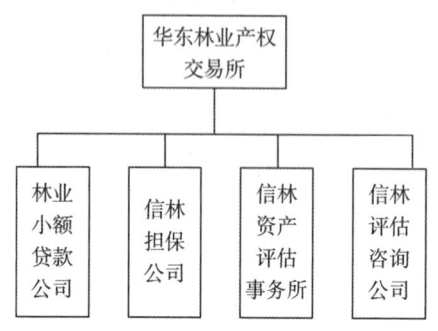

图 3-2　华东林业产权交易所组织结构

3.2　区域林权交易中心基本情况

本节将利用实地调研的数据，对调研区域内林权交易中心的建设程度和交易量变动等基本情况进行分析。

3.2.1　调查设计

3.2.1.1　调查问卷设计

本书的调查对象主要是林权交易中心、林业专家和农户。为保证问卷的合理性，本书按照"确立主体—问卷调查试用—定稿"的步骤形成正式调查问卷。通过相关文献的归纳总结，在广泛咨询理论和实践专家意见的前提下，本书设计了问卷初稿，并进行了相关的预调研，最终确定了林权交易中心的正式调查问卷，问卷具体内容如下。

(1)林权交易中心调查问卷

林权交易中心调查问卷的内容主要涉及林权交易中心的基本信息(名称、性质、成立时间、办公场所、员工人数和岗位设置等);林权交易中心的服务职能(中介服务、行政管理服务、公共服务等);林权交易中心的交易情况(流转交易数量、交易金额和交易单价、流转交易面积等);林权交易中心的收费情况(收费对象、收费方式、收费标准);林权交易中心的管理情况(员工基本情况、中心的交易方式、林业税费项目和服务成本等);林权交易中心的主要定位和管理模式、发展情况和运行问题;等等。

(2)专家问卷

基于南方集体林区林业资源禀赋和林权交易中心的建设情况,专家问卷主要涉及了对林权交易中心服务功能的看法,对林权交易中心运行机制(硬实力和软实力)的看法,对林权交易中心的市场特征判断(市场供给方选择中心交易对需求方的影响程度、市场需求方选择中心交易对供给方的影响程度、供需双方的家庭特征、收费模式),对目前林权交易市场供需双方的判断,以及对完善林权交易中心运行机制的看法,等等。本书将对林权交易中心运行机制的评价指标分成优、良好、一般和不好四个等级。其中:优代表指标对林权交易中心运行机制具有非常显著的贡献;良好代表指标对林权交易中心运行机制具有较大的贡献;一般代表指标对林权交易中心运行机制具有一般的贡献;不好代表缺失某些指标,会对林权交易中心运行机制产生不利的影响。

(3)农户问卷

农户调查问卷的内容主要涉及家庭基本信息、家庭经济收入、家庭经济支出、新一轮林改后的林权流转交易情况、通过中心流转交易的情况等。

3.2.1.2 调查实施和数据收集

为了深入了解南方集体林区林权交易市场的现实情况,本书选取了福建省、浙江省和江西省典型的重点林业县级市进行实地调研。

关于林权交易中心的问卷调研,主要分成两批次进行:第一批次主要在福建省内进行,根据福建省林权交易中心的建设情况等,选取了三明市的尤溪县、将乐县、沙县和龙岩市的武平县等地进行调研；第二批次主要在浙江省和江西省内进行，选取了浙江省遂昌县和江西省安远县等地进行调研。

  选择这些县作为调查地的依据如下：第一，这六个县的林业比较发达，森林覆盖率较高，且是南方集体林区48个重点县市之一，或是福建省、江西省和浙江省的重点林业县。其中，沙县地处福建省中部偏北地区，截至2019年，森林覆盖率高达76.3%，全县林业用地面积221.56万亩，活立木蓄积量约为11.73亿立方米；尤溪县位于福建中部地区，截至2019年，林地用地面积372.75万亩，森林覆盖率高达73.7%；将乐县地处福建省西北部，截至2019年，林地面积294.21万亩，森林覆盖率达79.98%；武平县位于福建省西南部，截至2019年，林地面积330万亩，森林覆盖率达79.7%，林木蓄积量高达2000多万立方米；遂昌县地处浙江省西南部，截至2019年，林业用地面积22.13万公顷，占全县土地总面积的87.1%，林木蓄积总量779万立方米；安远县为江西省重点林区，截至2019年，全县林业用地面积300.7万亩，森林活立木蓄积量644.39万立方米，森林覆盖率高达84.3%。第二，这六个县在林权交易市场的发展方面各具特色，具有很强的代表性。其中：尤溪县设有林业服务中心、林木经纪公司和公司制林权交易中心的营业部；将乐县设有事业单位性质的林权交易中心和企业性质的金森林业股份有限公司；沙县作为全国农村改革试验区，当地的林权交易中心已经成为福建省林权流转交易的示范点；武平县素有"全国林改第一县"的美称，是闽西林改的一面旗帜，其林权交易中心的一站式服务职能具有特色；遂昌县设有林业服务管理中心和林业中介机构；安远县林业经济整体实力较强，该县林权交易中心对周边其他县级市的林权交易市场的发展影响很大（朱再昱 等，2010）。2017年8月和2019年8月，调研组对林权交易中心的负责人进行了一对一的问卷访谈，共获取有效问卷6份。同时，本书选取省级的福建海峡林权流转平台、华东林业产权交易所和区域性的南方林业产权交易所为样本，通过其网站获取公开的信息和数据。

在农户的问卷调研方面,调研的农户对象主要是经营林业大户和发生过林权流转交易的林农;调研主要分两批次进行:第一次是在福建省内开展调研,选取福建省三明市的沙县、尤溪县、将乐县,以及南平市的武夷山市和泉州市的德化县等地的37个乡镇为调研地区;第二次是在江西省和浙江省内开展调研,选取了浙江省丽水市的遂昌县、松阳县,以及江西省赣州市的安远县、全南县等地25个乡镇为调研地区。在具体执行方面,组建了两个调研队伍,每队调研成员的数量为7~8名,并在2016年7—8月和2017年8月对福建省、浙江省和江西省进行实地调研,调研方式是一对一的问卷访谈,共获取604份问卷,剔除回答不完整及数据缺失等的问卷,最终获得575份问卷,问卷有效率为95.20%。

在林业专家的问卷调研方面,根据南方集体林区林业资源禀赋和林权交易中心的建设情况,调研的专家对象主要包括两类:一是林权交易中心的工作人员,包含专门负责流转交易的服务人员和管理者;二是熟悉林权交易中心的相关专家。因此,2019年7—8月,调研组对53位林业专家进行了线上和线下相结合的问卷调查,共回收了53份问卷,剔除数据缺失的问卷后,共获得有效问卷52份,问卷有效率为98.11%。

3.2.2 调查区域林权交易中心的建设情况

调研区域内林权交易中心的性质包括事业单位性质和企业性质等两种。

福建省县级林权交易中心大多为事业单位性质,并属于当地林业局的下属分支机构。中心设有一名专职主任,负责日常业务的统筹处理,其他成员负责处理各个具体业务。沙县于2005年成立了林业服务中心;2007年10月,在原有林业服务中心的基础上,沙县林业局成立了森林资源流转交易中心,办公地点设在沙县农村产权交易中心;2023年,该中心关于森林资源流转交易的业务统一通过沙县农村产权交易中心完成。林权流转交易是中心的主要业务，中心将林权、林票、碳票市场交易作为三明市的标志性产品进行重点开发。在数字化农村产权线上交易平台的基础上，中心完善了统一信息发布、统一网络竞价、统一资金结算、统一交易鉴证的"四统一"功能，并开发了相应的产品交易系统。尤溪县林业服务中心于2007年成立，并于2015年在原有中心的基础上设立了林权管理服务中心，中心更多发挥的是林业行政服务功能。武平县于2004年成立了林业产权管理服务中心；2016年底，武平县林业局整合林业局、金融部门、不动产登记局等的资源，形成了武平县林权流转一站式服务平台。将乐县林业产权管理服务中心于2008年正式成立，提供林权流转交易和林权抵押贷款等服务。

调研期间，江西省已初步建成覆盖重点林区的五级联网林权流转管理服务体系。目前，江西省县级市和区域性的林权交易中心均为事业单位性质。2008年，安远县正式成立了林业管理服务中心，并提供林业贷款贴息、林权抵押贷款、林权流转交易、森林综合保险和林业行政管理等服务。区域性的南方林业产权交易所隶属于江西省林业局，设有办公室、业务科和交易科等三个部门，具有林业行政服务和中介服务的双重职能。目前，该交易所以"农林互联网共享资源"战略思维为导向，与江西省林权管理服务体系、江西省权益流转交易平台及江西省林业金融服务平台共同构成了"一个体系三大平台"。该交易所是省级林权交易示范中心，通过线上交易、线下交割、合作仓储和林银融合等方式，致力于打造林业产业供应链体系，从而将森林资源转变成资产，逐渐建立起农林特色化互联网资源共享平台。

浙江省遂昌县林权交易中心由事业单位性质的林业服务管理中心、公共资源交易中心以及企业性质的林权交易中介机构等组成。林业服务管理中心于2007年建立，提供登记审批、流转交易信息发布、林地经营权流转证办理、林权流转交易前的指导和主体资格审查、申报林权抵押贷款的财政贴息等服务。公共资源交易中心和林权交易中介机构专门提供林权流转交易的中介服务,并收取一定的服务费用。华东林业产权交易所属于企业性质的服务机构,以实现利润最大化为目标。该交易所在人员聘任和服务职能等方面具备一定的灵活性,提供林权流转交易、林产品交易、收藏品交易和碳汇交易等中介服务。

总体而言,此次调研的林权交易中心中,事业单位性质的中心一般是当地林业局下属的单位或省林业厅下属的分支机构,中心设有一名专职主任,日常业务由主任统筹安排,其他成员负责业务的具体实施,且中心的工作人员一般是从其他部门抽调过来的,中心的运行经费由当地林业局或省林业厅划拨;企业性质的林权交易中心在人员聘任和服务职能等方面更具灵活性。

3.2.3　调查区域林权交易中心的交易量变动情况

衡量南方集体林区林权交易市场发展情况的重要指标之一是林权流转交易规模。由于私下交易数量统计起来较困难,而场内交易又初步形成了一定的规模,且交易的数量和金额比较准确。结合实地调研,调研组获得了调查区域内林权交易中心的交易数量、交易面积和交易金额等数据。其中,县级林权交易中心的统计数据的来源是当地林业局提供的原始数据,省级林业产权交易所的统计数据由调研组通过公开网站收集并整理得到。

截至2018年底,沙县林权交易中心林权流转交易的数量累计为469笔;交易面积累计约7.45万亩;交易金额累计约4.77亿元,比原有的标底价增加了约1.33亿元。中心每年流转交易的数量比较稳定,除了2012年、2015年和2016年交易数量低于40笔,其他年份都超过40笔。从交易数量和面积来看,2010年和2011年流转交易的数量达到高峰,分别为64笔和59笔,且交易面积超过了1万亩。从交易金额来看,2008—2018年,流转交易的金额在2700万元至8100万元之间浮动。其中,2010年交易金额达到最高,为8029.99万元,之后每年的交易金额总体上呈现下降的趋势(虽有上下波动)。从交易单价来看,总体呈现稳中发展的态势。沙县林权交易中心2008—2018年的交易面积、数量、金额、单价如图3-3至图3-6所示。

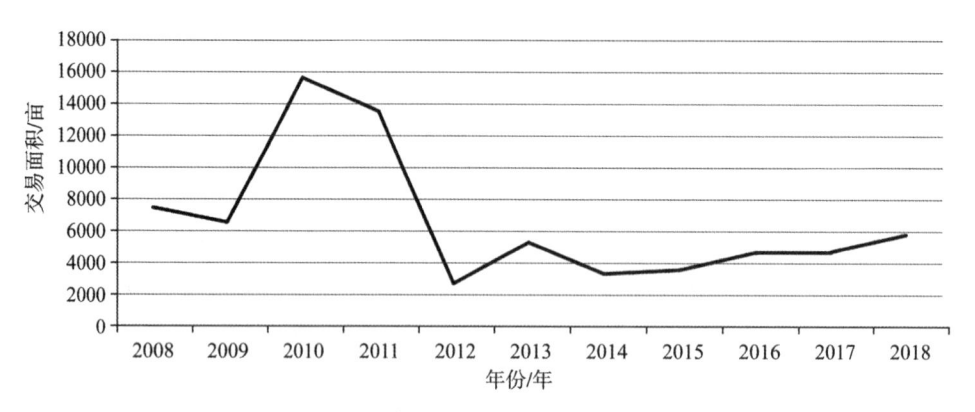

图3-3 沙县林权交易中心交易面积

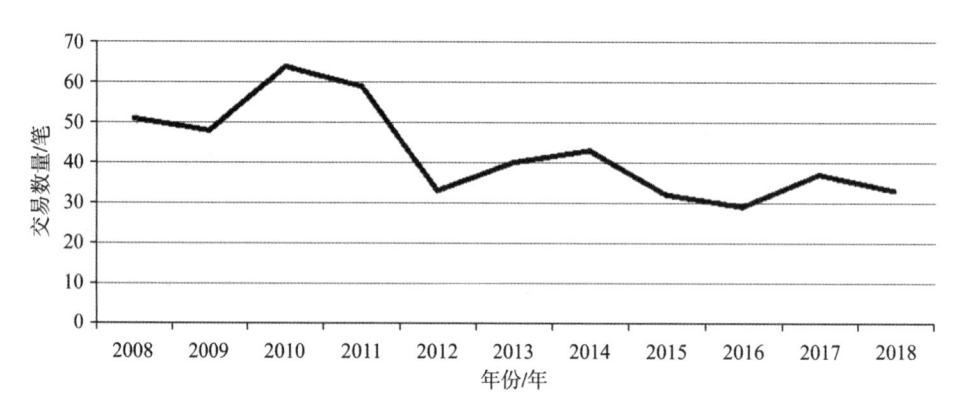

图3-4 沙县林权交易中心交易数量

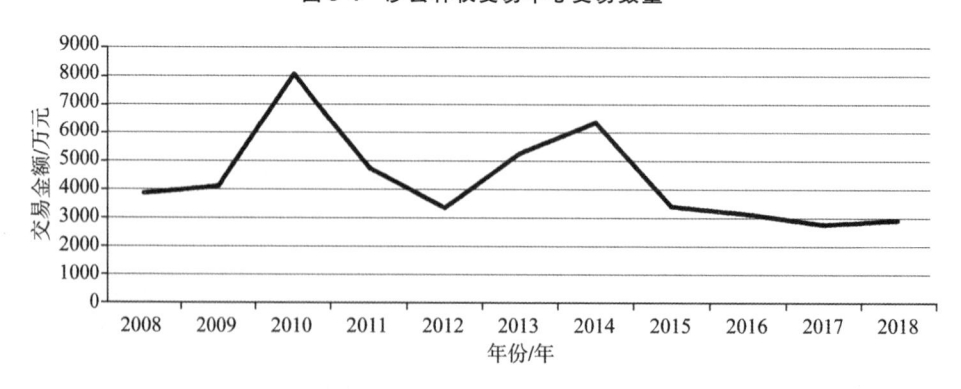

图3-5 沙县林权交易中心交易金额

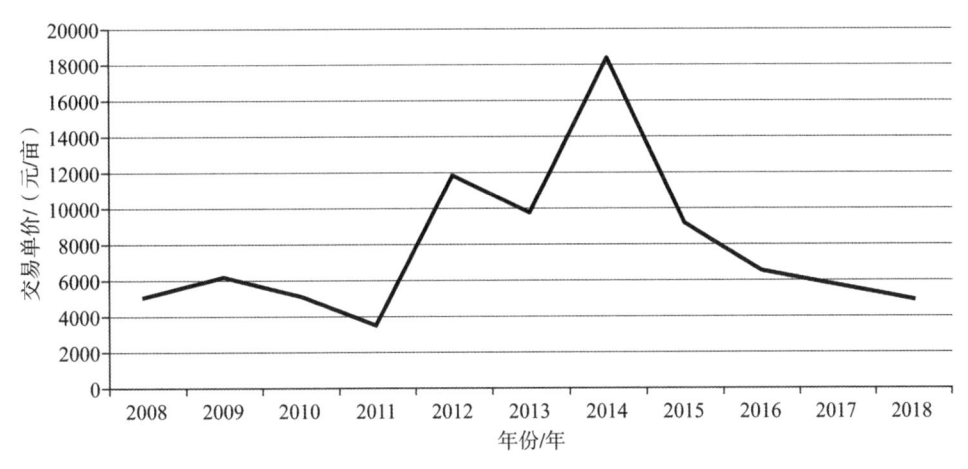

图 3-6 沙县林权交易中心交易单价

福建省尤溪县的林权流转交易活动由企业性质的广西林权交易中心营业部和公共资源交易中心等服务机构联合开展,尤溪林权交易中心每年流转交易的面积和数量并不稳定,整体呈现波动变化。截至 2018 年底,中心流转交易的数量累计为 1354 笔,交易面积累计约 37.54 万亩,交易金额累计多达 5.39 亿元。其中:2008—2014 年,流转交易面积总体呈现出上升的趋势,但 2015—2018 年流转交易面积呈下降趋势;2008—2013 年,流转交易数量呈上升趋势,但 2014—2018 年,流转交易数量总体呈下降趋势;交易金额 2008—2015 年总体有所递增,2016—2018 年有所回落;年交易单价虽有波动,但总体比较稳定。尤溪林权交易中心 2008—2018 年的交易面积、数量、金额、单价如图 3-7 至图 3-10 所示。

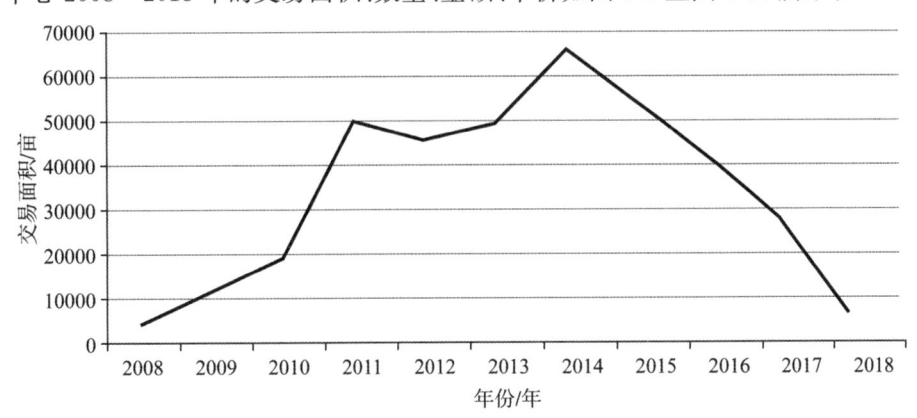

图 3-7 尤溪林权交易中心交易面积

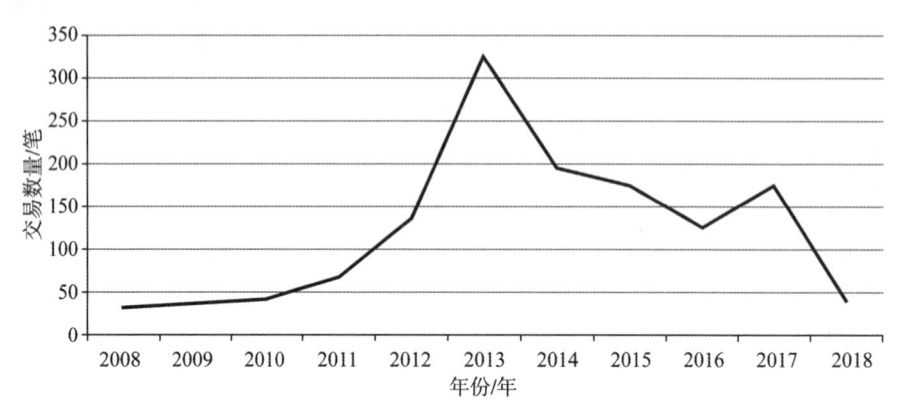

图 3-8　尤溪林权交易中心交易数量

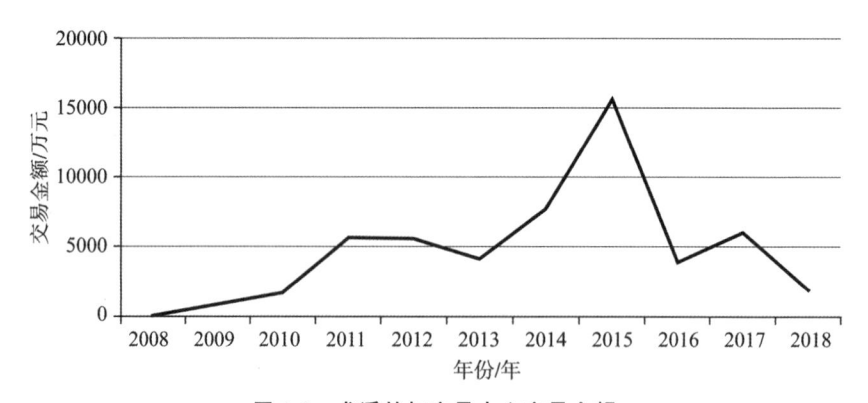

图 3-9　尤溪林权交易中心交易金额

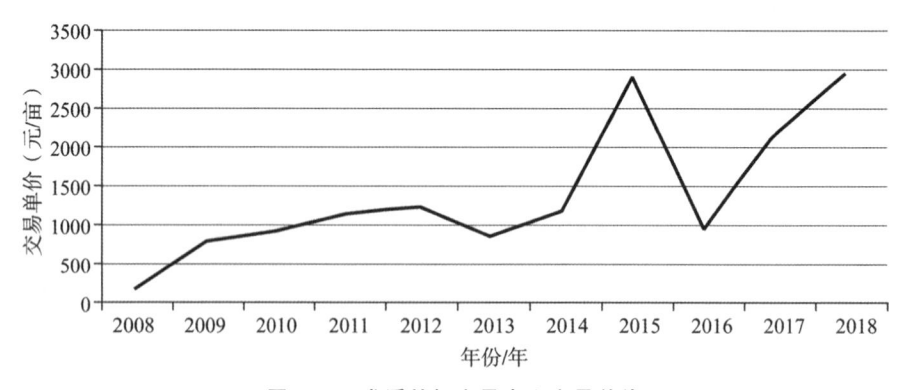

图 3-10　尤溪林权交易中心交易单价

将乐县素有"九山半水半分田"的美称。截至 2018 年底，将乐林权交易中心流转交易的数量累计为 754 笔，交易面积累计达到 15.82 万亩，交易金额累计约 8.66 亿元。2009—2018 年,中心总体交易情况呈波动性变化的状态。其中,流转交易的数量相对稳定,最低交易量为 48 笔;交易面积呈现波动变化的趋势,2016 年中心的交易面积最多,为 4.88 万亩;交易金额在 2300～13000 万元之间浮动;年交易单价总体呈现下降的趋势,这可能与当地的木材市场价格走低和市场需求量的减少有关。将乐林权交易中心 2009—2018 年交易数量、交易面积、交易金额、交易单价如图 3-11 至图 3-14 所示。

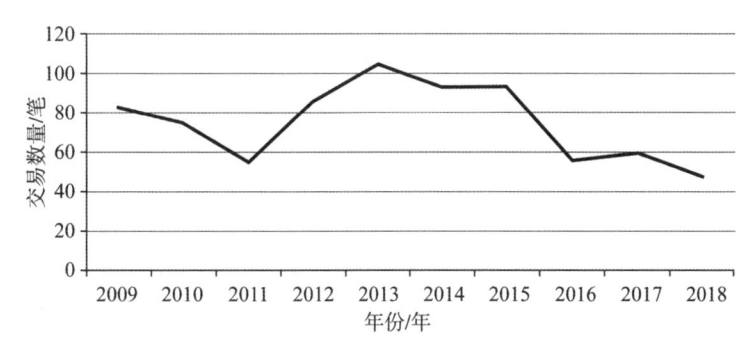

图 3-11 将乐林权交易中心交易数量

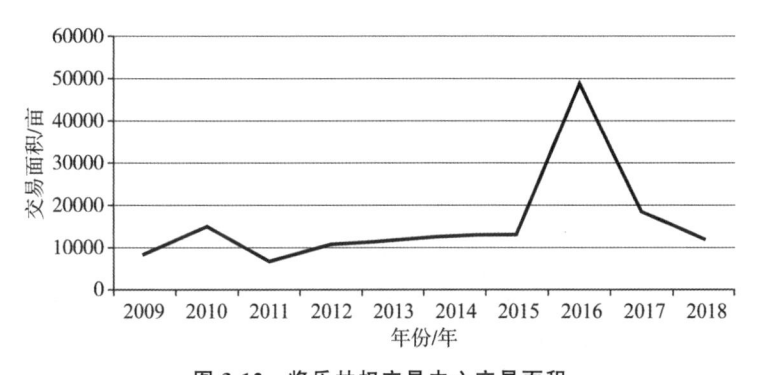

图 3-12 将乐林权交易中心交易面积

2017 年和 2018 年,武平县林权交易中心流转交易的数量合计为 185 笔,交易面积合计约 1.6 万亩,交易金额合计达 4038.95 万元。其中:2017 年流转交易的数量 129 笔,交易面积 11662.8 亩,交易金额 2915.7 万元;2018 年流转交易的数量 56 笔,交易面积 4493 亩,交易金额 1123.25 万元。具体如表 3-1 所示。

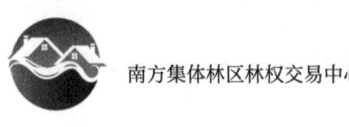

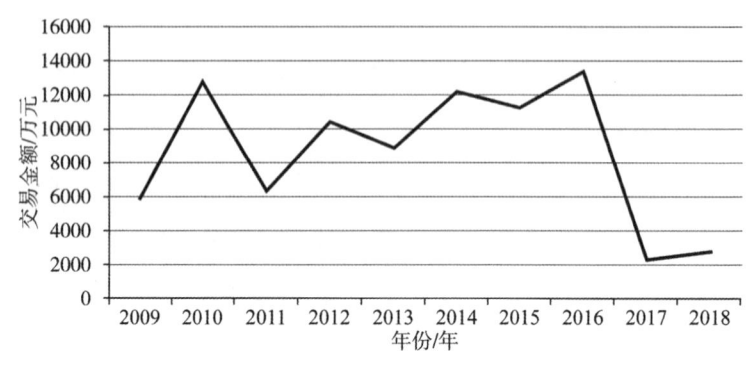

图 3-13　将乐林权交易中心交易金额

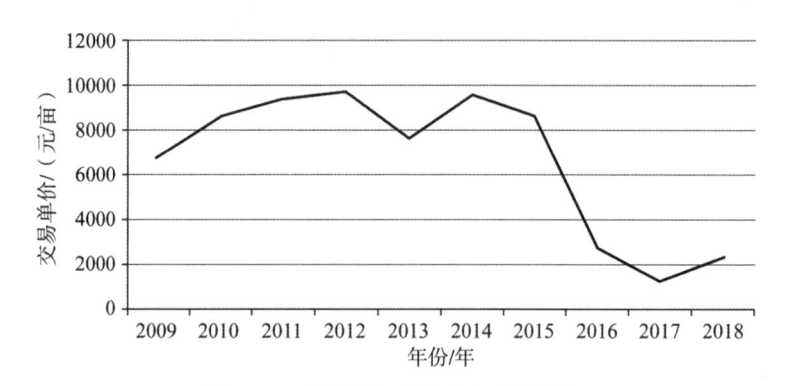

图 3-14　将乐林权交易中心交易单价

表 3-1　武平县林权交易中心 2017 年、2018 年交易情况

年份	数量/笔	金额/万元	面积/亩
2017 年	129	2915.70	11662.8
2018 年	56	1123.25	4493.0
合计	185	4038.95	16155.8

遂昌林权交易中心 2007—2017 年的交易数量、交易面积、交易金额、交易单价如图 3-15 至图 3-18 所示。从图 3-15 至图 3-18 可知，截至 2017 年，遂昌林权交易中心共发生了 172 笔流转交易，交易面积累计达到 2.83 万亩，交易金额累计达 7202.82 万元。其中，2007—2011 年交易数量和面积总体呈上升趋势，而之后交易数量和面积总体呈下降的趋势，在 2017 年交易数

量仅1笔。总体而言,该中心每年的交易数量相对较少,交易金额均低于1500万元,但是单笔的交易面积较大;交易单价呈波动变化的趋势,这可能与当地的木材市场需求不稳定存在一定的关联。

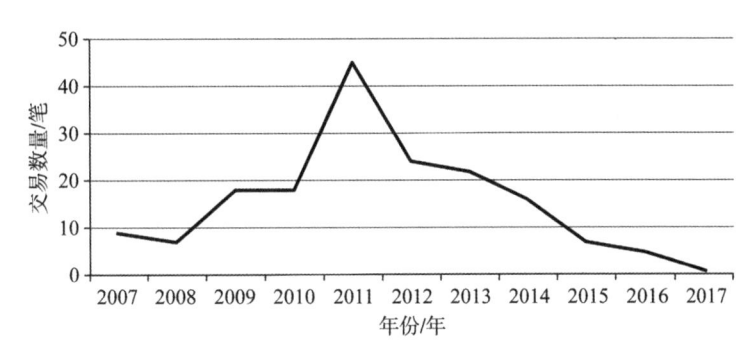

图 3-15　遂昌林权交易中心交易数量

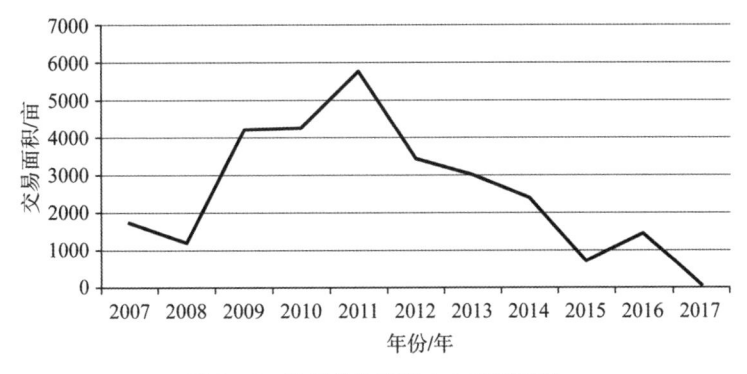

图 3-16　遂昌林权交易中心交易面积

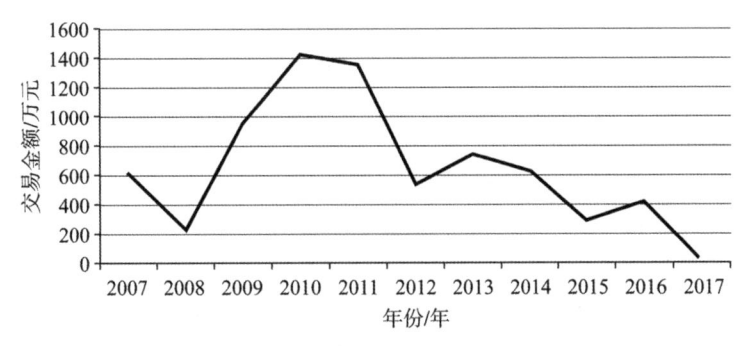

图 3-17　遂昌林权交易中心交易金额

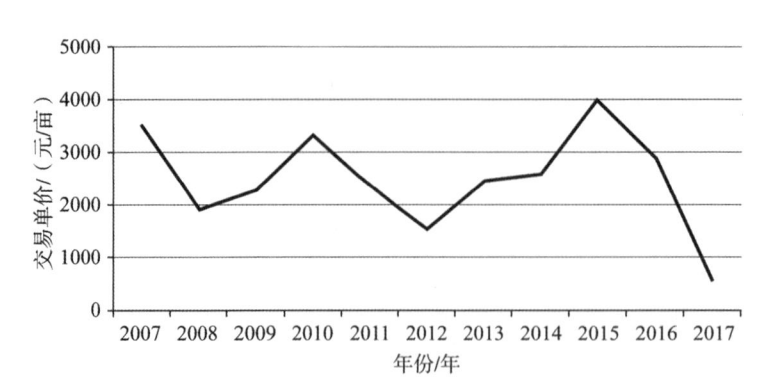

图 3-18　遂昌林权交易中心交易单价

安远林权交易中心 2010—2018 年的交易数量、交易面积、交易金额、交易单价如图 3-19 至图 3-21 所示。从图 3-19 至图 3-21 可知,截至 2018 年底,安远林权交易中心流转交易的数量累计为 1723 笔,交易面积累计达 31.98 万亩,交易金额累计达 5650.59 万元。就交易面积和交易额来看,整体呈下降的态势。

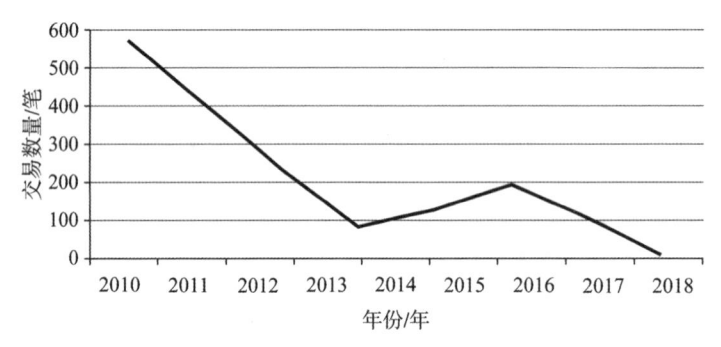

图 3-19　安远林权交易中心交易数量

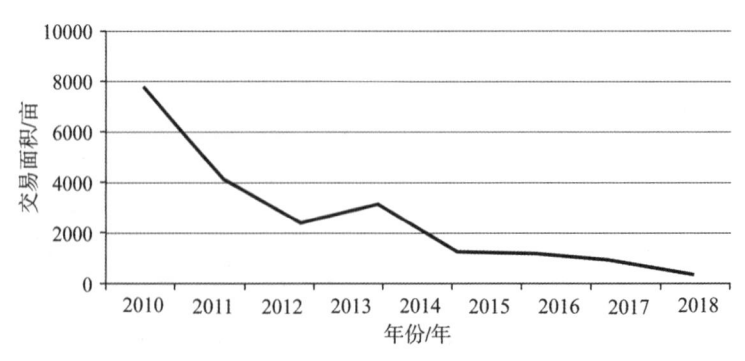

图 3-20　安远林权交易中心交易面积

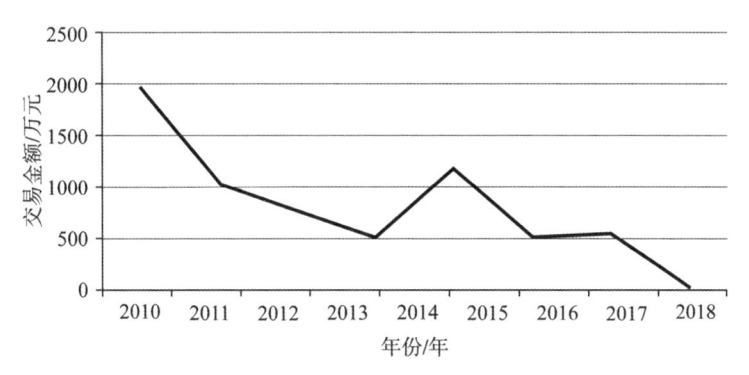

图 3-21 安远林权交易中心交易金额

南方林业产权交易所于 2007 年成立,截至 2017 年底,流转交易的数量累计为 4755 笔,交易金额累计约 55.56 亿元,涉及的交易对象多达 12 个省份。2009—2012 年,该交易所的交易数量和金额呈上升的趋势,其中,2012 年的交易数量为 729 笔,交易金额约 1.25 亿元。交易数量呈上升趋势的原因可能是 2008 年国务院出台深化集体林改的相关意见,促进当地森林资源流转进程。2013—2017 年,该交易所的交易数量和交易金额呈大幅下降的趋势。

截至 2018 年底,华东林业产权交易所流转交易的数量累计为 358 笔,交易金额累计多达 2.46 亿元。其中,2011 年的流转交易数量最多,交易面积为 2.74 万亩,交易金额达 1 亿元。2012—2018 年,交易数量相对较少,但每年至少有 9 笔以上;每年的交易面积都高于 1600 亩;每年的交易金额都在 1000 万元以上。

福建省海峡林权流转平台开展林权流转交易活动的时间相对较晚,交易对象主要集中在闽西一带。截至 2018 年,平台的交易数量合计为 18 笔,交易面积合计为 1.62 万亩,交易金额合计约 1309.04 万元。其中:2016 年,流转交易的数量为 14 笔,交易金额为 865.86 万元,交易面积 1.00 万亩;2018 年,流转交易的数量为 4 笔,交易金额为 443.18 万元,交易面积为 0.62 万亩。具体如表 3-2 所示。

表 3-2 2016 年、2018 年海峡林权流转平台交易情况

年份	数量/笔	金额/万元	面积/万亩
2016	14	865.86	1.00
2018	4	443.18	0.62
合计	18	1309.04	1.62

总体而言,调查区域内林权交易中心的交易情况整体呈下降趋势(此处的趋势是指某一时间段内的趋势,时间段已在前文具体阐述中指明)。其中,沙县林权流转交易的面积和数量相对较少,但单笔的交易金额和面积比较大,并且每年的交易数量比较稳定;将乐和遂昌林权流转交易的面积和数量呈波动下降的趋势;尤溪和安远林权流转交易的面积和数量比较多,但整体交易情况呈现波动变化的趋势;南方林业产权交易所的交易对象较广,分布在12个省份,但交易金额及数量呈大幅下降的趋势;华东林业产权交易所交易对象的所在地以浙江省为主,整体交易量呈下降的趋势;海峡林权流转平台和武平县林权交易中心开展林权流转交易活动的时间相对较晚,且交易对象主要集中在闽西一带,交易数量相对较少。

3.3 调查区域林权交易中心运行情况

作为林权流转交易的场所和纽带,林权交易中心在运行过程中应充分发挥应有的作用。因此,本节将重点对调研区域内林权交易中心的供求情况、交易流程和方式、服务定价等方面展开研究。

3.3.1 调查区域林权交易中心的供求情况

3.3.1.1 供求主体基本情况

作为林权交易活动的生产者和交换者,林权交易市场主体必须具备自主进行经济活动的能力,并且能够承担相应的权利和义务,一般是由个人、组织和机构等组成。现阶段林权交易市场主体呈现出多元化的态势,性质包含国有性质、村集体所有性质和私有性质等。其中:私有性质的林农逐渐成为林权交易市场的最大潜在主体,其决定了林权交易市场的流转交易数量;村集体所有性质的流转按照一村一策的方法实施,需经过 2/3 的村民代表同意才能实现流转;国有性质的商品型森林资源可以进入林权交易市场流转。

3.3.1.2 林权交易中心的供求主体

尤溪县的历史交易数据表明,林权流转交易的流出方主要是村集体组织、林农和国有林场等,流入方主要是林业公司。其中,截至 2018 年,村集体组织的比例高达 83.77%,私有性质的林农占比为 15.52%,而国有林场的比例仅为 0.71%,如图 3-22 所示。

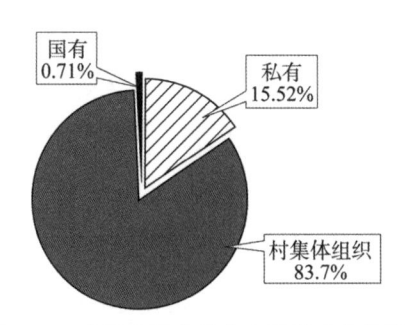

图 3-22 尤溪林权交易中心的供求主体情况

安远林权交易中心的供求主体主要为村集体组织、林农和其他等类型。

其中,截至 2018 年,村集体组织的占比为 17.6%,私有性质的林农占比为 76.4%,其他类型的占比为 5.90%。其他类型的供求主体主要是营林公司、国有林场和新型林业经营主体等。具体如图 3-23 所示。

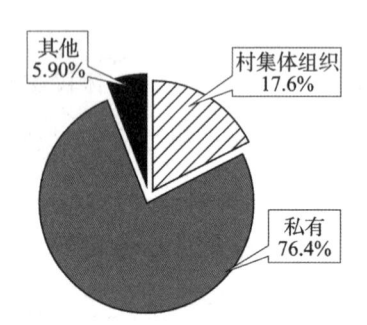

图 3-23 安远林权交易中心的供求主体情况

南方林业产权交易所的供求主体呈现出多样化的类型,包含国有、村集体组织、私有、股份制、联营和其他等。截至 2017 年年底,国有性质和村集体组织性质的供求主体占主要部分;国有性质的供求主体占比为 44.9%,村集体性质供求主体占比为 39.02%;私有性质的林农所占的比例为 15.15%;其他类型占比为 0.87%。具体如图 3-24 所示。

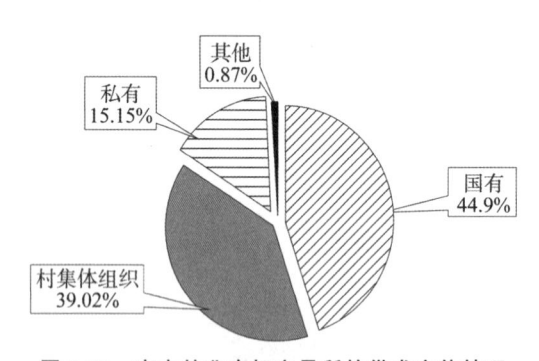

图 3-24 南方林业产权交易所的供求主体情况

沙县林权交易中心的流出方全部是国有林场和村集体组织,流入方主要为林业经营大户。将乐县林权交易中心的流出方主要是村集体组织、林农和国有林场等,流入方一般为林业公司、林业大户和新型林业经营主体等。新型林业经营主体主要由林业合作组织、"公司＋基地＋农户"合作经营、林业托管和家庭林场等部分组成。其中,"公司＋基地＋农户"合作经营包含两种类型:一是村民企联合经营,即村集体、林业专业合作社和公司三方合作;二是村企合作造林经营,即企业与村集体、林农签订合作协议,村集体和林农以林地使用权入股,公司出资更新造林、营林管理。遂昌林权交易中心的供求主体包含国有林场、村集体组织和林农等,流出方全部是国有林场和村集体组织,而流入方一般有林业经营大户和营林公司等。其中:国有林场流转交易的林权主要是林木使用权,每年流转数量比较稳定;村集体组织流转交易的林权包含林木所有权和林地使用权,并且金额在10万元以下的交易一般放在乡镇交易中心进行。

综上,目前南方集体林区林业权属是多样化的。林权交易中心的流出方主要是国有林场、村集体组织和林农,其中,国有林场和村集体组织的流转数量比较稳定;流入方一般有林业经营大户、林业公司和新型林业经营主体等。新一轮林改后,广大林农逐渐成为森林资源使用权的主体,但由于存在单个林地面积较小的局限性,林农往往难以实现林业的规模化效益。因此,通过流转交易促进林业实现规模经营显得十分重要,而在此过程中,交易成本是市场供需双方流转的重要影响因素。林权交易市场主体实现流转的重要前提是流转交易信息充足,市场流转交易信息越多,交易双方可能实现的流转收益越大。在实地调研中,调研组发现,大部分的农户受到生活条件和社会环境等方面的限制,在林权流转交易时面临严重的信息不对称问题,他们认为林权流转交易的信息获取较为困难,交易的对象相对有限,林权流转交易的封闭性难以突破。而作为联结供需双方的中介平台,目前林权交易中心的机制建设还不健全,场内交易半径仍然较小,使得交易双方对于信息的收集受阻,从而影响了交易双方的流转交易效益。调研数据表明,当前对于林权交易市场建设表示肯定的农户仅有121户,而对于林权交易市场建设持一般或否定态度的农户多达454户,占全部样本量的78.96%,

这说明南方集体林区林权交易市场的发展整体处于较低层次和水平。同时，超过一半的专家认为目前林权交易中心的机制建设并不完善，尤其是供求调节机制并未充分发挥应有的作用，而供求双方又是林权交易市场的主体，若林权交易中心的供求调节机制不发挥作用，就更谈不上其他机制充分发挥应有的作用。因此，林权交易中心应完善机制建设，在促进林权供需双方实现流转交易方面发挥更大的作用。

3.3.2 调查区域林权交易中心的交易流程及方式

3.3.2.1 交易流程

目前，林权交易中心的交易流程包含事前交易准入要求发布、事中交易规则确定和事后交易监管等环节。调研结果表明，分别有57.69%、73.08%、67.31%的专家认为林权交易中心的事前、事中和事后流程比较完善。

通常，中心流转交易的程序涉及多个环节：①流出方向当地的林权交易分中心提出流转交易的申请，申请材料包含申请书、个人身份证明和林权证等。村集体组织的林权流转必须由村民会议2/3及以上的成员或者村民代表大会2/3及以上的成员同意；国有性质的森林资源流转须有主管部门同意流转的批准文件。②中心进行审查和受理，并委托具备丙级及以上资质的资产评估公司进行森林资源资产评估。③中心发布相关的交易信息。对于符合审查条件的森林资源，中心对交易标的、交易形式、交易时间、交易地点、竞买者条件和竞买者登记期限等情况进行30个工作日的公示。不同地区林权交易中心发布信息的渠道有所不同，常见的有农村产权交易网站、交易中心大厅电子屏幕广告和流转交易云平台等。④组织林权流转交易，并通过协商、招投标和拍卖等交易方式完成。交易双方以协商方式完成交易的，中心主要负责监督流转交易的过程是否合法；通过招投标和拍卖的方式实现交易的,中心主要负责组织交易过程和确认交易结果。一般资产价值100万元以上的国有和村集体性质的森林资源由县级林权交易中心或公共资源交易中心负责,各乡镇分中心负责资产价值100万元及以下的国有和村集体森林资源资产、个人的森林资源资产。⑤在交易结果确认后,中心组织交易双方结算产权交易资金、签订成交确认书和转让合同,并进行备案登记和立卷归档。一般而言,协商流转交易的时间相对较短,竞价方式的流转交易时间较长。一般的县级林权交易中心交易流程如图3-25所示。

区域性的南方林业产权交易所主要采取会员制的服务模式,各地分支的林权交易机构为该交易所的会员单位,另外委托相关的经纪机构负责林权流转交易的经纪代理业务。该交易所通过在官网不定期公布林权流转交易的挂牌项目、交易行情和交易数据的统计资料,为广大林农提供了获取林业信息的便利途径。该交易所的林权交易流程如图3-26所示。

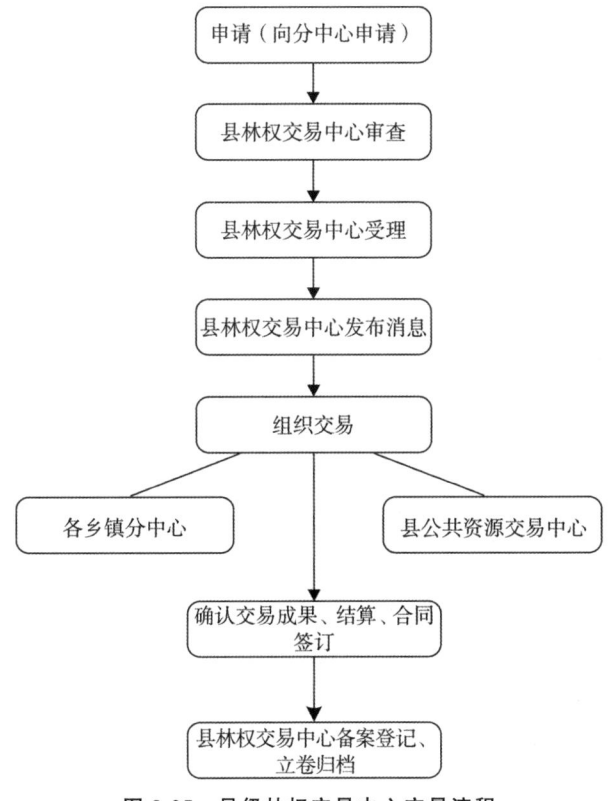

图3-25 县级林权交易中心交易流程

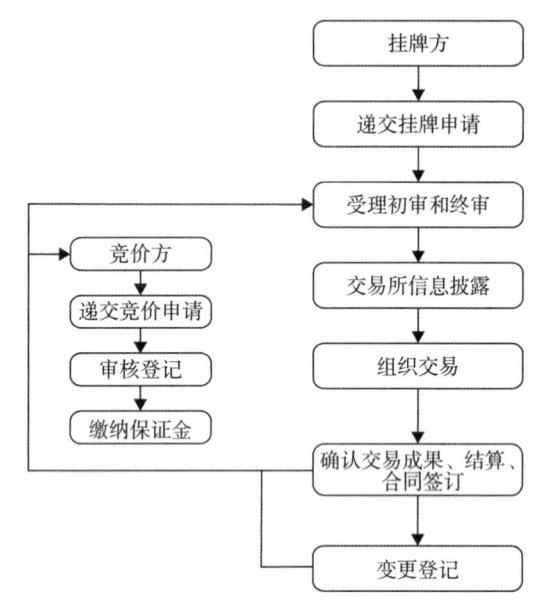

图 3-26　南方林业产权交易所林权交易流程

3.3.2.2　交易方式

在林权交易市场中,林业权属的多样性决定了林权交易价格形成方式的多元化;价格是交易双方根据规则进行讨价还价并最终实现的结果(吴南等,2013)。目前,林权交易价格一般通过协商定价、招投标和拍卖等交易方式形成,其中拍卖包含现场拍卖和网上拍卖等类型。

调研组实地调研发现,沙县林权交易中心的交易价格主要以招投标的方式形成,将乐县、尤溪县和遂昌县林权交易中心主要提供协商定价和招投标等两种竞价方式,武平县林权交易中心主要提供协商定价和网上拍卖等交易方式。

华东林业产权交易所主要有招投标和拍卖等两种交易方式。其中,42.68%的林权以拍卖的方式实现流转,57.32%的林权以招投标的方式实现流转。海峡林权流转平台的林权交易价格主要通过网上拍卖的方式形成。南方林业产权交易所的交易方式较为多元化,包括现场拍卖、招标、协商定价、竞价转让和定向议价等,其中的竞价转让和定向议价属于网上拍卖。截至 2017 年底,该交易所以拍卖方式实现的交易比例多达 72.37%,这说明拍卖是该交易所最主要的交易方式,其中,现场拍卖的比例为46.34%,竞价转让的比例为20.56%,定向议价的比例为5.47%;以招投标和协商定价方式实现的交易的比例分别为12.58%和15.05%。具体如图3-27所示。

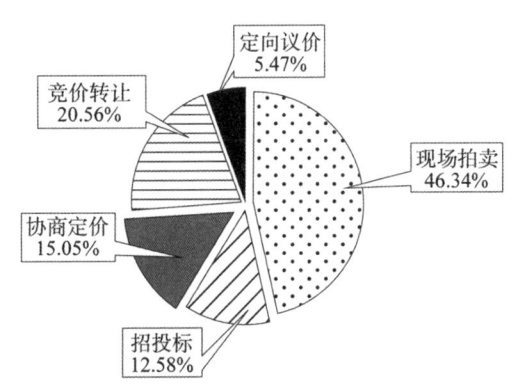

图3-27　截至2017年底南方林业产权交易所实现的交易中各交易方式的占比

总体而言,目前南方集体林区林权交易中心事前、事中和事后的交易流程较完整,并且提供不同的交易方式促进林地资源的优化配置。林权交易价格与林权交易方式有关,不同交易方式的适用主体和范围不同,林权交易价格的形成也因此会受到一定的影响。虽然县级和省级林权交易中心通过招投标和拍卖等竞价方式保证交易行为的公平、公开和公正,但部分竞价人的合谋行为、市场竞拍者数量不足和信息不对称等容易导致交易效率较低,从而导致林权交易价格较低。

此外,现有林权交易市场的市场主体呈现出多元化特征。68.29%的农户认为由于林权的特殊性,林权交易价格的发现比较复杂。同时,根据交易双方的实际需求,林权交易中心往往需要提供不同的交易方式。然而,中心的交易机制在运行过程中并未真正发挥应有的作用。57.69%的专家认为,林权交易涉及多个交易主体的利益,这就要求林权交易中心设计合理的交易机制,优化林地资源配置。但目前林权交易中心的交易机制并不完善,尤其是交易方式有待进一步完善,即需要通过多元化的交易方式提高林权交易价格的发现功能和市场的活跃性。

3.3.3 调查区域林权交易中心的服务定价情况

由于林权的特殊性，目前事业单位性质的林权交易中心的运营收益主要由政府财政拨款和经营性收入等两部分组成，其中，政府财政拨款是当地政府部门的财政扶持，经营性收入是中介服务的项目收入。虽然林权交易中心提供了中介服务项目并获取了一定的收益，但是经营性收入仍然较低，因为大部分中心缺少服务定价制度，平台的运行效率低下。

企业性质的林权交易中心以实现利润最大化为目的，华东林业产权交易所按照成交金额的1%~5%对流出方收取一定的服务费用。福建省尤溪县部分林权流转活动由企业性质的广西林权交易中心实施，该中心收取的产权交易费用按照差额定率累进规则实施，由交易双方各自承担50%的交易费用。南方林业产权交易所的交易服务费是由参与交易的买卖双方在完成每笔交易时，按照交易价款的固定比例向交易平台支付的。但不同中心之间的竞争情况容易导致"信息孤岛"问题，降低了市场交易双方的匹配程度。尤溪的专家张某某认为，虽然当地企业性质的广西林权交易中心和尤溪县鸿信林木交易经纪有限公司公司都提供了完整的林权流转交易服务，但是中心之间的兼容性问题导致平台的价格协调机制作用无法充分发挥，从而影响平台的运行效率。

实地调研发现：71.15%的专家认为不同类型的林权交易中心运行效率低下的深层次原因在于，林权交易中心的服务定价制度并不完善，这极大地制约了交易双方流转的积极性。71.95%的农户认为作为联结供需双方的场所，林权交易中心在运行过程中价格协调机制作用并没有得到充分发挥。因此，如何设计高效的定价机制，提高林权交易中心的运行效率，实现自我"造血"，已经成为一个必须解决的问题。在52份专家问卷中，有45位专家

(占比为86.54%)认为林权交易中心应当按每次交易金额的比例确定服务费用,有4位专家(占比为7.69%)认为采取会员注册费的收费方式,有3位专家(占比为5.77%)认为应采取交易金额和会员注册费相结合的收费方式,如图3-28所示。在服务费用收取对象方面,有21位专家认为中心应当向交易双方同时收取一定的费用,有14位专家认为应当向林权转出方收取费用,有17位专家认为应当向林权转入方收取一定的费用。不同类型的林权交易中心应通过不同的定价策略以保障交易双方各取所需,从而促进森林资源产权的优化配置。

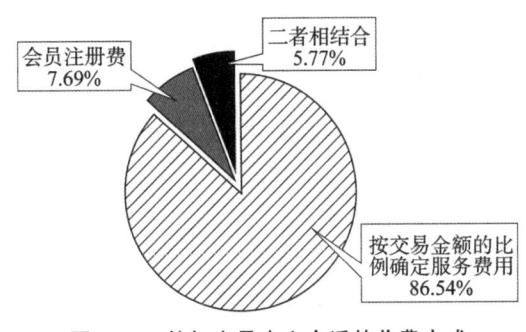

图3-28 林权交易中心合适的收费方式

3.4 典型区域林权交易中心建设成效评价

当前,南方集体林区林权交易市场初步形成了包括省市县林权交易中心、镇分中心、村交易点等在内的流转交易服务体系,但各中心发挥的作用参差不齐。为了深入了解林权交易市场的建设程度,本书构建了林权交易市场建设评价体系,并选取了福建省典型的林权交易中心为研究对象,通过定量的方法评价林权交易中心的建设成效。

由于林权交易中心成效评价指标的多样性和复杂性,且客观数据获取存在难度,根据已有的评价研究,本书结合林权交易中心内部结构的合理性,从指标体系构建的原则、指标选取、指标的权重确定、指标的权重分析等方面展开研究,设计林权交易中心评价的指标体系,并运用层次分析法和模糊综合评价法对林权交易中心的成效进行评价。

3.4.1 数据来源

林权交易中心的成效评价需要相关的数据,因此,通过归纳总结相关文献,在广泛咨询理论专家和实践专家意见的前提下,以了解南方集体林区林权交易中心的基本情况为目的,本书设计了专家问卷的初稿,并进行相关的预调研,根据预调研的结果进行修改、完善,最终确定正式调查问卷。

根据福建省林业资源禀赋和林权交易中心的建设情况,综合考虑林权交易中心成效评价指标的复杂性和专业性,本书采用了问卷调研的方式来收集评价所需的数据。专家问卷内容主要涉及对林权交易中心的服务功能、林权交易中心运行机制、指标权重评价等相关问题的看法,还涉及对福建省林权交易中心硬实力和软实力等13个评价指标重要性的打分评价。调研组于2019年7—8月对专家进行一对一访谈,专家主要包括两类:一是林权交易中心的工作人员,包含流转交易服务的工作人员和管理者;二是熟悉林权交易中心的相关专家。最终获取了53份专家问卷,剔除缺失数据的问卷,共获得52份有效问卷,问卷有效率高达98.11%。

3.4.2 研究方法

3.4.2.1 层次分析法

层次分析法是指将要分析的决策问题拆解成多层次的分析目标,有总目标、子目标和具体指标等。先得出不同层次指标的权重值,然后通过加权的方式获取总目标权重值,其具体操作流程包括以下四个方面。

第一,构建多层次分析的结构模型。根据分析的决策问题合理确定总目标、子目标和评价指标的顺序。

第二,构建成对比较的矩阵。在上述模型的基础上,让不同专家对同层次的指标进行比较和评分,并通过一定的算法具体确定指标的权重值。

第三,进行层次分析的单排序和一致性检验。通过确定低层次因素对高层次因素的影响程度得到具体指标的权重矩阵,并利用一致性的指标和比率对设置的权重进行合理检验,以满足分析要求。

第四,进行层次分析的总排序和一致性检验。确定所有层次的指标因素对总目标的影响程度,并进行排序和相应的权重赋值,当一致性检验的值小于 0.1 时,对应指标体系的权重值满足设置的要求。

3.4.2.2 模糊综合评价法

模糊综合评价法是指通过模糊变换的方式,将相关因素的重要程度定量化,从而实现对不同层级指标的综合评价。为了克服层次分析法的随意性,本书运用加权平均的模糊评价方式,引进等差法后,设定 5 级分数分级标准,建立评价标准分值函数,减少价值信息缺失的问题,从而有效评价福建省林权交易中心建设成效,具体步骤如下。

(1)建立因素集和评价集

以层次分析方法建立的评价指标体系中的 13 个指标为因素集的元素:$U=\{U_1,U_2,\cdots,U_n\}(n=13)$。

(2)建立模糊评价术语

各项评估指标的评价结果都有其对应的评价等级,可能出现的所有评判结果组成评价集合,根据间距相等划分原则将交易评价集定义为 $V=\{$优秀,良好,一般,不好$\}$。假定将评价值划分为 100 分、80 分、60 分和 40 分等

4个等级,建立评价标准分值函数。当评价值为100分时,评价结果为优秀;当评价值大于等于80分时,评价结果为良好;当评价值大于等于60分并且小于80分时,评价结果为一般;当评价值大于等于40分且小于60分时,评价结果为不好。

(3)构建隶属度矩阵并确定综合评价的模糊算子

确定单因素被评对象对等级模糊子集的隶属度,每项指标的隶属度用调查问卷中某一评价指标回答数量占此项指标总回答数量的比例表示(即指标归一化),如下所示:

$$R_{ij} = \frac{V_{ij}}{\sum_{j=4}^{4} V_{ij}} \tag{3-1}$$

式中:$i=1,2,\cdots,13$;R_{ij}为第i个指标第j个评语值的模糊隶属度;V_{ij}为第i个指标第j个评语回答的样本数量。在此基础上,得到单因素模糊关系矩阵:

$$R = \begin{bmatrix} r_{11} & \cdots & r_{1m} \\ \cdots & \cdots & \cdots \\ r_{n1} & \cdots & r_{nm} \end{bmatrix} (0 \leqslant r_{nm} \leqslant 1) \tag{3-2}$$

在确定了模糊关系矩阵R和权向量W后,需要进行模糊综合评价,其中一级模糊变换为:

$$E = W_i \times R_i (i=1,2,\cdots,n) \tag{3-3}$$

式中:W_i为指标层评价指标权重向量,R_i为评价指标隶属度矩阵,E为一级模糊变换矩阵。

而在二级模糊变换的公式为:

$$F = W \times E \tag{3-4}$$

式中:F为四个一级模糊变化矩阵构成的二级模糊变换矩阵,W为准则层权重集合。对F进行归一化处理,并计算评价得分,如下所示:

$$N = F_1 V_1 + F_2 V_2 \tag{3-5}$$

3.4.3 林权交易中心评价指标体系构建

3.4.3.1 指标体系构建的原则

(1)科学性原则。指标体系不仅需要反映林权交易中心的实际情况,而且要明确指标的概念,科学反映林权交易中心的硬实力和软实力。

(2)可比性原则。为保证指标体系的价值性,选取的指标不仅要在横向方面具备对比的可能性,能够反映区域林权交易中心的共性问题,还要有针对性,从而解决林权交易中心的实际问题。

(3)可行性原则。评价指标的选取要注重理论和实践相结合,充分考虑林权交易中心的实际运营情况,保证数据的可靠性、便利性。

3.4.3.2 指标选取

结合福建省林权交易中心的发展情况,参照已有的关于平台绩效评价和林权交易市场评价的文献,并在广泛咨询理论专家和实践专家意见的前提下,本书将评价体系分为四个层面,包含目标层、一级指标、二级指标和三级指标。其中:目标层是林权交易中心的成效评价,一级指标是硬实力和软实力,二级指标是在一级指标的基础上选取了基础设施、人员经费、业务服务能力和制度建设等指标形成的,三级指标包含交易场所的面积、岗位人员配备等13个指标,具体如表3-3所示。

表3-3 林权交易中心评价指标体系

目标层	一级指标	二级指标	三级指标
中心评价指标体系	硬实力(B_1)	基础设施(C_1)	交易场所的面积(D_1)
			场所地理位置(D_2)
			交易的基础设备(D_3)
		人员经费(C_2)	岗位人员配备(D_4)
			政府财政拨款(D_5)

续表

目标层	一级指标	二级指标	三级指标
中心评价指标体系	软实力（B₂）	业务服务能力（C₃）	流转交易信息服务（D₆）
			交易方式是否完善（D₇）
			交易成本是否更高（D₈）
			社会化服务的完善（D₉）
			服务效率的提升（D₁₀）
		交易规则和制度建设（C₄）	事前交易准入要求（D₁₁）
			事中交易规则（D₁₂）
			事后交易监管制度（D₁₃）

由于福建省林权交易中心的客观数据资料有限，加上业务服务能力和制度建设等方面无法用数据衡量，因此，本书通过定性的方式描述相关指标。

(1) 硬实力方面的指标选取

林业交易市场的硬实力涉及基础设施和人员经费等方面（刘祖军，2012），下面将通过分析获取相应的三级评价指标。

基础设施是林权交易中心的重要组成部分，包含交易场所面积、地理位置和基础设备等方面的条件。建立有形的交易场所，有助于引导林权交易主体在此开展林权交易；地理位置用于考察林权交易地点对双方的便利程度；基础设备是林权交易中心开展流转交易活动的硬件基础。因此，将交易场所的面积、场所地理位置和交易的基础设备作为基础设施下的三级指标。

人员经费是林权交易中心有效运行的前提，基于目前林权交易中心的建设情况，本书认为人员经费主要包括岗位人员配备和政府财政拨款等三级指标。

(2) 软实力方面的指标选取

林业产权交易市场的软实力涉及交易服务、交易规则和制度等方面（贾卫国和余小平,2010;谢屹 等,2012;王杨 等,2014),本书选取林权交易中心的业务服务能力、交易规则和制度建设作为二级指标。

首先,构建全面的业务服务体系有助于为交易主体提供有效的交易信息,从而促进林权交易市场的规范发展。业务服务能力主要代表供需双方对林权交易中心发挥作用的认可程度,包含流转交易信息服务、交易方式是否完善、交易成本是否更高、社会化服务的完善、服务效率的提升等指标。

流转交易信息服务主要体现在中心交易信息的披露是否及时、规范和全面等;交易方式是否完善主要表现在是否中心是否有拍卖、招投标、网上竞价和协议定价等多种方式;交易成本是否更高主要是指与私下交易或其他交易相比,场内交易程序比较规范且复杂,这是否增加了市场主体的交易成本。

社会化服务主要是第三方中介服务机构是否提供完善的配套服务,主要包括评估服务、融资服务、法律服务和培训服务等。森林资源价值评估是推动林权交易的基础工作,通常由专业的林权评估机构负责执行。同时,在实施林权交易项目时,通常需要大量的资金支持,因此,成立专业的林业融资机构是必要的,这有助于开拓林权交易融资渠道,从而帮助市场交易主体解决资金难题;引入第三方法律机构也至关重要,其主要任务是评估提供法律咨询等的服务组织的资质水平,确保交易活动的合法性。服务效率的提升主要体现在交易服务流程的电子化、交易时间缩短及提供便捷的一站式服务平台。

其次,交易规则和制度建设是林权交易应当遵循的前提和保障。完备的交易规则和制度有利于确保市场参与方明确交易的内容、方式、对象以及收益的实现方式等核心问题。考虑到数据的可得性,本书选取了流转交易的事前交易准入要求、事中交易规则和事后交易监管制度等作为三级指标。其中:事前交易准入要求是决定交易主体能否进入市场的基础,包含标的物的资格审查和交易主体要求等;事中交易规则用于保证交易双方交易行为的合法权益,包含组织交易、流转交易的合同签订和产权变更等的规定;事后交易监管制度用于衡量林权交易市场的发展程度,包含对交易双方是否履行合同的监管等。

3.4.3.3 林权交易中心评价指标的权重确定

在借鉴已有学者研究的基础上,本书采用层次分析方法对林权交易中心的成效评价指标设置权重,根据专家对不同指标重要性的打分结果,构建判断矩阵并进行一致性的检验,从而确定指标的权重向量值。

本书通过九级比例标度方法确定了林权交易中心的指标重要性和取值标准。通过对52位专家的问卷访谈,并根据专家的评分结果构建合理的判断矩阵,从而确定评价指标的权重值,表3-4～表3-10为林权交易中心各个层次指标评价的判断矩阵。

通过专家的评分计算,一级指标对目标层的权重及检验结果,即评价指标 A-B_i 判断矩阵的权重及检验结果如表3-4所示。然后对判断矩阵评分进行一致性检验,即通过CR值衡量评分是否合理。由表中数据可知,CR=0.00,小于0.1,即指标体系的权重值满足基本设置的要求。

表3-4 评价指标 A-B_i 判断矩阵的权重及检验结果

A	B_1	B_2	ω
B_1	1	0.56	0.36
B_2	1.78	1	0.64
$\lambda\max=2.00$	CI=0.00	RI=0.00	CR=0.00

二级指标 B_i-C_i 判断矩阵的权重及检验结果如表3-5和表3-6所示,同理可知,CR=0.00,小于0.1,即指标体系的权重值满足基本设置的要求。

表3-5 二级指标 B_1-C_i 判断矩阵的权重及检验结果

B_1	C_1	C_2	ω
C_1	1	0.70	0.41
C_2	1.43	1	0.59
$\lambda\max=2.00$	CI=0.00	RI=0.00	CR=0.00

表 3-6　二级指标 B_2-C_i 判断矩阵的权重及检验结果

B_2	C_3	C_4	ω
C_3	1	1.19	0.54
C_4	0.84	1	0.46
$\lambda \max = 2.00$	CI=0.00	RI=0.00	CR=0.00

三级指标 C_i-D_i 判断矩阵的权重及检验结果如表 3-7、表 3-8、表 3-9 和表 3-10 所示,可知 CR=0.00,小于 0.1,即指标体系的权重值满足基本设置的要求。

表 3-7　三级指标 C_1-D_i 判断矩阵的权重及检验结果

C_1	D_1	D_2	D_3	ω
D_1	1	0.53	0.37	0.18
D_2	1.89	1	0.72	0.34
D_3	2.68	1.39	1	0.48
$\lambda \max = 3.00$	CI=0.00	RI=0.52	CR=0.00	

表 3-8　三级指标 C_2-D_i 判断矩阵的权重及检验结果

C_1	D_4	D_5	ω
D_4	1	0.76	0.43
D_5	1.32	1	0.57
$\lambda \max = 2.00$	CI=0.00	RI=0.00	CR=0.00

表 3-9　三级指标 C_3-D_i 判断矩阵的权重及检验结果

C_3	D_6	D_7	D_8	D_9	D_{10}	ω
D_6	1.00	0.76	0.77	0.87	0.43	0.14
D_7	1.31	1.00	0.60	0.98	0.48	0.16
D_8	1.30	1.68	1.00	0.34	0.54	0.16
D_9	1.14	1.02	2.98	1.00	1.62	0.28
D_{10}	2.34	2.1	1.85	0.62	1.00	0.26
$\lambda \max = 5.30$	CI=0.07	RI=1.11	CR=0.07			

表 3-10　三级指标 C_4-D_i 判断矩阵的权重及检验结果

C_4	D_{11}	D_{12}	D_{13}	ω
D_{11}	1.00	0.75	0.92	0.29
D_{12}	1.34	1.00	1.11	0.38
D_{13}	1.09	0.90	1.00	0.33
$\lambda\max=3.00$	$(\lambda_1,\lambda_2)=0.00$		RI=0.52	CR=0.00

根据上述判断矩阵的检验结果可知,林权交易中心各级评价指标的CR值均小于0.1。因此,本书认为,矩阵指标的不一致程度在允许范围之内,即满足矩阵一致性的条件要求,可作为评价的决策依据。

3.4.3.4　林权交易中心评价指标的权重分析

(1)软实力建设是林权交易中心高效运行的核心

从准则层来看,林权交易中心的软实力(B_2)占据了主导地位,其权重值显著高于硬实力(B_1)(详见表 3-5)。这表明软实力是林权交易中心建设的核心关注点,同时也是衡量中心建设效果的重要指标。具体到二级指标,业务服务能力(C_3)的权重值超过 0.5,这突显了该指标在中心软实力建设中的关键作用。此外,社会化服务的完善(D_9)和服务效率的提升(D_{10})的权重值分别为 0.28 和 0.26,进一步表明第三方中介服务机构提供优质配套服务和提升中心服务效率对增强中心软实力具有直接推动作用。这些指标在林权交易中心建设中占据核心地位,反映出它们对中心发展的重要性。交易规则和制度建设(C_4)的权重值为 0.46,说明了制定规范、明确的交易规则和制度在林权交易中心可持续发展中的关键作用,通过建立完善的林权交易制度体系,可以有效减少市场交易主体的纠纷问题,并提升交易中心的运作机能。同时,制度与规则中的事中交易规则(D_{12})和事后交易监管制度(D_{13})的权重值较高,说明其在保障交易公平、透明和规范方面的重要性。

(2) 硬实力建设是推动林业碳汇交易市场发展的基础

从准则层来看,尽管中心硬实力的权重值相较于软实力而言显著偏低,但仍达到 0.36,这充分表明在林权交易中心的建设过程中,硬实力所产生的影响同样不容忽视。具体到二级指标,硬实力方面,人员经费(C_2)的权重值最高,凸显了人员经费在中心硬件条件方面的核心地位。另外,对基础设施(C_1)和人员经费(C_2)产生最大影响的三级指标分别为交易的基础设备(D_3)和政府财政拨款(D_5),这意味着基础设备的完善度和政府财政拨款的充足性对林权交易中心的发展具有显著且直接的影响。

3.4.4 林权交易中心的成效评价结果分析

根据问卷调查结果,本书将林权交易中心的具体指标分成优、良好、一般和不好四个等级。其中:优表明指标对林权交易中心运营起到的作用非常重要,成效非常显著;良好表明指标对林权交易中心的贡献较大,成效明显;一般代表指标对林权交易中心运营有一定的作用,但成效一般;不好代表林权交易中心缺失某些指标。结合层次分析法的权重赋值结果,本书建立了林权交易中心评价指标权重模型,如表 3-11 所示。

表 3-11 林权交易中心评价指标权重模型

一级指标	二级指标	三级指标	权重	优	良好	一般	不好
硬实力 (0.36)	基础设施 (0.41)	交易场所的面积	0.18	7	19	24	2
		场所地理位置	0.34	3	37	10	2
		交易的基础设备	0.48	9	25	17	1
	人员经费 (0.59)	岗位人员配备	0.43	5	33	12	2
		政府财政拨款	0.57	1	9	34	8

续表

一级指标	二级指标	三级指标	权重	优	良好	一般	不好
软实力 (0.64)	业务服务能力 (0.54)	流转交易信息服务	0.14	2	16	30	4
		交易方式是否完善	0.16	3	19	27	3
		交易成本是否更高	0.16	4	11	29	8
		社会化服务的完善	0.28	2	21	25	4
		服务效率的提升	0.26	6	24	19	3
	交易规则和制度建设 (0.46)	事前交易准入要求	0.29	2	12	28	10
		事中交易规则	0.38	11	27	13	1
		事后交易监管制度	0.33	6	29	15	2

借鉴相关学者(刘祖军,2013;陈波,2013)的成效评价研究,本书采用模糊综合评价法对林权交易中心的成效进行评价。模糊综合评价法的评价步骤有评价指标和等级的设立、模糊关系矩阵的判断评价等。由于常规的模糊评价方式是取大取小,容易导致相关有效的价值信息缺失,因此,本书运用加权平均的模糊评价方式,减少价值信息缺失的问题,具体评价结果如下所示。

3.4.4.1 基础设施

根据基础设施的三级指标交易场所的面积、场所地理位置和交易的基础设备的判断矩阵,本书得出基础设施的评判结果为 $E_1 = [0.127\ 0.537\ 0.306\ 0.03]$,可知被访问者认为林权交易中心基础设施完善的比例多达66.4%,而认为不够完善的比例仅为3%。深入研究后发现,福建省林权交易中心的市场布局合理,整体设备比较齐全。被访问者对交易场所面积是否合理的看法有所不同,认为交易场所面积比较合理的比例多达50%,而认为交易场所面积一般的比例为46%,这是因为部分地区林权交易中心与其他部门合署办公。被访问者对交易场所地理位置的看法比较一致,认为交易场所的地理位置比较合理的比例为77%。为了方便广大林农办事,林权交易中心一般设立在林业局附近。认为林权交易中心基础设备功能齐全的受访者比例为65%,通过实地调研发现,中心的基础设备一般包括专门的流转交易云平台和电脑等。

3.4.4.2 人员经费

人员经费的判断矩阵为 $\boldsymbol{R}_2 = \begin{bmatrix} 0.096 & 0.635 & 0.231 & 0.038 \\ 0.019 & 0.173 & 0.654 & 0.154 \end{bmatrix}$,权重矩阵 $\boldsymbol{W}_2 = [0.43 \ 0.57]$,评判结果为 $\boldsymbol{E}_2 = [0.052 \ 0.372 \ 0.472 \ 0.104]$,可知被访问者对人员经费的看法并不一致,其中:认为此层面建设成效一般的最多,比例为47.2%;认为此层面建设成效良好的比例为42.4%;认为此层面建设成效不好的比例仅为10.4%。实地调研发现,林权交易中心的运营收益主要有经营性收入和政府财政拨款等两部分,由于部分事业单位性质中心的财政拨款有限,该类中心需要提供有偿的流转交易服务获取一定的经营性收入。

3.4.4.3 业务服务能力

业务服务能力的权重矩阵 $\boldsymbol{W}_3 = [0.14 \ 0.16 \ 0.16 \ 0.28 \ 0.26]$,其评判结果为 $\boldsymbol{E}_3 = [0.06 \ 0.369 \ 0.483 \ 0.081]$,可知对林权交易中心服务能力持肯定态度的被访问者比例为43.6%,认为中心的服务水平中等的被访问者比例为48.3%,而认为中心服务水平较差的被访问者比例仅仅为8.1%。

被访问者对流转交易信息服务、交易方式是否完善和交易成本是否更高等的评价一般。其中,仅有34.6%的被访问者认为交易信息服务较好,有57.7%的被访问者认为一般,有7.7%的被访问者认为不好。部分林权交易中心通过电子屏幕、网站和张贴公告等方式发布林权流转交易、林产品交易和木材市场价格等信息,但林权交易中心的"信息孤岛"现象极大降低了供需双方交易的匹配效率。有超过一半的受访者认为林权交易中心的交易方式和交易成本有待进一步完善和优化。林权交易中心的交易成本有林地资源资产评估费用和交易服务费等项目,但部分林权交易中心所开展的服务项目没有形成合理的收费依据,从而增加了交易双方的成本费用。

在社会化服务的完善和服务效率的提升方面,44.2%的受访者认为中心的社会化服务较为完善,实地调研发现,林权交易中心主要提供森林资源评估、采伐许可、木材检验、运输、收储和抵押等一体化服务;57.7%的受访者对中心的服务效率比较认可。

3.4.4.4 制度建设

制度建设的权重矩阵 $W_4 = [0.29\ 0.38\ 0.33]$,其评判结果为 $E_4 = [0.131\ 0.449\ 0.347\ 0.073]$。调查结果表明,认为林权交易中心制度建设完善的被访问者比例为58%,认为一般的被访问者比例为34.7%,认为不好的被访问者比例仅为7.3%。林权交易中心的制度建设包括事前交易准入要求、事中交易规则和事后交易监管等方面。事前交易准入要求最严格,存在纠纷和权属不清的森林资源不允许交易;国有性质和村集体组织性质的森林资源须通过公开的交易方式进行,其中,集体林权流转交易需经2/3以上的集体组织成员同意,国有性质的森林资源流转要经其主管部门批准同意。但目前通过中心流转交易的对象主要是国有和集体性质的森林资源,广大林农并没有成为市场的交易主体,以至于被访问者中,认为事前交易准入要求一般的比例为54%,认为较差的比例为19%。

63%的被访问者认为林权交易中心的事中交易规则比较完善,包含申请、委托受理、招投标准备过程、组织交易、确认交易成果、合同签订和转让登记等完整流程,可以有效规范林权流转交易的行为。63%的被访问者认为林权交易中心的事后监管制度比较完善,具体是建立对交易双方合同履行和信用等级的评价制度,以减少和避免林权纠纷。

3.4.4.5 软实力

一级指标软实力的判断矩阵为 $R_5 = \begin{bmatrix} 0.067 & 0.369 & 0.483 & 0.081 \\ 0.131 & 0.449 & 0.347 & 0.073 \end{bmatrix}$,权重

矩阵 $W_5=[0.54\ 0.46]$，对应的判断结果 $F_1=[0.096\ 0.40\ 0.421\ 0.077]$。50.2%的受访者认为林权交易中心在业务服务能力和制度建设等方面取得一定的成效，42%的受访者认为林权交易中心在软实力方面的建设成效一般，而认为林权交易中心软实力建设成效较差的被访问者比例仅为7.7%，可能的原因是林权交易中心并未有效提供专业的林业社会化服务，由于流转程序相对复杂且运营资金存在问题，相关服务平台目前处于暂停使用的状态。

3.4.4.6 硬实力

林权交易中心硬实力的判断矩阵为 $R_6=\begin{bmatrix}0.127 & 0.537 & 0.306 & 0.03\\0.052 & 0.372 & 0.472 & 0.104\end{bmatrix}$，权重矩阵 $W_6=[0.41\ 0.59]$，对应的判断结果 $F_2=[0.083\ 0.44\ 0.404\ 0.073]$。根据结果可知，52.2%的受访者对林权交易中心的硬件设施持认可的态度，其中，8.3%的受访者认为中心的硬件设施建设比较好，44%的受访者认为中心的硬件建设良好，40.4%的受访者认为中心的建设一般，仅有7.3%的受访者认为中心的硬件设施建设不好。

3.4.4.7 目标层

总评价的判断矩阵为 $R_7=\begin{bmatrix}0.083 & 0.44 & 0.404 & 0.073\\0.096 & 0.406 & 0.421 & 0.077\end{bmatrix}$，权重矩阵 $W_7=[0.36\ 0.64]$，对应的评价结果 $F_3=[0.091\ 0.418\ 0.415\ 0.076]$。为了直观显示福建省林权交易中心的成效结果，按照最大隶属度原则，本书假定评价值有100分、80分、60分和40分四个等级。评价值为100分，评价结果为优；评价值大于等于80分时，评价结果为良；评价值大于等于60分并且小于80分时，评价结果为一般；评价值大于等于40分且小于60分时，评价结果为不好。

评价结果表明，认为林权交易中心建设完善被访问者的比例为9.1%，认为林权交易中心建设成效良好的被访问者比例有41.8%;认为林权交易中心的建设成效一般的被访问者比例为41.5%;认为林权交易中心的建设成效不好的被访问者比例为7.6%。结合上述的评价等级标准,计算得到林权交易中心的综合得分为70.48分,即福建省林权交易中心的建设成效一般。

总体而言,在政府部门的建设下,福建省林权交易中心整体功能齐全、配套设施完备,推动了当地林权交易市场的发展。但中心的整体建设成效一般,部分林权交易中心的业务服务能力存在一定的不足,特别是流转交易信息服务、交易方式和服务收费等方面有待进一步完善。

3.5 本章小结

本章揭示了南方集体林区福建省、江西省和浙江省典型的林权交易中心的发展现状,为林权交易中心运行机制的研究提供客观依据。结合对典型的林权交易中心、专家和农户等的调研数据的描述性分析,以及通过实地调研对福建省林权交易中心的建设成效进行评价,本章把握了林权交易中心的运行现状及其面临的主要问题等,具体包括以下几个方面:

(1)自林业"三定"时期开始,林权交易中心经历了平台建立探索、平台初步形成和大规模交易平台建立三个时期。

(2)南方集体林区几个省份的县级市基本设立了林权交易中心,中心的性质主要包含事业单位性质和企业性质等,但各个交易中心发挥的作用参差不齐。

(3)本章从软实力和硬实力两个方面系统地构建林权交易中心成效评价指标体系,具有一定的科学性、必要性和可行性。在13个评价指标中,权重较高的5个指标分别是政府财政拨款、交易的基础设备、岗位人员配备、场所地理位置和事中交易规则。研究发现,林权交易中心的配套设施完备,但整体建设成效一般,不同指标的差异较为明显,其中,流转交易信息服务、交易方式和服务收费等方面是林权交易中心需要不断改善的重点方向。

(4)林权交易市场的交易情况呈动态变化,整体交易活跃程度呈现下降的趋势。作为林权流转交易的场所和纽带,林权交易中心在运行过程中面临许多亟待解决的问题,尤其是运行机制不完善,供求调节机制、交易机制和价格协调机制等组成部分并没有充分发挥应有的作用,林权交易中心在促进供给与需求平衡、确定交易方式和建立服务定价制度等方面有待进一步的完善。

4 林权交易中心的供求调节机制

前文的研究表明,现阶段南方集体林区林权交易中心的供求调节机制并没有充分发挥作用。然而,市场供求主体是林权交易中心有效运行的基础。基于演化博弈理论,本章将以有限理性的供需双方作为决策主体,构建供需双方之间的演化博弈模型,探讨供需双方不同策略行为的动态演化过程,并分析影响林权流转交易规模的重要因素,为下文的交易机制和价格协调机制研究奠定基础。

4.1 林权交易中心的供求均衡分析

私有性质的林农逐渐成为林权交易市场的最大潜在主体,它决定了林权交易市场的流转交易数量。但现阶段林权流转交易呈现出弱市场化的态势,一方面,很多农户不愿意将闲置的森林资源和经营效益低的林地进行流转;另一方面,部分具备投资林业和规模经营资质的林业投资者对林业经营的前景持有谨慎的态度,从而影响林权交易市场的交易量。

在林权交易市场中,由于各个利益主体的需求不同,不同的利益相关者会相互进行博弈。演化博弈理论以有限理性为前提,可以解释市场交易中个体行为到群体行为的形成机制,以及群体行为的整体变化趋势和市场均衡(Hofbauer et al.,1995;黄凯南,2009)。因此,本书引入演化博弈理论,研究供需双方的博弈均衡策略及影响因素,为完善林权交易中心的运行机制提供可借鉴的思路。

4.1.1 模型假设和建立

(1)在演化博弈模型中,假定林权交易市场的供给方主要为有闲置森林资源或者经营林业效率低下的农户,他们通过转让林地得到流转交易的收入。供给方的基本属性是相同的,具体表现在林业种植、从事其他工作的能力和林地自然属性等方面。需求方包含林业经营大户、营林公司和新型林业经营主体等,他们通过流转交易实现森林资源的规模经营,具备投资林业的实力和规模经营管理的能力。

(2)通过对流转交易前后的收益情况进行对比,供需双方决定是否选择林权交易中心实现交易。

(3)在林权流转交易过程中,供需双方无法具备完全理性的条件,因为双方能力、经验和知识等方面的差异性,双方的选择行为是有限理性的。

(4)在林权流转交易过程中,供需双方具备了一定的学习和模仿能力,其流转交易行为需要经过多次的博弈学习和模仿等演化过程,且过程是持续渐进的。

(5)供需双方可以选择交易和不交易两种策略,令供给方选择交易的概率为 x,那么不选择交易的概率为 $1-x$;需求方选择交易的概率为 y,不选择交易的概率为 $1-y$。

(6)通过借鉴相关学者的研究(刘园园 等,2012;张晓丽,2013),结合实地调研的数据,本书认为林权供给方的函数包含:出售林地资源的收益 T,即林权交易价格;供给方实现交易时,其从事非林产业的收益 M;供给方未实现交易时,其自行经营林业的效益 M_1。林权需求方的函数包含:林权交易价格 T;需求方转入林地后的林业投资收益 I;需求方将经营林地的资金用于其他非林业的投资收益 I。

（7）供需双方分别选择交易策略的情况下，双方需要承担一定的交易成本，本书将交易成本分成事前、事中、事后交易成本（姚星期 等，2007）。其中：事前交易成本主要为信息的搜寻成本，事中交易成本包含森林资产评估、保证金、谈判和签约等方面的成本，事后交易成本包含违约成本和监督成本。令供给方和需求方的交易成本分别为 C_s 和 C_d。为了方便计算，本书分别假定供需双方交易成功和未交易成功的交易成本相同。当双方达成交易时，供需双方需要向平台支付一定的交易费用，分别为 C_1 和 C_2。实地调研发现，部分林权交易中心对供需双方收取相同的费用，因此，为了方便计算，本书假定供需双方支付的交易费用是一致的，即 $C_1 = C_2$。

在供给方选择交易的情况下，当双方实现交易时，供给方的效益为 U_{s1}；当双方交易不成功时，供给方的效益为 U_{s2}。在供给方选择不交易的情况下，当需求方选择交易或不交易的策略时，供给方的效益分别为 U_{s3}、U_{s4}。具体函数如式（4-1）、式（4-2）和式（4-3）所示。

$$U_{s1} = T + M - C_s - C_1 \qquad (4-1)$$

$$U_{s2} = M_1 - C_s \qquad (4-2)$$

$$U_{s3} = U_{s4} = M_1 \qquad (4-3)$$

同理，在需求方选择交易的情况下，当双方实现交易时，需求方的效益为 U_{D1}；当双方未达成交易时，需求方的效益为 U_{D3}。在需求方选择不交易的情况下，当供给方选择交易或不交易的策略时，需求方的效益分别为 U_{D2}、U_{D4}。具体函数如式（4-4）、式（4-5）和式（4-6）所示。

$$U_{D1} = I - T - C_d - C_1 \qquad (4-4)$$

$$U_{D2} = U_{D4} = R \qquad (4-5)$$

$$U_{D3} = R - C_d \qquad (4-6)$$

根据上述分析可知，供需双方的策略组合为（交易，交易）、（交易，不交易）、（不交易，交易）和（不交易，不交易）四种类型，供需双方的博弈矩阵如

表 4-1 所示。

表 4-1 供需双方博弈矩阵

供给方	需求方	
	交易(y)	不交易($1-y$)
交易(x)	(U_{s1},U_{D1})	(U_{s2},U_{D2})
不交易($1-x$)	(U_{s3},U_{D3})	(U_{s4},U_{D4})

4.1.2 供求双方演化博弈的复制动态分析

根据表 4-1 的供需双方博弈情况,假定供需双方学习和策略模仿局限在所在的群体内部,此时,可以构建复制动态方程分析供需双方之间的动态演化博弈过程。由于供给方选择交易的比例为 x,需求方选择交易的比例为 y,供需双方选择不交易的比例分别为 $1-x$ 和 $1-y$。因此,供给方选择交易的期望效用和选择不交易的期望效用分别如式(4-7)和式(4-8)所示。

$$U_{sa} = yU_{s1} + (1-y)U_{s2} \tag{4-7}$$

$$U_{sb} = yU_{s3} + (1-y)U_{s4} \tag{4-8}$$

此时,供给方的平均效用为:

$$\overline{U_s} = xU_{sa} + (1-x)U_{sb} \tag{4-9}$$

与供给方的博弈过程类似,需求方选择交易的期望效用和选择不交易的期望效用分别如式(4-10)和式(4-11)所示:

$$U_{Da} = xU_{D1} + (1-x)U_{D3} \tag{4-10}$$

$$U_{Db} = xU_{D2} + (1-x)U_{D4} \tag{4-11}$$

此时,需求方的平均效用为:

$$\overline{U_d} = yU_{Da} + (1-y)U_{Db} \tag{4-12}$$

在演化博弈策略中,供给方和需求方可以通过不断调整自己的交易策略达到市场均衡,根据上述公式可知,双方的复制动态方程如式(4-13)和式

(4-14)所示：

$$F(x)=\frac{\mathrm{d}x}{\mathrm{d}t}=x(U_{sa}-\overline{U_s})=x(1-x)(U_{sa}-U_{sb})$$
$$=x(1-x)[y(U_{s1}-U_{s2}-U_{s3}+U_{s4})+U_{s2}-U_{s4}] \quad (4\text{-}13)$$

$$F(y)=\frac{\mathrm{d}y}{\mathrm{d}t}=y(U_{Da}-\overline{U_D})=y(1-y)(U_{Da}-U_{Db})$$
$$=y(1-y)[x(U_{D1}-U_{D2}-U_{D3}+U_{D4})+U_{D3}-U_{D4}] \quad (4\text{-}14)$$

通过式(4-13)和式(4-14)可知，方程存在 5 个可能的局部均衡点，分别为(0,0)、(0,1)、(1,0)、(1,1)和(x^*,y^*)。(0,0)代表供需双方分别选择交易策略的可能性为 0；(0,1)、(1,0)分别表示供需双方其中一方选择交易策略的可能性为 0，而另外一方选择交易策略；(1,1)表示供需双方选择交易的比例分别为 1。

4.1.3 供求双方演化均衡的规律分析

下面通过对雅各比矩阵的局部稳定性分析来判断上述均衡点的稳定性，从而得出系统的演化稳定策略。对应系统的雅各比矩阵为：

$$J=\begin{bmatrix}\dfrac{\partial F(x)}{\partial x}\\[6pt]\dfrac{\partial F(y)}{\partial x}\end{bmatrix} \quad (4\text{-}15)$$

在上述矩阵公式(4-15)中，当且仅当矩阵行列式 $\mathrm{Det}J>0$ 且 $\mathrm{Tr}J<0$ 时，局部的均衡点才代表系统演化稳定策略。此时，系统的均衡策略在稳定的状态下具备一定的抗干扰能力，根据对应的矩阵公式可求得上述 5 个局部均衡点实现稳定的数值表达式，如表 4-2 所示。

表 4-2　供求双方均衡点的矩阵表达式

均衡点	Det$J$	TrJ
(0,0)	$(U_{s2}-U_{s4})\times(U_{D3}-U_{D4})$	$U_{s2}-U_{s4}+U_{D3}-U_{D4}$
(0,1)	$-(U_{s1}-U_{s3})\times(U_{D3}-U_{D4})$	$(U_{s1}-U_{s3})-(U_{D3}-U_{D4})$
(1,0)	$-(U_{s2}-U_{s4})\times(U_{D1}-U_{D2})$	$-(U_{s2}-U_{s4})+(U_{D1}-U_{D2})$
(1,1)	$(U_{s1}-U_{s3})\times(U_{D1}-U_{D2})$	$-(U_{s1}-U_{s3})-(U_{D1}-U_{D2})$
(x^*,y^*)	$-(U_{s1}-U_{s3})\times(U_{D1}-U_{D2})\times\lambda_1\lambda_2$	0

注：$\lambda_1=\dfrac{U_{s4}-U_{s2}}{U_{s1}+U_{s4}-U_{s2}-U_{s3}}$，$\lambda_2=\dfrac{U_{D4}-U_{D3}}{U_{D1}-U_{D2}-U_{D3}+U_{D4}}$

根据不同参数取值范围可知供需双方的博弈均衡点不同，本书将从以下四个情形分析。

(1)当 $U_{s1}>U_{s3}$、$U_{D1}>U_{D2}$ 时，说明供需双方均选择交易策略，由于 $\lambda_1=\dfrac{U_{s4}-U_{s2}}{U_{s1}+U_{s4}-U_{s2}-U_{s3}}$，$\lambda_2=\dfrac{U_{D4}-U_{D3}}{U_{D1}-U_{D2}-U_{D3}+U_{D4}}$，对应的 λ_1、$\lambda_2\in(0,1)$。当 $y=\lambda_1$ 时，即 $\dfrac{\mathrm{d}x}{\mathrm{d}t}=0$，此时，供给方的交易策略不会随着时间的变动而产生变化，即策略是稳定的；当 $y>\lambda_1$ 时，满足 $F_x^*(0)>0$ 且 $F_x^*(1)<0$ 条件下，$x^*=1$ 是稳定状态，即供给方选择交易的策略是稳定的；当 $y<\lambda_1$ 时，满足 $F_x^*(0)<0$ 且 $F_x^*(1)>0$ 条件下，$x^*=0$ 是稳定状态。

当 $x=\lambda_2$ 时，即 $\dfrac{\mathrm{d}y}{\mathrm{d}t}=0$，需求方选择交易的概率不会随着时间的变动而产生变化；当 $x>\lambda_2$ 时，$y^*=1$ 是稳定状态，即需求方选择交易的策略是稳定的；当 $x<\lambda_2$ 时，$y^*=0$ 是稳定状态；当 $x>\lambda_2$ 时，$y^*=1$ 是稳定状态。由此可得系统的局部稳定性分析结果，如表 4-3 所示。

表 4-3 系统局部稳定性分析结果

均衡点	Det$J$	TrJ	结果
(0,0)	+	−	ESS
(0,1)	+	+	不稳定
(1,0)	+	+	不稳定
(1,1)	+	−	ESS
(x^*,y^*)	−	0	鞍点

注:ESS 表示演化稳定策略。

为了直观观察供需双方的系统动态演化路径,本书将供需双方的比例变化通过同一平面展示出来,如图 4-1 所示。

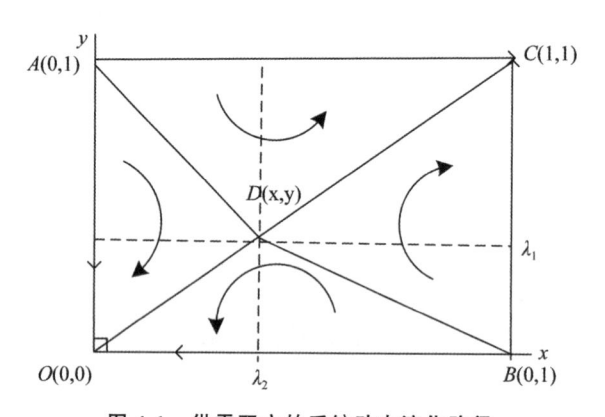

图 4-1 供需双方的系统动态演化路径

在图 4-1 中,不稳定点 A、B 与鞍点 D 将供需双方的演化区间分成两个区域:$AOBD$ 和 $DACB$。当初始状态位于区域 $AOBD$,系统的动态变化收敛于 0,交易双方选择的策略为(0,0),即供需双方同时选择不交易的策略;当初始状态位于区域 $DACB$,系统的动态变化将收敛于 1,交易双方选择的策略为(1,1),即供需双方同时选择交易,为理想的收益状态。因此,供需双方的 λ_1、λ_2 值越小,区域 $DACB$ 的面积越大,供需双方选择交易的可能性越大。

(2)当$U_{s1} > U_{s3}$、$U_{D1} < U_{D2}$时,说明供给方选择交易策略,即他们认为出售林地资源有助于提高收益水平,但需求方选择不交易策略,即他们认为经营林地的效益的较低,且风险较高。此时,系统的四个平衡点仅有(0,0)点是 ESS。因此,无论供需双方最初是否选择交易策略,在经过一段时间的相互学习和模仿之后,都会放弃交易策略,即选择不交易的行为。此时,系统均衡均收敛于(0,0),即供需双方选择不交易策略是演化博弈均衡的状态。

(3)当$U_{s1} < U_{s3}$、$U_{D1} > U_{D2}$时,供给方选择不交易策略,即他们认为流转交易价格较低,且从事非林产业的收入水平较低。而需求方选择交易策略,即他们认为经营林地的预期收益大于其他非林产业的投资效益。此时,系统演化均衡策略收敛于(0,0),即供需双方选择不交易策略。

(4)当$U_{s1} < U_{s3}$、$U_{D1} < U_{D2}$时,供给方选择不交易策略,即他们认为经营林地的效益较高,需求方选择不交易策略,即他们认为经营林业的预期收益较低,此时,系统的演化均衡收敛于(0,0),即供需双方选择不交易策略。

4.1.4 供求双方演化稳定的影响因素分析

根据上述演化均衡策略分析可知,当$U_{s1} > U_{s3}$、$U_{D1} > U_{D2}$时,供需双方经过长期的学习、博弈和策略调整,最终选择交易策略。本节将重点分析供需双方选择交易这一行为的影响因素,影响因素的表达式如式(4-16)和式(4-17)所示:

$$\lambda_1 = \frac{U_{s4} - U_{s2}}{U_{s1} + U_{s4} - U_{s2} - U_{s3}} = \frac{C_s}{T + M - M_1 - C_1} \quad (4\text{-}16)$$

$$\lambda_2 = \frac{U_{D4} - U_{D3}}{U_{D1} - U_{D2} - U_{D3} + U_{D4}} = \frac{C_d}{I - T - C1 - R} \quad (4\text{-}17)$$

λ_1 和 λ_2 是影响供需双方演化稳定均衡策略的重要因素,即林权交易价格、交易成本、交易费用、林业经营收益和非林业收益等是影响林权流转交易规模的重要因素。林权交易价格越高,供给方转让林地的可能性越大,但需求方购买的意愿就越弱;供给方的交易成本、交易费用和从事林业的收益越高,其转让林地的可能性越小;供给方从事非林产业的收益越高,其转让林地的可能性就越大;需求方的交易成本、交易费用和从事非林业的收益更高,需求方选择交易的可能性越小;需求方从事林业的收益越高,其持续从事林业的可能性就越大,供需双方越有可能形成交易。因此,在林权交易市场中,供需双方的选择受到以下多方面因素的影响。

4.1.4.1 林权交易价格

林权交易价格是林权流转交易量的重要影响因素,也是林权交易市场规范运转的必要条件。基于林权转出方视角,林权流转行为产生的前提是林权转出的效益大于经营林业的效益,即 $T+M-C_s-C_1 \geqslant M_1$,故 $T \geqslant M_1-M+C_s+C_1$。此时,林权交易价格与林权转出的机会成本、交易成本和交易费用成正比,即流转交易的成本和交易费用越低、经营林地的效益越低,则林权转出方对林地的依赖程度越低,交易价格的要求越低。基于林权转入方视角,林权流转行为产生的前提是林权转入后的规模效益大于林权转入的机会成本,即 $I-T-C_d-C_1 \geqslant R$,故 $I-R-C_d-C_1 \geqslant T$。因此,在需求方预估林业投资收益为固定值的前提下,林权交易价格与林权转入的机会成本、交易成本和交易费用成负相关,即降低林权转入的机会成本,节约流转交易的时间成本,需求方支付交易价格的意愿更高。

只有当交易双方就林权交易价格达成一致时,林权流转交易的行为才会发生。此时,林权交易价格受到多方面因素的影响,它是供需双方决策行为的原始推动力,供需双方根据林权交易价格水平决定是否选择流转林地。而作为联结供需双方的交易平台,林权交易中心需要通过不同的交易方式,实现林权流转交易的价格发现功能。

4.1.4.2 交易成本和交易费用

λ_1、λ_2 分别和交易成本、交易费用呈正相关,即交易成本和交易费用越高,供给方转让林地的可能性越小,需求方经营林地的可能性越小。在其他变量保持不变的情况下,交易成本和交易费用是影响双方流转行为的重要因素,降低 C_s、C_d 和 C_1 有助于减小 λ_1 和 λ_2 的值。因此,对于林权交易中心而言,降低供需双方的交易成本和交易费用有助于扩大林权流转交易规模。而降低交易成本就是降低事前、事中、事后交易成本,这就亟需林权交易中心提供更具开放性的事前流转交易信息,降低供需双方的信息搜寻成本,从而减少因为信息不对称产生的问题,尽可能简化中心的交易程序,从而降低供需双方交易的谈判和签约成本,避免相关的林权纠纷问题,降低森林资源资产的评估收费和需求方的保证金费用;降低交易费用就是在实现保本微利的前提下,不同类型的林权交易中心制定差异化的佣金收费标准,减轻供需双方的流转交易压力,增大双方实现交易的可能性。

4.1.4.3 非林业收益

作为自主决策的经济人,市场的供需主体必然追求自身经济效益最大化,即以实现收入最大化为目的。非林业收益是影响林权流转交易的一个重要因素,λ_1 和供给方的非林业收益呈负相关,即供给方的非林业收益较高,供需双方越有可能形成交易。当供给方从事非林产业的收益越高,即供给方从事非林产业的机会越多,他们的收入水平越高。此时,供给方从事林业的机会成本比较高,其进行流转交易的可能性变大,市场上林地的供给数量就会变多。目前,部分林农原有的根深蒂固的恋土情结已经逐渐弱化和转变,只要能够产生持续稳定的非林收入,并提高农村社会保障体系的水平,林农选择林权流转交易的可能性就会增大。对于需求方而言,其从事非林业产业的收益越高,即非林业收益越高,其经营林业的可能性就越小。

4.1.4.4 林业经营收益

林业经营收益是供需双方流转交易的重要影响因素。对于需求方而言,林业经营收益 I 和 λ_2 呈负相关,即需求方林业经营收益越高,其经营林地的可能性就越高,此时供需双方达成交易的可能性也越高。林业的规模经营、集约化管理有助于提高林业的生产效率,降低林业单位经营成本,从而实现经营规模效益,这也正是林业企业和林业大户有较强意愿参与林权流转交易的原因所在。当林地的地理位置越集中且林地越肥沃时,单位面积内林业的生产效益越高,林业企业和林业大户经营林业的积极性越高,越有可能参与林权流转交易,从而获取更多的林业经营收益。但林业经营周期长、风险性较高和资金投入多等特点,容易导致投资者对林业投资持观望的态度,因此,若要扩大林权流转交易规模,林权交易中心可制定林业扶持政策,增强投资者投资林业的意愿,从而增大双方实现交易的可能性。

对于供给方而言,林业经营收益 M_1 和 λ_1 呈正相关,即从事林业的收益越高,供给方转让林权的可能性就越小。根据相关学者的研究(刘培凯,2016),本书认为供给方经营林业的基本产出函数为 $M_1=(1-\varepsilon)\sigma l^\beta$。其中:$\sigma$ 表示林产品单位效用水平,σ 的值越大,供给方认为经营林地的社会保障作用越明显;l 表示农户经营林业所需的林地投入量;设定 $\beta\in[0,1]$,此时 β 体现了林业生产技术所产生的边际收益递减情况;ε 表示农户对林权交易中心的认知程度,农户对林权交易中心的认知程度越大,其通过中心流转的可能性越大,即经营林业的可能性越小。实地调研发现,58.26%的农户不知道当地存在林权交易中心这一交易平台;即使是在参与林权流转交易的农户中,也有接近一半的农户对林权交易中心的了解程度较低。因此,要加大对林权交易中心的宣传和推广力度,扩大林权交易中心的影响力,从而促进农户选择林权交易中心进行流转交易。

4.2 数值仿真

4.2.1 数据来源

由于数值模拟需要设置真实的参数值,在前文理论推导的基础上,本书对模拟数据的收集进行了设计,具体详见第三章的调查问卷设计、调查实施和数据收集等过程。调研组于近年来先后多次对南方集体林区相关省份的林权交易市场开展了实地调研,共获得575份有效的农户问卷,其中,通过林权交易中心流转交易的样本量为77个,供给方的样本量为5个,需求方的样本量为72个。由于部分流转交易价格缺失,结合调研地林权交易中心的年均交易单价,本书估算得出林权交易价格的平均值为0.36万元,即$T=0.36$;供给方的交易费用均值约为0.02万元/亩,即$C_1=0.02$;供给方的其他业务收入约为0.20万元,即$M=0.2$;供给方实现交易的机会成本均值约为0.06万元/亩,即$M_1=0.06$。由于供需双方的交易成本包含事前、事中和事后交易成本,而信息成本、谈判成本、签约成本和违约成本无法进行量化,供给方的其他交易成本涉及资产评估费用,需求方的其他交易成本涉及保证金,为保证客观获取交易成本的数据,本书通过实地访谈,估算得到供给方的交易成本均值为0.02万元/亩,即$C_s=0.02$。同时,参照银行的存款利率和流转交易的时间,本书估算需求方的交易成本均值为0.02万元/亩,即$C_d=0.02$;需求方的非林业收益均值约为0.16万元/亩,即$R=0.16$。由于林业的经营周期较长,部分经营者在林权流转后尚未获得收益,经过对流转大户的预期收益进行调研,本书估算林业经营收益的均值为0.8万元/亩,即$I=0.8$。

4.2.2 仿真结果

根据上述数据,本小节将对供需双方不同选择的策略行为及影响因素进行仿真分析,从而验证演化博弈均衡结果的合理性。

(1)当$U_{s1}>U_{s3}$、$U_{D1}>U_{D2}$时,满足相关约束条件的前提下,对交易博弈支付矩阵的各个参数进行赋值,即$T=0.36, M=0.2, M_1=0.06, I=0.8, R=0.16, C_s=0.02, C_d=0.02, C_1=0.02$。令$(x,y)$的初始值为$(0.1,0.1)$,其中,$x$表示时间,$y$表示供需双方选择交易的策略行为的概率。此时,系统稳定均衡结果为$(1,1)$,在任何概率下,供需双方选择交易的策略行为不会随着时间的变化而产生变化,即供需双方选择交易的策略行为是稳定的。具体演化路径如图4-2所示。

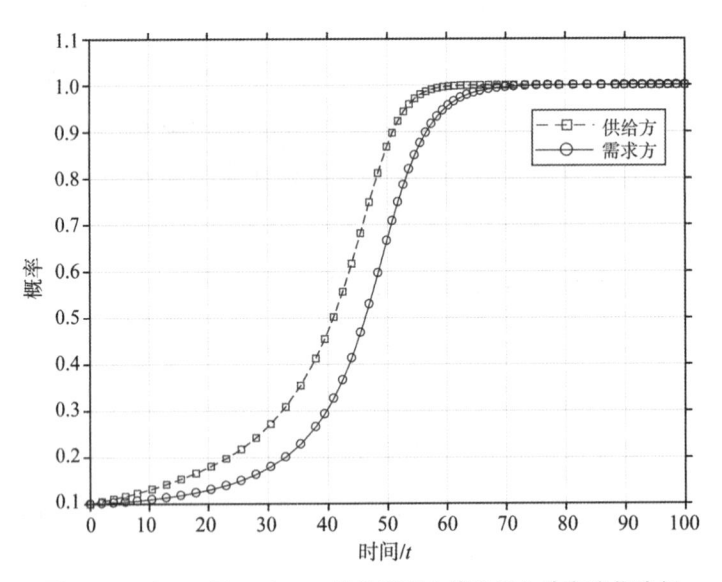

图4-2 $U_{s1}>U_{s3}$及$U_{D1}>U_{D2}$时供需双方策略行为动态演化路径

当支付博弈矩阵的其他参数值不变时,对T分别取值0.26、0.36和0.46,令(x,y)的初始值为$(0.3,0.3)$。T对供给方影响的动态演化路径及

T 对需求方影响的动态演化路径如图 4-3 和图 4-4 所示。由图 4-3 和图 4-4 可知,林权交易价格越高,系统收敛到均衡点的速度越快,供给方出售的可能性越大;林权交易价格越低,系统收敛到均衡点的速度越快,需求方购买的意愿就越强。

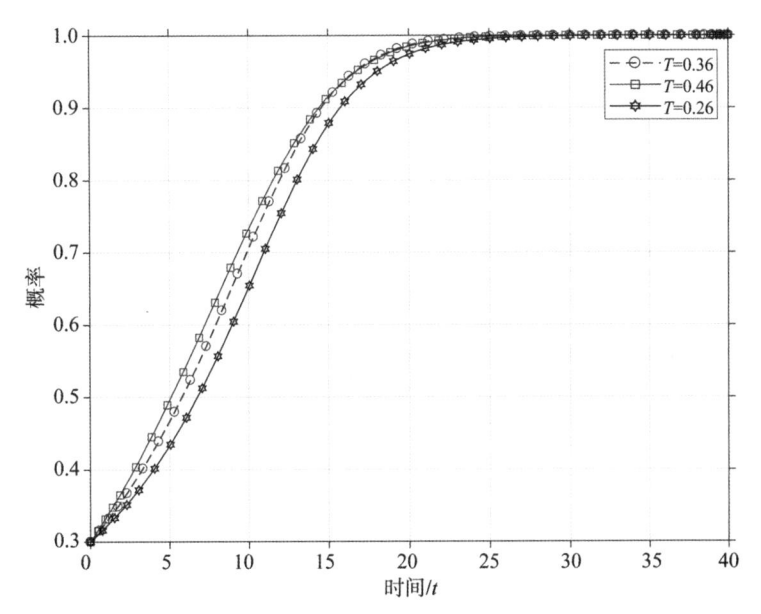

图 4-3 T 对供给方影响的动态演化路径

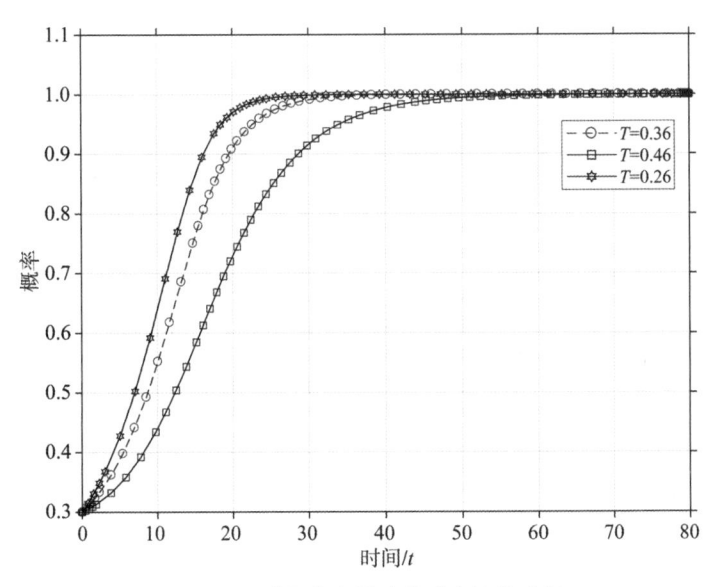

图 4-4 T 对需求方影响的动态演化路径

在满足相关约束条件的前提下,当支付博弈矩阵的其他参数值不变时,对 C_s 分别取值 0.01、0.02 和 0.03,令 (x,y) 的初始值为 $(0.1,0.1)$。图 4-5 为 C_s 对供给方影响的动态演化路径。由图 4-5 可知,C_s 越低,即供给方的交易成本越低,其选择交易的可能性越高。

当支付博弈矩阵的其他参数值不变时,对 C_d 分别取值 0.01、0.02 和 0.03,令 (x,y) 的初始值为 $(0.1,0.1)$。图 4-6 为 C_d 对需求方影响的动态演化路径。由图 4-6 可知,C_d 的值越低,即需求方的交易成本越低,系统收敛到均衡点的速度越快,需求方选择交易的可能性越大。

当其他参数值不变时,对 C_1 分别取值 0.01、0.02 和 0.03,令 (x,y) 的初始值为 $(0.1,0.1)$。在其他变量保持不变的情况下,C_1 对供需双方的影响不同,如图 4-7 和图 4-8 所示。因此,林权交易中心应采取差异化的收费标准,尽可能增大供需双方实现交易的可能性。

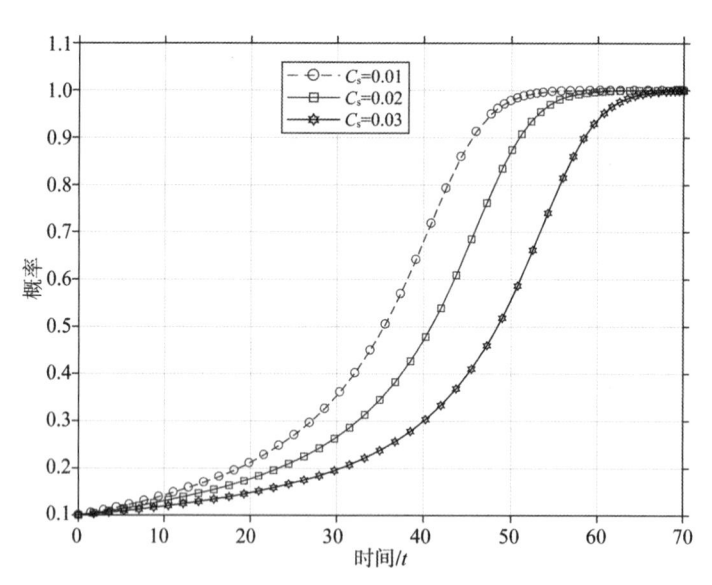

图 4-5 C_s 对供给方影响的动态演化路径

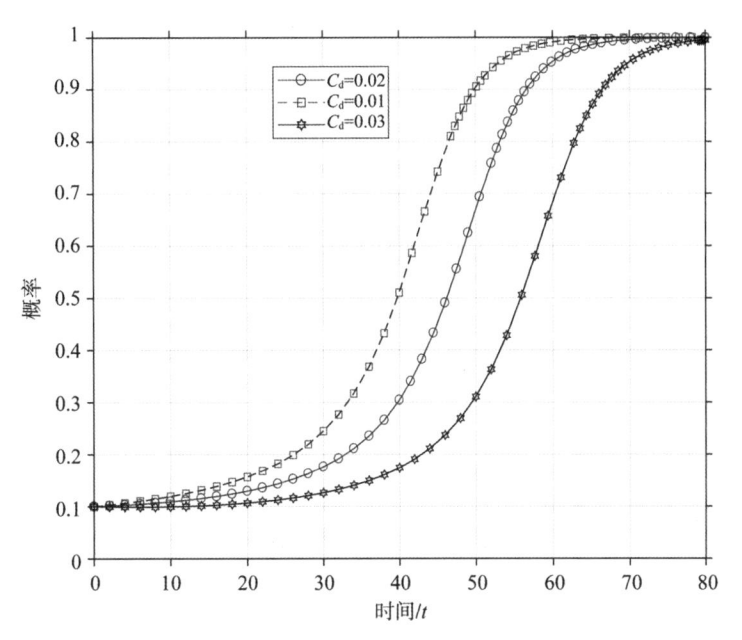

图 4-6　C_d 对需求方影响的动态演化路径

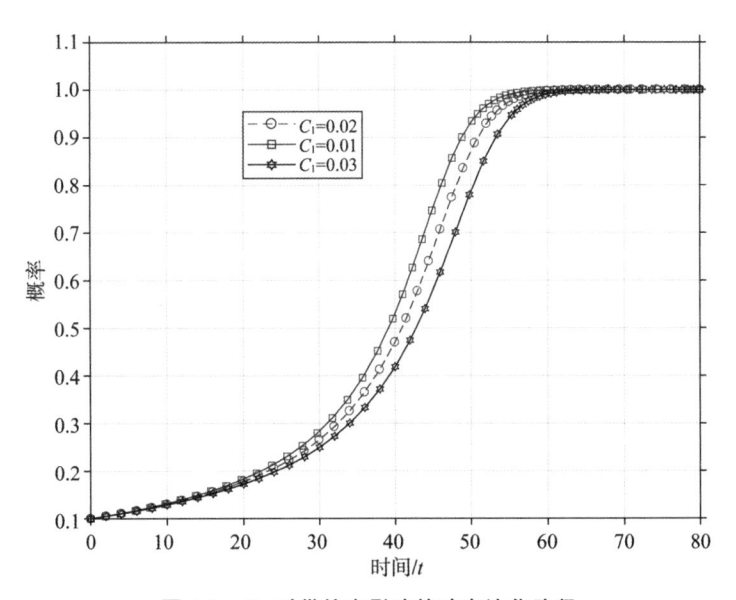

图 4-7　C_1 对供给方影响的动态演化路径

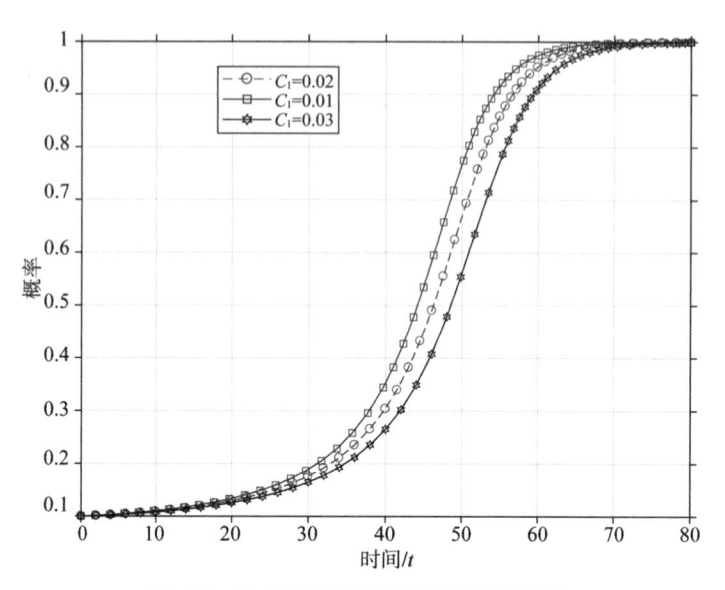

图 4-8　C_1 对需求方影响的动态演化路径

当支付博弈矩阵的其他参数值不变时，对 I 分别取值 0.7、0.8 和 0.83，令 (x,y) 的初始值为 $(0.1,0.1)$。需求方经营林业的收益越高，系统收敛到均衡点的速度越快，即需求方经营林地的可能性就越大，供需双方实现交易的可能性就越大。I 对供求方影响的动态演化路径如图 4-9 所示。

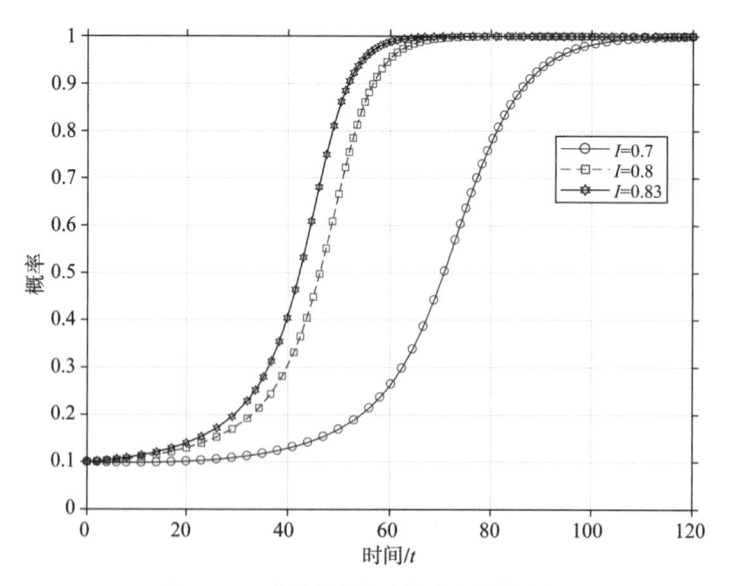

图 4-9　I 对需求方影响的动态演化路径

当其他参数值不变时,对 M 分别取值 0.1、0.2 和 0.3,令 (x,y) 的初始值为 $(0.1,0.1)$。供给方的其他业务收入水平越高,系统收敛到均衡点的速度越快,供给方转让林地的可能性就越大,供需双方实现交易的可能性就越高。M 对供给方影响的动态演化路径如图 4-10 所示。

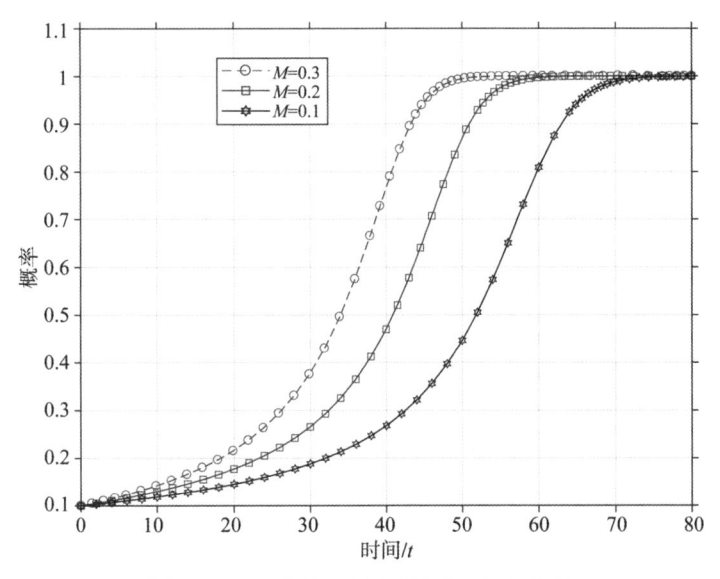

图 4-10　M 对供给方影响的动态演化路径

当其他参数值不变时,本书对 R 分别取值 0.06、0.16 和 0.26,令 (x,y) 的初始值为 $(0.1,0.1)$。需求方的非林业收益 R 的取值越高,系统收敛到均衡点的速度越慢,需求方选择交易的可能性越小。R 对需求方影响的动态演化路径如图 4-11 所示。

本书对 M_1 分别取值 0.03、0.06 和 0.09,并保证支付博弈矩阵的其他参数不变,令 (x,y) 的初始值为 $(0.1,0.1)$。供给方经营林业的收入水平越高,系统收敛到均衡点的速度越慢,供给方转让林地的可能性越小,此时供需双方实现交易的可能性越低。M_1 对供给方影响的动态演化路径如图 4-12 所示。

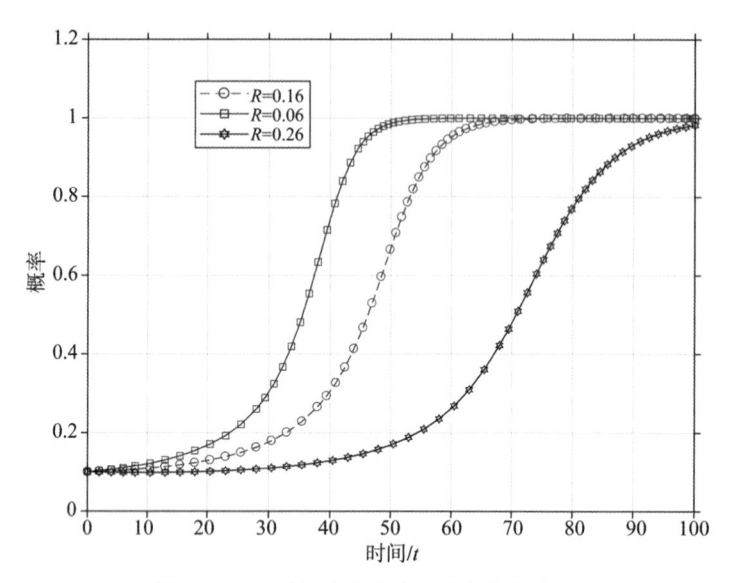

图 4-11 R 对需求方影响的动态演化路径

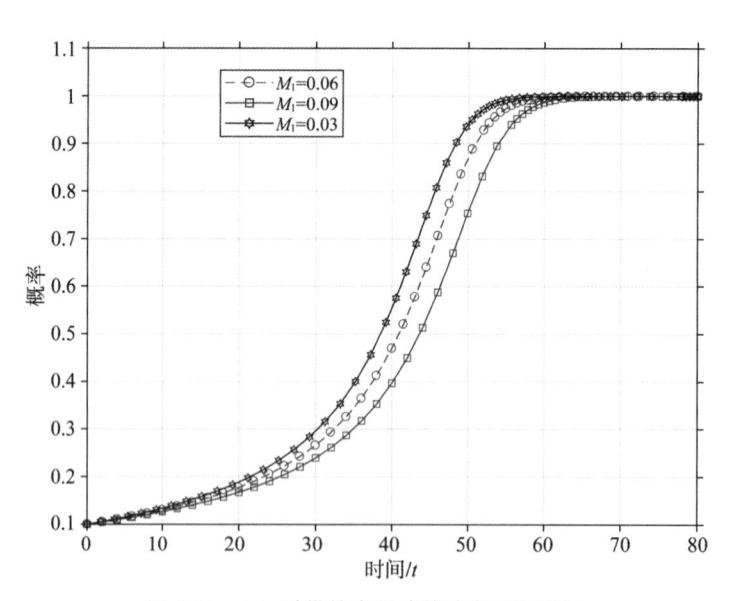

图 4-12 M_1 对供给方影响的动态演化路径

(2)当 $U_{s1}>U_{s3}$、$U_{D1}<U_{D2}$ 时,在满足相关约束条件的前提下,对支付博弈矩阵的各个参数进行赋值,即 $T=0.36, M=0.2, M_1=0.06, I=0.8, R=0.41, C_s=0.02, C_d=0.02, C_1=0.02$。同理,令 (x,y) 的初始值为(0.1,

0.1),此时,系统稳定均衡结果为(0,0)。在任何概率下,供需双方选择不交易策略不会随着时间的变动而产生变化,即双方选择不交易的策略行为是稳定的。具体演化路径如图 4-13 所示。

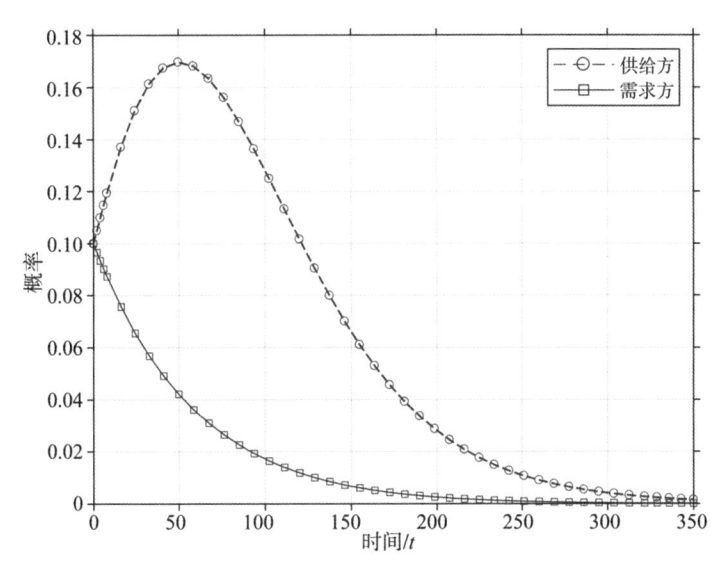

图 4-13 $U_{s1}>U_{s3}$ 及 $U_{D1}<U_{D2}$ 时供需双方策略行为动态演化路径

(3)当 $U_{s1}<U_{s3}$、$U_{D1}>U_{D2}$ 时,在满足相关约束条件的前提下,对支付博弈矩阵的各个参数进行赋值,即 $T=0.04, M=0.05, M_1=0.06, I=0.8, R=0.16, C_s=0.02, C_d=0.02, C_1=0.02$。同理,令 (x,y) 的初始值为(0.1,0.1),此时,系统稳定均衡结果为(0,0),即双方选择不交易的策略。具体演化路径如图 4-14 所示。

(4)当 $U_{s1}<U_{s3}$、$U_{D1}<U_{D2}$ 时,在满足相关约束条件的前提下,对支付博弈矩阵的各个参数进行赋值,即 $T=0.04, M=0.05, M_1=0.06, I=0.4, R=0.35, C_s=0.02, C_d=0.02, C_1=0.02$。同理,令 (x,y) 的初始值为(0.1,0.1),系统稳定均衡结果为(0,0),即双方选择不交易的策略。具体演化路径如图 4-15 所示。

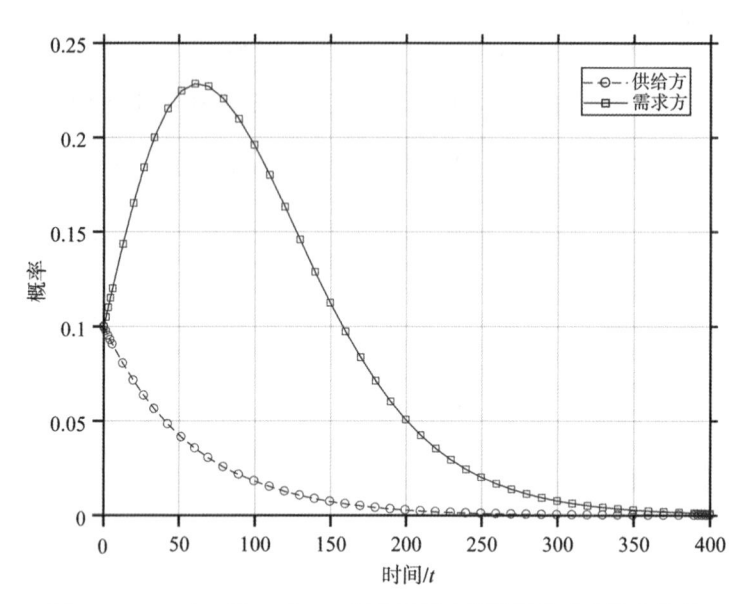

图 4-14 $U_{s1}<U_{s3}$ 及 $U_{D1}>U_{D2}$ 时供需双方策略行为动态演化路径

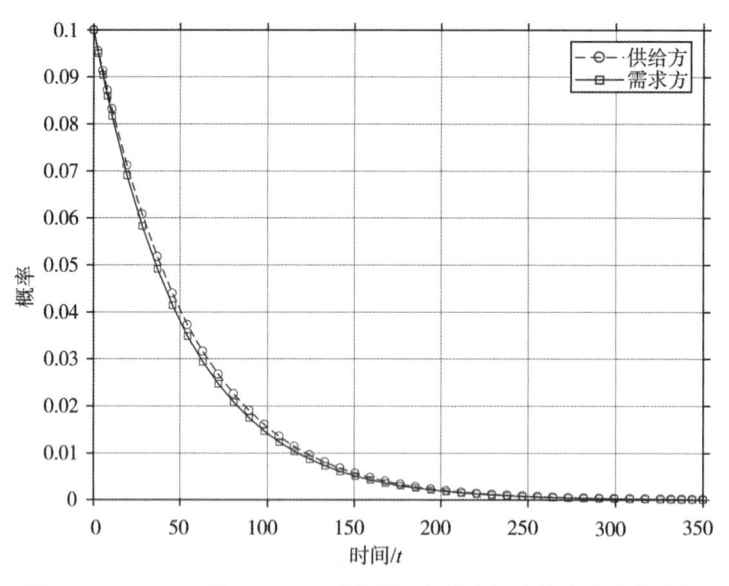

图 4-15 $U_{s1}<U_{s3}$ 及 $U_{D1}<U_{D2}$ 时供需双方策略行为的动态演化路径

4.3 本章小结

基于演化博弈理论,本章以有限理性的供需双方为决策者,建立演化博弈模型,求解不同类型下供需双方博弈的演化均衡策略及其影响因素。研究结果如下。

(1)λ_1 和 λ_2 值是影响供需双方演化稳定均衡策略的重要因素,即林权交易价格、交易成本、交易费用、林业经营收益和非林业收益等是影响林权流转交易规模的重要因素。林权交易价格越高,供给方出售的可能性越大,但需求方购买的意愿就越弱。供给方的交易成本、交易费用和林业经营收益越高,其转让林地的可能性越小。供给方的非林业收益越高,其转让林地的可能性就越大。需求方的交易成本越高,且林业经营收益越高,其选择交易的可能性越小。需求方林业经营收益越高,其经营林业的可能性就越大。

(2)林权交易价格是促进供需双方实现交易的重要因素,不同的交易方式有助于实现林权流转交易的价格发现功能。从林权转出方视角来看,林权交易价格与林权转出的机会成本呈正相关;从林权转入方视角来看,林权交易价格与林权转入的机会成本呈负相关。同时,若要促进供需双方选择交易策略,林权交易中心应降低供需双方的交易成本和交易费用;制定林业扶持政策,增强投资者投资林业的意愿,提高农户对林权交易中心的认知程度。其中:降低供需双方的交易成本就是提供更具开放性的流转交易信息,降低供需双方的信息搜寻成本;简化中心的交易程序,降低供需双方交易的谈判和签约成本;降低森林资源资产的评估费用和需求方的保证金费用。降低交易费用就是在实现保本微利的前提下,制定差异化的佣金收费标准,减轻供需双方的流转压力。提高农户对林权交易中心的认知程度是指加大对林权交易中心的宣传和推广力度。

5 林权交易中心的交易机制

上一章分析了林权交易中心的供求调节机制，并探讨了林权交易价格是供需双方决策行为的原始推动力这一机制。而不同的交易方式有助于实现林权流转交易的价格发现功能，这就亟需林权交易中心建立健全的交易机制以保障交易主体的合法权益。目前，林权交易中心的交易机制包含交易方式和交易流程等部分，其中的交易流程比较完善，但调研中超过一半的专家认为中心的交易方式有待进一步完善。因此，本章将重点对林权交易中心的交易方式进行比较分析，并引入双向拍卖模型分析林权流转交易定价，保证交易双方在维护各自利益的基础上扩大流转交易规模，提高林地的使用效率，从而完善林权交易中心的交易机制。

5.1 林权交易中心的交易方式分析

新一轮林改的重要任务之一是促进集体林权的合理流转，以实现林业的规模经营。价格是市场交易的调节器，有助于推进林权流转交易的市场化进程。而不同的交易方式形成的林权交易价格不同，目前交易方式主要包括协商定价、招投标和拍卖等，因此，本节将对不同的交易方式进行分析。

5.1.1 协商定价

协商定价是指供需双方私下通过讨价还价确定交易价格,最终通过林权交易中心实现登记流转的交易方式。在协商定价中,供需双方在讨价还价过程中面临信息不对称的问题,此时影响林权交易价格的因素主要有:(1)供需双方自身的因素,包含森林资源产权的市场价值、供给方经营林业的机会成本和需求方投资林业的效益等;(2)供需双方的理性程度,他们以追求自身效益最大化为目的;(3)供需双方的议价能力,供需双方议价能力的高低在很大程度上影响林权交易价格的形成,它主要受到供需双方交易动机、信息获取程度和供求关系等因素的影响。

但在实际流转过程中,通过协商定价形成的林权交易价格大多是供需双方私下共同商定的,可能出现免费赠送、低价转让和半买半送等现象。因此,协商定价可能无法形成真实的林权交易价格。

5.1.2 招投标

招投标是指林权交易中心公布森林资源产权转让的信息和广泛招募竞标者,从而形成买方市场之间的竞争,并最终将森林资源产权转让给最高报价者的竞价方式。应招者在规定时间内将标书和价格以书面形式呈送给中心,中心根据投标方的价格和资历等因素进行选择,一般投标方不得少于3家。招投标一般设有保留价,林权交易中心以评估价作为保留价,并采用明标暗投、明标明投、暗标暗投和暗标明投等竞价方式。

招投标方式在沙县、遂昌县和将乐县等地比较流行,其中,沙县林权交易中心采取暗标暗投的方式,即不公布标底,竞买方以标书的形式提交,开标后,当标价超过标底时,出价最高的竞买方竞标成功。将乐县林权交易中心采用的明标暗投的招标方式,与暗标暗投有所不同,是由中心公布竞拍林权的标底,然后竞选者以标书的形式提交,开标后,当标价超过标底时,出价最高的买方竞标成功;若最高投标报价低于招标保护价,则宣布流标。

林权交易中心招投标的具体流程主要包含申请受理、形式审查、交易委托、发布公告、竞买保证金、组织交易、交易鉴证、结算交割、合同签订、备案建档和产权登记等环节,如图 5-1 所示。

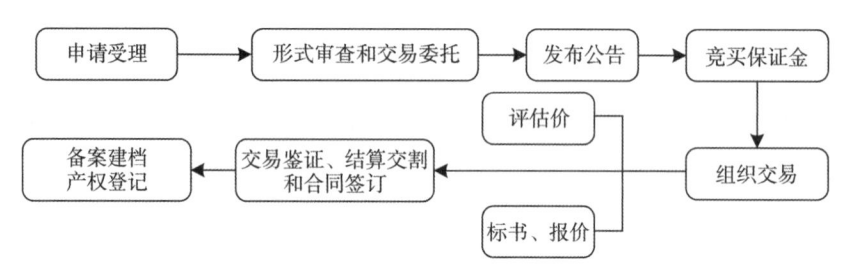

图 5-1 林权交易中心招投标流程

相比于协商定价,招投标有一定的特殊性:(1)信息不对称性高。供给方的流转信息发布后,只要满足基本评估价,投标方就可以进行竞标,并有可能获得对应的森林资源。(2)虽然林权评估价格的设置有助于保证供给方的合法权益,但由于信息不对称,供给方在交易过程中容易处于相对弱势的地位。(3)通过引入买方市场的竞争行为,有助于提升林权交易市场的价格发现功能。

5.1.3 拍卖

拍卖是指通过公开竞价的方式确定商品的交易价格,参与者按照规定进行报价并达成交易。根据价格是否公开,可以将拍卖的类型分为英式拍卖、荷兰式拍卖、第一价格密封拍卖和第二价格密封拍卖等。其中,英式拍卖是最常见的拍卖方式,拍卖者对商品初步确定一个底价,并根据竞拍者的不断报价形成最终的成交价格。当拍卖者认定某一报价,新的报价必须高于现在的报价,若没有出现新的报价,则以最后一次的报价确定商品的交易价格。

由于拍卖具备揭示信息的功能,它逐渐在林权交易市场中发挥重大的作用。实地调研发现,林权交易中心的拍卖包含现场拍卖和网上拍卖等两种类型,其中,现场拍卖是一种设有基本保留价的竞价方式,林权交易中心先设置基本的评估价格,专业的拍卖师负责主持整个竞价流程,并确定起标价和每次加价的幅度。为了促使更多的竞价者参与,起拍价一般低于保留价。竞买者通过举牌或口头报价的方式进行竞价,当竞价达到或超过保留价,拍卖师宣布成交,最高的出价者获得竞拍的森林资源。具体拍卖流程如图 5-2 如下所示。

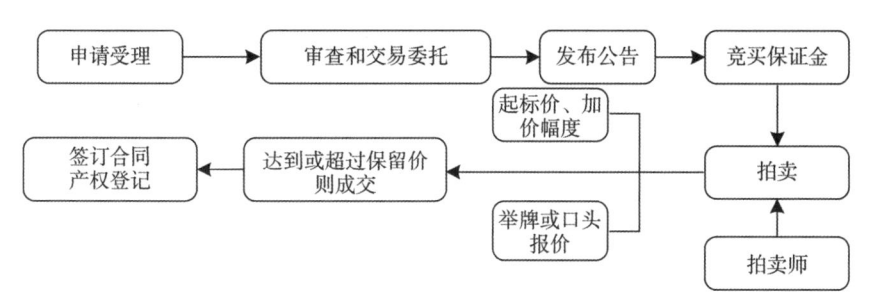

图 5-2 林权交易中心拍卖流程

网上拍卖又称网上竞价或挂牌出让,它是由转让方将拟转让的森林资源通过指定的林权交易中心进行挂牌公告,中心负责设置起拍价和加价幅度,竞买方按照价格优先和时间优先的规则,通过网络系统进行竞价,并根据时间期限截止时的最高报价确定受让方的交易方式。与现场拍卖不同,网上拍卖的灵活性更高,不仅可以实现远距离的报价行为,而且无需拍卖师,降低了受让方的交易成本。目前,省级林业产权交易机构和少部分县级林权交易中心的网上拍卖系统比较完善,但网上拍卖的都是大面积的森林资源,且部分竞价程度较低,甚至出现指定竞价的现象。

拍卖是一种卖方先报价且仅有一次出价的交易方式,它实现了森林资源产权价值和交易价格的相互匹配,具备以下的特点:(1)价格自动发现的功能。在拍卖中,森林资源通过公开竞价的方式实现价格发现功能,而林权交易价格的形成依赖于拍卖机制的选择。(2)不完全信息博弈。拍卖中供给方占有主导地位,供给方先进行出价,而需求方之间在信息不完全的情况下进行博弈的。

5.1.4 不同交易方式的对比

为了比较不同交易方式对林权交易价格发现的影响程度,下面从适用范围、竞争程度和评价标准等方面进行对比分析,如表5-1所示。

表5-1 三种交易方式的对比

内容	协商定价	招投标	拍卖
交易特点	一对一	一对多	一对多
适用范围	私有	私有、国有和集体	私有、国有和集体
竞争程度	低	中	高
评价标准	双方满意	出价最高	市场均衡

由表5-1可知:三种交易方式的竞争程度不同,其中,协商定价方式的竞争程度最低,拍卖方式的竞争程度最强。从交易特点来看,协商定价是"一对一"的双边竞价方式,主要产生于私下交易,无法真实反映潜在的市场价格;招投标和拍卖是"一对多"的竞价模式,交易双方中至少一方掌握市场的稀缺资源。另外,招投标中投标人无法知道竞争者的条件,且只有一次竞标机会,而拍卖的竞买方却可以根据不同竞争者的报价调整策略。总体而言,三种交易方式的主要理论基础是拍卖理论,通过调节和确定市场价格实现森林资源的均衡分配,从而实现林权交易价格发现功能。

5.2 林权流转交易双向拍卖模型

5.2.1 林权流转交易双向拍卖模型的引入

随着新一轮林改的不断深入,当前南方集体林区林权交易市场呈现出多元化的发展态势,市场结构多为"一对一"、"一对多"和"多对多"。现阶段,林权交易中心提供协商定价、招投标和拍卖等竞价的交易方式,其中,传统拍卖的有效性依托于竞买方的规模效应,主要运用在"一对多"的市场结构上,即至少存在一边的交易主体掌握林权交易市场稀缺资源,且成交价格是需求方的最终报价。当市场上存在多个供求方时,传统的竞价方式容易导致交易价格扭曲,即难以保证交易双方在各自利益的基础上达成交易,影响林权流转交易的效率。因此,本书引入双向拍卖模型对林权流转交易定价进行研究。

双向拍卖是一种高效的市场配置机制,它有较高的价格发现效率(Wilson,1985;王兆位,2017),是解决流转交易定价问题的重要方法。一方面,该模型建立了交易双方的平等关系,不存在信息资源的垄断问题,交易双方均可以根据林地的自我估价进行报价,并通过模型寻找到合适的交易对象;另一方面,双向拍卖的成交价格是双边用户标价的组合价格,即便存在信息不足、双方人数较少的情况,交易双方仍然可以以最优的价格策略实现交易,即均衡策略比其他的报价方式更优,有助于提高交易双方的效益和市场效率。虽然双向拍卖模型在诸多领域的应用都比较广泛,但主要集中在农地流转、证券交易、稀土交易和知识产权交易等领域(钟林,2010;侯光明 等,2017;吉亚辉 等,2016;任丽明 等,2019),而在林权交易领域应用得却较少。

林权交易市场的双向拍卖如图 5-3 所示。

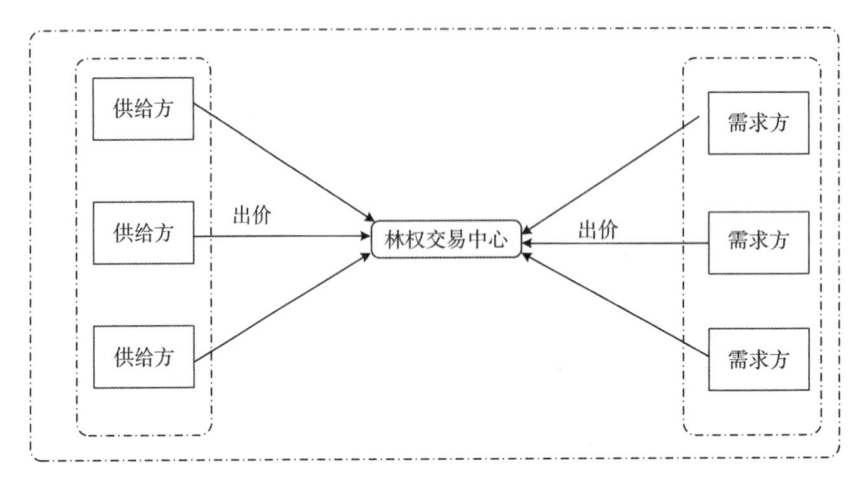

图 5-3　林权交易市场的双向拍卖

5.2.2　双向拍卖模型假设

林权交易市场由林权需求方、林权供给方和林权交易中心等主体组成。森林资源产权是交易的标的物,供需双方组成了双向拍卖的参与者。作为林权流转交易的服务机构,林权交易中心是双向拍卖模型的设计者,它根据供需双方的报价确定成交价格,具体模型假设如下。

(1)供需双方是风险中性人,双方实现交易后需要支付一定的成本,该成本由交易成本和交易佣金组成,假定为 C_1。为了方便计算,本书借鉴其他学者双边叫价拍卖的机制设计(周朝民 等,2012)。双方在各自报价的过程中充分考虑支付交易成本,令交易成本 C_1 为已知的常数,与无交易成本的情况相比,此时买方叫价需比无交易成本情况时多支付 C_1,所以买方的叫价为无交易成本时的叫价的基础上减去 C_1;同理,卖方需要承担交易成本 C_1,即相比于无交易成本时的叫价,卖方的叫价会提高 C_1,以赚取同样的预期收益。

（2）供需双方对转让林地的估价都是私有信息，供给方转让林权的机会成本为 η，需求方经营林业效益为 V，设定 $\eta \in [0,1]$、$V \in [0,1]$，且服从均匀分布，η、V 属于供需双方的私有信息。供需双方向中心的报价分别为 P_s、P_b，在不完全信息的条件下供需双方决定是否报价。当 $P_s \leqslant P_b$ 时，供需双方实现交易；当 $P_s > P_b$ 时，供需双方未能实现交易。

5.2.3 双向拍卖模型建立

Chatterjee 和 Samuelson(1983)认为交易双方的议价能力是一致的，在此基础上构建了双向拍卖模型，得出成交价格 $P = \dfrac{P_s + P_b}{2}$。本书将两位学者建立的双向拍卖模型进一步延伸，假定双方的成交价格 $P = \lambda P_s + (1-\lambda) P_b$，其中 λ 表示供给方的议价能力，$\lambda \in [0,1]$，λ 越大，表示卖方获得的效益越大（杨森 等，2011；聂力，2013）。林权供给方和需求方的支付函数如式(5-1)和(5-2)所示：

$$U_s = \begin{cases} P - \eta \\ 0 \end{cases} \tag{5-1}$$

$$U_b = \begin{cases} V - P \\ 0 \end{cases} \tag{5-2}$$

假定供给方的出价 P_s 是 η 的函数 $P_s(\eta)$；需求方的出价 P_b 是 V 的函数 $P_b(V)$。在不完全信息的条件下，供需双方的报价策略组合有单一价格均衡策略和线性均衡策略。有研究表明，线性均衡策略在成交效率和期望效益上都高于单一价格均衡策略（侯光明 等，2017）。因此，本书考虑线性均衡策略，对应的供需双方报价函数如式(5-3)和(5-4)所示：

$$P_s(\eta) = \alpha_s + \beta_s \eta + C_1 \tag{5-3}$$

$$P_b(V) = \alpha_b + \beta_b V - C_1 \tag{5-4}$$

其中:$\beta_s>0,\beta_b>0$,即供需双方的报价与估价成正向关系,估价越高,双方的报价越高。由于$\eta\in[0,1]$、$V\in[0,1]$且均匀分布,$P_b(V)$在$[\alpha_b-C_1,\alpha_b+\beta_b-C_1]$区间服从均匀分布,$P_s(\eta)$在$[\alpha_s+C_1,\alpha_s+\beta_s+C_1]$区间服从均匀分布。当$P_s\leqslant P_b$时,供给方的报价低于或等于需求方的报价,供需双方有可能实现交易;当$P_s>P_b$时,供给方的报价均高于需求方的报价,林权流转交易无法实现。令$[P_b^*(V),P_s^*(\eta)]$为模型的最优策略解。

5.2.4 模型求解

根据上述模型建立条件可知,在不完全的信息状态下,供需双方报价策略组合会有多种的贝叶斯均衡,但其中线性策略的价格最有效率,因此下面对该策略进行分析。

5.2.4.1 供给方实现效益最大化

供需双方的成交价格必须满足双方效益最大化的前提,此时双方的交易才会实现。当供给方实现效益最大化时,即供给方的收益符合公式(5-5)最优问题的解:

$$\max_{P_s}\{\lambda P_s+(1-\lambda)E[P_b(V)\mid P_b(V)\geqslant P_s]-\eta\}\times \text{Prob}[P_b(V)\geqslant P_s] \quad (5\text{-}5)$$

其中:$E[P_b(V)\mid P_b(V)\geqslant P_s]$表明供给方的出价低于需求方出价的情况下,供给方预计需求方可能出价的期望;$\text{Prob}[P_b(V)\geqslant P_s]$表示供给方的报价不高于需求方报价的概率,即双方实现交易的可能性。由于V服从均匀分布,且$\beta_b>0$,可求得$\text{Prob}[P_b(V)\geqslant P_s]$如式(5-6)所示:

$$\text{Prob}[\alpha_b+\beta_b V-C_1\geqslant P_s]=1-\text{Prob}[P_b(V)<P_s]$$
$$=\frac{\alpha_b+\beta_b-C_1-P_s}{\beta_b} \quad (5\text{-}6)$$

对应的供给方的期望函数为：

$$E[P_b(V) \mid P_b(V) \geqslant P_s] = \frac{\alpha_b + \beta_b - C_1 + P_s}{2} \quad (5\text{-}7)$$

将上述的公式带入供给方的目标函数：

$$\max_{P_s}\{\lambda P_s + (1-\lambda)E[P_b(V) \mid P_b(V) \geqslant P_s] - \eta\} \times \text{Prob}[P_b(V) \geqslant P_s]$$

$$= [\lambda P_s + (1-\lambda)\frac{P_s + \alpha_b + \beta_b - C_1}{2} - \eta] \times \frac{\alpha_b + \beta_b - P_s - C_1}{\beta_b} \quad (5\text{-}8)$$

为让供给方的效益达到最大化，对供给方的报价 P_s 进行一阶的求导，可得式(5-9)：

$$P_s = \frac{(\alpha_b + \beta_b - C_1)\lambda}{1+\lambda} + \frac{\eta}{1+\lambda} \quad (5\text{-}9)$$

5.2.4.2 需求方实现效益最大化

当需求方实现效益最大化时，即需求方的收益符合式(5-10)最优问题的解：

$$\max_{P_b}\{V - \lambda E[P_s(\eta) \mid P_s(\eta) \leqslant P_b] - (1-\lambda)P_b\} \times$$
$$\text{Prob}[P_s(\eta) \leqslant P_b] \quad (5\text{-}10)$$

其中：$E[P_s(\eta) \mid P_s(\eta) \leqslant P_b]$ 代表需求方出价不低于供给方出价的情况下，需求方预计供给方出价的期望值，$\text{Prob}[P_s(\eta) \leqslant P_b]$ 表示需求方报价不低于供给方报价的概率。同理，$\eta \in [0,1]$ 且均匀分布，那么 $P_s(\eta)$ 在 $[\alpha_s + C_1, \alpha_s + \beta_s + C_1]$ 区间服从均匀分布。根据相关条件，$\text{Prob}[P_s(\eta) \leqslant P_b]$ 如式(5-11)所示：

$$\text{Prob}[\alpha_s + \beta_s\eta + C_1 \leqslant P_b] = \text{Prob}[\eta < \frac{P_b - \alpha_s - C_1}{\beta_s}]$$

$$= \frac{P_b - \alpha_s - C_1}{\beta_s} \quad (5\text{-}11)$$

对应的需求方的期望函数为：

$$E[P_s(\eta) \mid P_s(\eta) \leqslant P_b] = \frac{\alpha_s + C_1 + P_b}{2} \quad (5\text{-}12)$$

将上述公式带入需求方的目标函数,可得:

$$\max_{P_b}[E(U_b)] = \max_{P_b}\left[V - \lambda \frac{P_b + \alpha_s + C_1}{2} - (1-\lambda)P_b - \eta\right] \times$$

$$\frac{P_b - \alpha_s - C_1}{\beta_s} \tag{5-13}$$

对 $P_b(V)$ 进行一阶求导,可得式(5-14):

$$P_b = \frac{(\alpha_s + C_1)(1-\lambda)}{2-\lambda} + \frac{V}{2-\lambda} \tag{5-14}$$

5.2.4.3 线性均衡策略分析

林权流转交易的实现需要满足供需双方利益最大化的条件。因此,将式(5-9)和式(5-14)的结果进行联立,带入均衡的线性策略函数(5-3)和(5-4),可得供需双方报价的一阶函数应当满足式(5-15)~式(5-18)的相关条件:

$$\alpha_s = \frac{\lambda}{2} - C_1 \tag{5-15}$$

$$\alpha_b = \frac{\lambda(1-\lambda)}{2(2-\lambda)} + C_1 \tag{5-16}$$

$$\beta_s = \frac{1}{1+\lambda} \tag{5-17}$$

$$\beta_b = \frac{1}{2-\lambda} \tag{5-18}$$

此时,在满足供需双方利益最大化的条件下,供需双方进行报价的最优策略组合 $[P_b^*(V), P_s^*(\eta)]$ 如式(5-19)和式(5-20)所示:

$$P_s^*(\eta) = \frac{\eta}{1+\lambda} + \frac{\lambda}{2} \tag{5-19}$$

$$P_b^*(V) = \frac{\lambda(1-\lambda)}{2(2-\lambda)} + \frac{V}{2-\lambda} \tag{5-20}$$

由上述结果可知,林权供给方的最优报价 $P_s^*(\eta)$ 与机会成本 η 呈正相关,林权需求方的最优报价 $P_b^*(V)$ 与经营林权的效益呈正相关,即 V 值越高,$P_b^*(V)$ 值也越高。

只有当 $P_s \leqslant P_b$ 时,即 $V \geqslant \dfrac{2-\lambda}{1+\lambda}\eta + \dfrac{\lambda}{2}$ 时,双方才有可能实现交易。因此,根据交易双方的最优报价 $P_s^*(\eta)$ 和 $P_b^*(V)$,林权交易中心确定的最终成交价格如式(5-21)所示:

$$P = \lambda P_s^*(\eta) + (1-\lambda) P_b^*(V) = \frac{1-\lambda}{2-\lambda}V + \frac{\lambda}{2(2-\lambda)} + \frac{\lambda}{1+\lambda}\eta \tag{5-21}$$

在林权流转交易成交的条件下,供给方的效益函数为 $U_s = P - \eta$。由式(5-21)可知 $U_s = \dfrac{(1-\lambda)}{2-\lambda}V + \dfrac{\lambda}{2(2-\lambda)} - \dfrac{1}{1+\lambda}\eta$,结合 $P_s \leqslant P_b$,可得:

$$U_s \geqslant \frac{1-V}{2-\lambda}\lambda \geqslant 0 \tag{5-22}$$

因此,在线性均衡策略下,与选择不交易的情况相比,林权供给方选择交易时的效益将得到提高。

同理,可知林权需求方的效益函数 $U_b = \dfrac{1}{2-\lambda}V - \dfrac{\lambda}{2(2-\lambda)} - \dfrac{\lambda}{1+\lambda}\eta$,且 $P_s \leqslant P_b$,可得:

$$U_b \geqslant \frac{1-\lambda}{1+\lambda}\eta \geqslant 0 \tag{5-23}$$

因此,在线性均衡策略下,与选择不交易的情况相比,林权需求方选择交易时的效益将得到提高。

通过上述模型的推导结果,可以得出相应的结论。

①在线性均衡策略下,供给方的效益函数为 $U_s = P - \eta \geqslant \dfrac{1-V}{2-\lambda}\lambda \geqslant 0$,需求方的效益函数 $U_b \geqslant \dfrac{1-\lambda}{1+\lambda}\eta \geqslant 0$。当且仅当 $P_s \leqslant P_b$ 时,林权供需双方实现

交易有助于提高双方的效益,体现了帕累托最优的效率。此时,林权供需双方分别实现了效益最大化,若要实现林地的规模经营,林权交易市场应当建立有效的双向拍卖机制。

②在线性均衡策略下,交易双方的成交价格 $P = \frac{(1-\lambda)}{2-\lambda}V + \frac{\lambda}{2(2-\lambda)}$ $+ \frac{\lambda}{1+\lambda}\eta$,其中 $\lambda \in [0,1]$,供需双方成交价格的影响因素包含双方的议价能力、供给方的机会成本和需求方的经营效益等。林权供给方的机会成本、需求方经营林地的效益与成交价格之间呈正相关,即供给方经营林业的收入越高,那么供给方的报价就越高,双方的成交价格也就越高;需求方经营林地的效益越高,则其进行高报价的可能性越大,供需双方实现交易的价格就越高。

在交易双方的议价能力相同的情形下,即林权流转交易的参考定价 $\lambda = 1-\lambda = \frac{1}{2}$,此时交易双方的最优报价分别为:

$$P_s^*(\eta) = \frac{2\eta}{3} + \frac{1}{4} \tag{5-24}$$

$$P_b^*(V) = \frac{2V}{3} + \frac{1}{12} \tag{5-25}$$

此时,林权流转交易的成交价格为: $P = \frac{1}{3}V + \frac{1}{3}\eta + \frac{1}{6}$。需求方为了更快地获取林地资源,便可能采取急于实现交易的措施,则其议价能力有所降低;同理,供给方为了更快地转让林地,其议价能力也会有所降低,从而导致供需双方议价能力的不均等。同时,如果供需双方在前期没有进行信息收集,双方就会缺乏充分的了解,容易导致议价能力的降低,从而影响最终的成交价格。

③基于"柠檬市场"的分析。林权流转交易的前提是双方的报价满足 $P_s \leqslant P_b$,即只要林权供给方的报价足够低,双方达成交易的概率就较高,这

就容易产生"柠檬市场"下的逆向选择情况。由于森林资源的特殊性,对应的林地面积较大,不容易核验林木质量,供需双方可能存在信息隐藏行为,从而影响供需双方对林权价值的估计。需求方根据自身对林地的估价判断是否进行交易,当供给方的出价越低,供需双方实现交易的可能性越大。价格高的森林资源想要实现流转交易,需要供给方适当降低报价。如此一来,高质高价的森林资源将会被驱逐出林权交易市场,进而导致市场充斥着低质低价的森林资源,影响林权交易市场的健康发展。

5.3 数值仿真

上一节中,通过模型的理论推导,本书得出供需双方实现交易的均衡价格和效用。下面将通过 Matlab2017a 软件进行数值仿真,并检验理论模型的合理性。

5.3.1 数据来源

具体数据来源详见第三章的调查问卷设计、调查实施和数据收集等过程。农户调研数据显示,有 77 个农户样本通过中心进行了林权流转交易,因此,可以得出林权供给方转让林权的机会成本最低值为 0,最高值为 0.1 万元/亩;由于林业经营周期较长,部分经营者在林权流转后尚未获得收益,经过对流转大户的预期收益进行调研,可以得出林业经营效益最低值为 0,最高值为 0.83 万元/亩。为了保证仿真结果的合理性,本书对供给方的机会成本和需求方经营林业的效益的参数均设置了一定的区间,分别为 $V \in [0, 0.83]$、$\eta \in [0, 0.1]$。由于难以保证客观获取供需双方的议价能力数据,在满足基本假设的前提下,将议价能力随机取值为 0.4 和 0.6。

5.3.2 仿真结果

根据不同参数的设置区间,本书对林权供需双方的成交价格及其影响因素进行仿真,设置 $V=0.1:0.01:0.83$(初始值为 0.1,步长为 0.01,最大值为 0.83),$\eta=0.1:0.01:0.1$(初始值为 0.1,步长为 0.01,最大值为 0.1),将议价能力随机取值为 0.4 和 0.6,观察供需双方的成交价格与议价能力、机会成本和林地收益之间的变化关系。供需双方的成交价格仿真情况如图 5-4 所示。

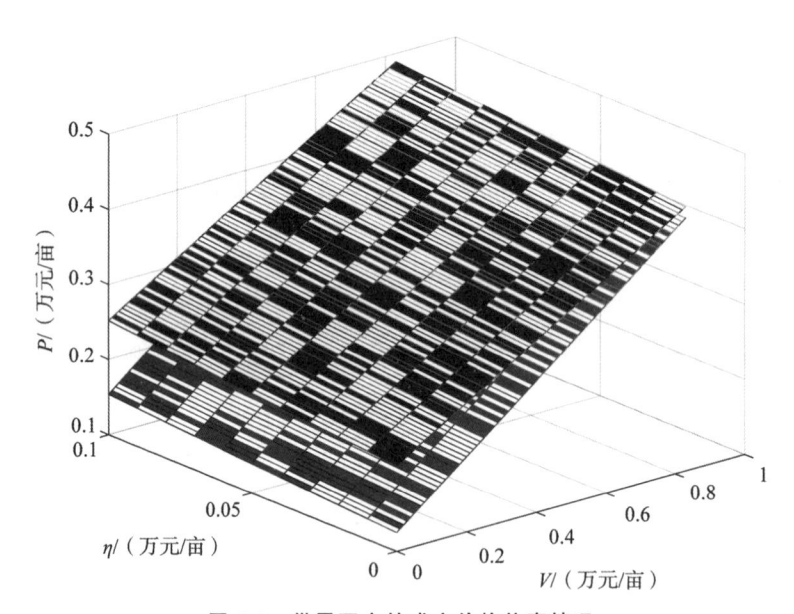

图 5-4　供需双方的成交价格仿真情况

由图 5-4 可知,在线性均衡策略下,供需双方实现交易的成交价格为 $P=\lambda P_s^*(\eta)+(1-\lambda)P_b^*(V)=\dfrac{1-\lambda}{2-\lambda}V+\dfrac{\lambda}{2(2-\lambda)}+\dfrac{\lambda}{1+\lambda}\eta$。双方的成交价格取决于林权供给方的机会成本和需求方经营林地的效益。机会成本与供给方报价呈正相关,即供给方经营林业的收入越高,则供给方的报价就越高,供需双方的成交价格也就越高。需求方经营林地的效益与需求方的报价呈正相关,当需求方认为经营林地的效益越高,则其进行高报价的可能性越大。

下面对供给方和需求方的效益进行仿真,设置 $V=0.1:0.01:0.83$, $\eta=0.1:0.01:0.1$,并将议价能力随机取值为 0.4。根据仿真结果可知,在线性均衡策略下,且满足 $P_s \leqslant P_b$ 的条件,与选择不交易的情况相比,供需双方选择交易时的效益将提高,即 $U_s \geqslant 0$、$U_b \geqslant 0$。供给方效益仿真情况、需求方效益仿真情况如图 5-5 和图 5-6 所示。

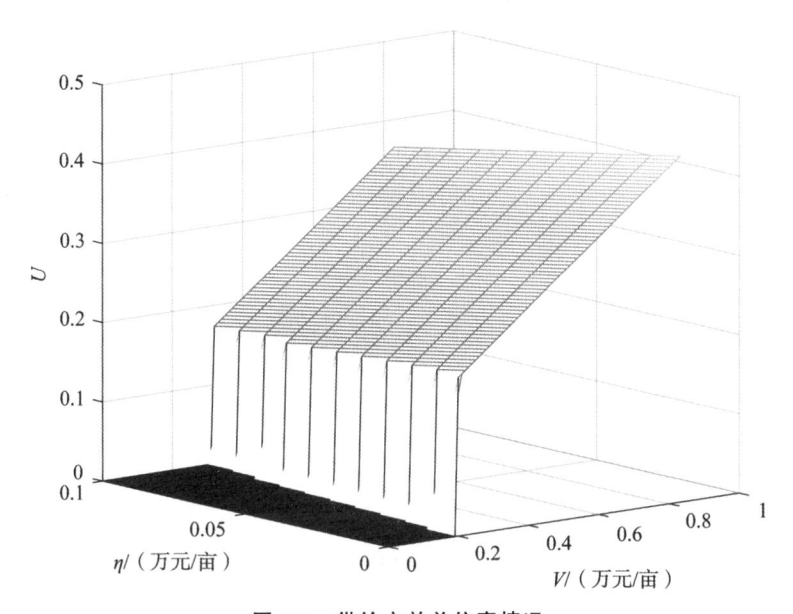

图 5-5 供给方效益仿真情况

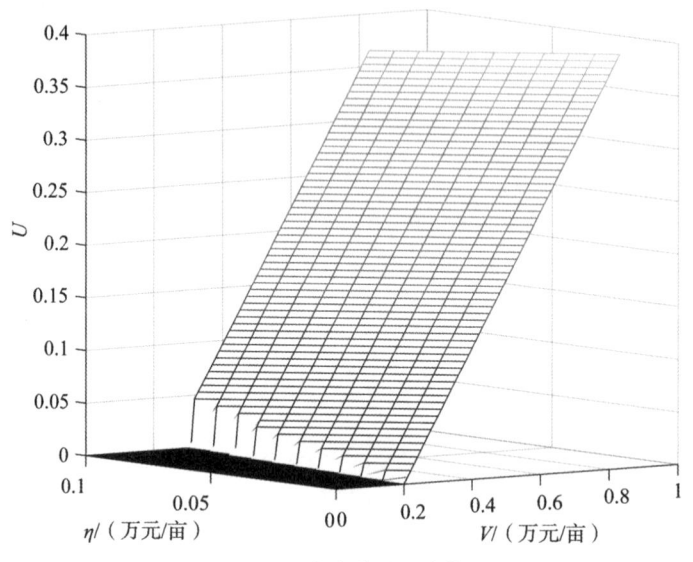

图 5-6　需求方效益仿真情况

5.4　本章小结

本章对南方集体林区林权交易市场的交易方式进行了梳理,得出林权交易中心的交易方式包含协商定价、招投标和拍卖等,但主要以拍卖方式为基础,从而调节和确定市场价格。现阶段,林权交易市场存在"一对一"、"一对多"和"多对多"的市场结构,传统交易方式主要运用在"一对一"和"一对多"的市场结构中。而双向拍卖模型具备较高的价格发现效率,是解决林权流转交易定价问题的重要方法,主要适用于"多对多"的市场结构。因此,本章引入双向拍卖模型对林权流转交易价格进行研究,分析其对市场交易双方的效益和市场效率的影响。

研究表明:(1)在线性均衡策略下,供需双方达成交易有助于提高双方的效益和市场效率。由于林权流转交易促进了林地资源的优化配置,林权交易中心应当建立有效的双向拍卖机制,促进双方参与交易的积极性,从而实现林权流转交易效率的帕累托最优。(2)在线性均衡策略下,林权交易市场供需双方的成交价格 $P=\dfrac{1-\lambda}{2-\lambda}V+\dfrac{\lambda}{2(2-\lambda)}+\dfrac{\lambda}{1+\lambda}\eta$,其中 $\lambda\in[0,1]$,λ 表示需求方的议价能力。供需双方成交价格受到议价能力、供给方的机会成本及需求方的经营效益等因素的影响。当供需双方的议价能力相同时,林权流转交易的成交价格为 $P=\dfrac{1}{3}V+\dfrac{1}{3}\eta+\dfrac{1}{6}$。(3)林权流转交易的前提是供需双方的报价满足 $P_s\leqslant P_b$,即林权供给方的报价足够低,则林权流转交易实现的概率较高,但这样会导致"柠檬市场"下逆向选择现象的发生。

6 林权交易中心的价格协调机制

上一章探讨了林权交易中心的交易机制,并引入了双向拍卖模型解决林权流转交易的定价问题。长期以来,林权交易市场机制建设最重要的一环是定价机制建设。从广义的角度而言,林权流转交易定价不仅包含林权交易价格,而且包含中介平台的服务定价。但目前林权交易中心服务定价制度的缺失极大地制约了供需双方流转的积极性,从而降低了市场的流转效率。

实际上,林权交易中心和供需双方构成了典型的双边市场结构(韩雅清和魏远竹,2017),双边市场平台的定价策略在提高市场的流转效率方面能够发挥作用,这已经在其他相关资源的产权交易市场中得到了充分的验证。当前,林权交易中心的性质主要包括事业单位性质和企业性质两类,因此,本章基于双边市场理论,分析不同类型林权交易中心的定价策略在集体林权流转中的作用机理,为提升林权交易中心的运营效率提供新的研究视角。

6.1 林权交易中心的双边市场特征

双边市场的交易原理是平台向其用户提供有价值的服务,并通过调整定价策略从而吸引更多的双边用户。目前,林权交易中心和供需双方构成的市场不再是单方市场,其具有价格结构非中性、交叉网络外部性和需求互补性等双边市场特性(韩雅清和魏远竹,2017)。此外,林权交易市场的交易对象是森林资源产权,它是由一束权利组成的,因此,林权交易中心具备特有的属性。本节将对林权交易中心的一般属性和特有属性进行分析。

6.1.1 一般属性

6.1.1.1 需求互补性

新一轮林改之后,林权交易中心的交易主体呈现出多元化的特点,不同主体对中心服务的需求存在明显的互补性。林权交易中心的有效运行依赖于供需双方的不同需求,需求方的目的是寻找合适的林地和林木资源,以实现规模化的林业经营效益,因此交易中心应拥有大量的林地和林木资源供给方;供给方的目的是寻找合适的需求方,并以最优的价格出售资源从而获取更多的收益,因此交易中心应拥有大量的林权需求方。

6.1.1.2 交叉网络外部性

林权交易中心和双边用户构成"哑铃式"的结构。同类市场交易主体之间由于竞争产生负向的组内网络外部性;不同类型的交易主体之间产生正向的作用,这是因为平台一边的用户数量直接影响另外一边用户是否选择平台交易的决策。因此,林权供给方是否选择中心交易,不仅取决于需求方的规模大小,而且取决于同类交易主体的数量。供给方的数量越多,需求方通过中心获取森林资源的可能性越大,即通过平台交易产生的效用越高。当需求方的数量较少时,供给方之间可能为了出售林地资源而产生激烈的竞争。同理,需求方的规模越大,对林地和林木的需求量也越多,有助于吸引更多的供给方选择中心交易,从而达到正向的效用。而林权的需求方之间为争夺林地和林木的资源进行竞争,可能会进行高报价,从而有助于提高林权交易价格。

6.1.1.3 价格结构非中性

双边市场下,林权交易中心的价格结构直接影响市场供需双方的参与规模。假定中心的总价格水平为 $P=P_s+P_b$,中心对供需双方的收费价格分别为 P_s 和 P_b。当总价格 P 保持不变时,中心可通过不对称的价格结构吸引更多的交易主体进入市场。而供需双方之间的交叉网络外部性越大,中心定价策略的不对称性越明显。此时,中心的最优价格结构会使交易一方的价格等于或低于边际成本。虽然不对称的定价策略在现实生活中经常存在,但在单边市场中低于成本的定价就是亏损的,而双边市场的不对称定价反映了供需双方的合作程度,所以在双边市场中这种不对称的价格结构是合理的。因此,供需双方之间的交叉网络外部性越强,中心越可能通过低价、免费乃至补贴的措施为其中一边用户提供产品服务,从而获得另外一边的用户。

6.1.2 特有属性

由于林权交易中心的交易对象是具有生态、经济和社会三大效益的林木资产和林地资产,因此,中心不仅具备了双边市场的一般属性,而且具备了与一般平台不同的属性。

6.1.2.1 林权交易中心的供给性

双边市场的科斯定理失效是林权交易中心存在的必要条件,在不依赖平台的前提下,双边用户能够以低成本实现交易,平台便没有存在的意义。由于交易成本和信息不对称等,现实中林权供需双方未能顺畅实现交易,而林权交易中心的出现给予双边用户的便利性,其核心功能是为用户的流转交易提供场所和服务,增大供需双方实现交易的可能性,促进山林资源产权的有序流转,盘活森林资源产权。因此,林权交易中心具备了供给性。

6.1.2.2 交易对象的复杂性

林权流转交易的标的物是森林资源产权。根据相关法律规定,林地和林木归属于不同的所有者,而林木和林地处分权的不统一容易导致多个相关利益主体产生。同时,林木的生长周期比较长,其经济价值无法用某一基准点衡量,而且远期收益权的不确定性较强。因此,森林资源无法和普通商品一样按照标准化的方式衡量价值。

6.2 政府主导下的林权交易中心定价策略

当前,双边市场的价格一般由会员费、交易费或者两者皆有的费用组成(Armstrong,2006;Reisinger,2014;Jiang et al.,2017)。经实地调研得知,当前林权交易中心的收费主要是交易费。基于双边市场的交易原理,本节将对政府主导下的林权交易中心实现利润最大化和社会福利最大化目的的定价策略展开研究。

6.2.1 模型构建

结合双边市场的定价方式,参照相关学者(关江华和黄朝禧,2015)关于双边市场定价策略的研究成果,定价模型构建和推导过程的具体步骤如下。

(1)构建林权交易中心实现利润最大化和市场交易主体福利最大化的理论模型。

(2)推导供需双方实现交易的最优服务定价。

(3)分析林权交易中心实现利润最大化和市场交易主体福利最大化的影响因素。

本节主要提出如下假设。

假设1：林权交易中心有大量的卖方和买方，中心的供给方和需求方的数量分别为 n_s 和 n_b。

假设2：交易平台的双方是多元化的主体，且主体之间存在着组内和交叉的网络外部性。α、β 分别代表供给方对需求方的交叉网络外部性系数和需求方对供给方的交叉网络外部性系数，且 $\alpha>0$，$\beta>0$；γ 为供给方之间的竞争程度，θ 为需求方之间的竞争程度，且 $\gamma>0$，$\theta>0$。

假设3：假定林权交易中心为供需双方提供的服务 V 是一致的；双方通过中心实现交易的价格为 P；中心收取的费用根据双方成交价格的比例确定，分别为 P_1、P_2，其中 $P_2=\lambda_2 P$。供需双方通过中心交易形成的效用分别为 U_1 和 U_2，如式(6-1)和式(6-2)所示：

$$U_1 = V + \beta n_b - \gamma n_s - P_1 \tag{6-1}$$

$$U_2 = V + \alpha n_s - \theta n_b - P_2 \tag{6-2}$$

令中心收益为 π，由于中心为交易双方提供的设施服务、交易场所、人工服务属于沉没成本，为便于计算，假定中心的边际服务成本 f_1、f_2 等于0，对应的中心利润函数如式(6-3)所示：

$$\pi = (P_1 - f_1)n_s + (P_2 - f_2)n_b = P_1 n_s + P_2 n_b \tag{6-3}$$

供需双方通过中心实现流转交易的效用函数可表示成交易的数量，即 $n_s = \varphi(u_1)$、$n_b = \varphi(u_2)$。对应的社会福利函数为 $\omega = \pi + CS_1 + CS_2$，其中，$CS_1$、$CS_2$ 分别代表供给方和需求方的消费者剩余，根据包络定理可得 $CS_i = \varphi(ui)$，$i=s,b$。

6.2.2 模型推导

双边市场理论视角下，林权交易中心的定价策略影响着中心的交易规模、盈利水平和社会福利，因此，下面将构建林权交易中心实现利润最大化和社会福利最大化的定价模型。由于林权交易中心为双边用户付出的单位成本 f_1、f_2 等于 0，将供需双方的效用函数(6-1)、(6-2)代入中心的利润函数(6-3)中，可得利润函数如式(6-4)所示：

$$\pi = (V + \beta n_b - \gamma n_s - U_1) n_s + (V + \alpha n_s - \theta n_b - U_2) n_b \tag{6-4}$$

由于 $n_s = \varphi(u_1), n_b = \varphi(u_2)$，此时，林权交易中心的利润函数为 $\pi = (V + \beta n_b - \gamma n_s - U_1)\varphi(u_1) + (V + \alpha n_s - \theta n_b - U_2)\varphi(u_2)$。要实现平台的利润最大化，则需要对林权交易中心的利润函数进行一阶求导，即 $\frac{\partial \pi}{\partial u_i} = 0, i = 1,2$。此时，供需双方的求导函数分别如式(6-5)和式(6-6)所示：

$$\frac{\partial \pi}{\partial u_1} = [V + \beta\varphi(u_2) - \gamma\varphi(u_1) - U_1]\varphi'(u_1) +$$
$$\varphi(u_1)[-\gamma\varphi'(u_1) - 1] + \alpha\varphi'(u_1)\varphi(u_2) \tag{6-5}$$

$$\frac{\partial \pi}{\partial u_2} = [V + \alpha\varphi(u_1) - \theta\varphi(u_2) - U_2]\varphi'(u_2) +$$
$$\varphi(u_2)[-\theta\varphi'(u_2) - 1] + \beta\varphi(u_1)\varphi'(u_2) \tag{6-6}$$

令式(6-5)和(6-6)的函数分别为 0，可得在中心实现利润最大化的前提下，中心对供需双方的服务定价如式(6-7)和式(6-8)所示：

$$P_1 = \gamma n_s - \alpha n_b + \frac{\varphi(u_1)}{\varphi'(u_1)} \tag{6-7}$$

$$P_2 = \theta n_b - \beta n_s + \frac{\varphi(u_2)}{\varphi'(u_2)} \tag{6-8}$$

在满足社会福利最大化的前提下，对社会福利函数 $\omega = \pi + CS_1 + CS_2$ 进行求导，即 $\frac{\partial \omega}{\partial u_i} = 0, i = 1,2$，如式(6-9)和式(6-10)所示：

$$\frac{\partial \omega}{\partial u_1} = [V + \beta\varphi(u_2) - \gamma\varphi(u_1) - U_1]\varphi'(u_1) + \varphi(u_1)[-\gamma\varphi'(u_1) - 1] +$$
$$\alpha\alpha'\varphi(u_1)\varphi(u_2) + \varphi(u_1) \tag{6-9}$$

$$\frac{\partial \omega}{\partial u_2} = [V + \alpha\varphi(u_1) - \theta\varphi(u_2) - U_2]\varphi'(u_2) + \varphi(u_2)[-\theta\varphi'(u_2) - 1] +$$

$$\beta\varphi(u_1)\varphi'(u_2) + \varphi(u_2) \tag{6-10}$$

令式(6-9)和式(6-10)的函数分别为0,则可得在社会福利最大化的条件下,林权交易中心对供需双方的服务定价如式(6-11)和式(6-12)所示：

$$P_1 = \gamma n_s - \alpha n_b \tag{6-11}$$

$$P_2 = \theta n_b - \beta n_s \tag{6-12}$$

6.2.3 研究结果

为了更加直观地分析双边市场下林权交易中心的定价策略在林权流转中的作用机理,将中心实现利润最大化和社会福利最大化目标的价格结构进行列表分析,如表6-1所示。

表6-1 政府主导下的林权交易中心价格结构

收费模式	利润最大化	社会福利最大化
供需双方支付交易费	$P_1 = \gamma n_s - \alpha n_b + \frac{\varphi(u_1)}{\varphi'(u_1)}$ $P_2 = \theta n_b - \beta n_s + \frac{\varphi(u_2)}{\varphi'(u_2)}$	$P_1 = \gamma n_s - \alpha n_b$ $P_2 = \theta n_b - \beta n_s$

林权交易中心对供需双方的服务定价取决于组内网络外部性和交叉网络外部性的大小。林权交易中心对供需双方的服务定价与交叉网络外部性呈负相关,即 α、β 的值越大,中心对供需双方的服务定价就越低;与供给方之间的竞争程度和需求方之间的竞争程度均呈正相关,即 γ、θ 的值越大,中心对供需双方的服务定价就越高。

假定 $\eta_i = P_i \frac{\varphi'(u_i)}{\varphi(u_i)}$ 表示林权交易中心的需求价格弹性,其中 $i = 1, 2$。在满足林权交易中心实现利润最大化目标的前提下,林权交易中心的价格

结构分别为 $\frac{1}{\eta_1}=\frac{P_1-\gamma n_s+\alpha n_b}{P_1}$、$\frac{1}{\eta_2}=\frac{P_2-\theta n_b+\beta n_s}{P_2}$。当平台的需求价格弹性很大,且供需双方的交叉网络外部性大于组内网络外部性时,中心实现利润最大化的前提是对交叉网络外部性较大的一方采取降费或补贴的措施,从而吸引更多的用户通过中心交易。当供需双方的交叉网络外部性可以忽略不计时,中心实现利润最大化的前提是对组内网络外部性较大的一方提高收费的比例,从而保证市场流转交易处于均衡状态。

将定价式(6-11)、(6-12)和双方的效用式(6-1)、(6-2)联立,可得供需双方的效用函数如式(6-13)和式(6-14)所示:

$$U_1 = V + (\alpha + \beta)n_b - 2\gamma n_s \tag{6-13}$$

$$U_2 = V + (\alpha + \beta)n_s - 2\theta n_b \tag{6-14}$$

在满足社会福利最大化的条件下,供给方的效用与中心的服务水平、供需双方之间的交叉网络外部性和需求方的规模大小呈正相关,与供给方的组内网络外部性和规模大小呈负相关。因此,通过提高中心的服务水平,并扩大供给方的规模,能有效地降低供给方内部的竞争程度,即增强供给方的合作能力,从而提升供给方在交易中的地位。

对于需求方而言,其效用与中心的服务水平、供需双方之间的交叉网络外部性和供给方的规模呈正相关,与需求方的组内网络外部性和规模呈负相关。因此,通过提高中心的服务水平,同时调整需求方的规模,能够帮助需求方实现交易效用的最大化,从而实现需求方的福利最大化。

由林权交易中心实现利润最大化和社会福利最大化的定价公式可知,林权交易中心以林权交易价格为基准调整市场供需双方的规模。林权交易的成交价格与双方支付给中心的服务费用呈负相关,与供需双方的组内网络外部性呈正相关,与供需双方之间的交叉网络外部性呈负相关。因此,林权交易中心通过调节交易费用的比例(即 λ_1、λ_2)来动态调整交易规模;供需双方的组内网络外部性和交叉网络外部性的强弱直接影响林权交易的成交

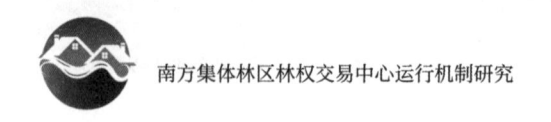

价格,进而影响整个市场的社会福利。

6.3 市场主导下的林权交易中心定价策略

建立常态化的林权交易场所并以此规范和促进林权流转交易,也是未来发展的基本趋势(谢煜 等,2013)。当前,南方集体林区部分地区存在两个及以上相互竞争的林权交易中心,它们以实现平台利益最大化为目的,不同中心的竞争导致无法实现平台之间的信息联动,这极大降低了供需双方交易的匹配效率,从而导致市场交易量较少等问题出现(乔永平,2014)。因此,如何设计高效的定价机制以提高林权交易中心的运营效率,就成为一个亟须解决的问题。早在2018年5月,林业和草原局就提出了要加快推进互联互通的林权流转市场服务平台建设。作为林权交易市场的总枢纽,林权交易中心具有较强的双边市场特征(韩雅清 等,2017)。双边市场情形下,交易平台互联互通的定价策略对平台的运营效率提升有重要的促进作用。但目前,双边市场下互联互通的定价策略研究主要集中在物流平台、网络平台和软件平台等领域,并未涉及林权交易市场领域。因此,本节将分别构建市场主导下的林权交易中心互联互通前后的定价模型,并对比互联互通前后林权交易中心的运营效率,为提升林权交易中心的运营效率提供新的研究视角。

6.3.1 模型构建

假设在南方集体林区的某县级市存在两个林权交易中心为 $k_i(i=1,2)$,它们分布在线段的两端,中心之间通过线性霍特林模型展开竞争。由于市场主体基本可以通过线上的交易方式完成整个林权交易过程,因此,假定双方的转移成本忽略不计。两个中心分别同时向供需双方提供一定的服务，V_1、V_2 分别代表两个中心的服务水平，且 V_1、$V_2 \in [0,1]$。结合实地调研可知，现实中两个中心的服务内容相似程度较高，即不同中心的服务水平 $V_1 = V_2 = V$。假定平台的服务水平 V 足够大，则供需双方至少会选择一个中心进行流转交易。由于森林产权交易的特殊性，假定双方选择平台交易的行为是单归属且标准化的，即为单位 1。

由于供需双方掌握流转交易信息和交易机会的能力有差异，他们对中心的服务偏好程度不一致。令 θ_b 和 θ_s 分别表示需求方和供给方对中心的偏好程度，$\theta_i \in [0,1]$ 且服从均匀分布；需求方和供给方的交叉网络外部效应分别为 α、β，且 $\alpha > 0$，$\beta > 0$。此外，供需双方之间的交叉网络外部性远大于组内网络外部性(曹俊浩，2010；张苏，2017；谭春平 等，2018)。因此，可以忽略双方的组内网络外部性。假定中心采取收取交易费的模式，中心向双方收取的费用为 P_{ik} ($i = b, s; k = 1, 2$)；接入中心 1 和中心 2 的需求方效用分别为 U_{b1}、U_{b2}，而接入中心 1 和中心 2 的供给方效用分别为 U_{s1} 和 U_{s2}。根据相关假设，供需双方选择中心 k($k = 1, 2$)的效用函数分别为：

$$U_{b1} = \theta_b V + \alpha n_{s1} - P_{b1} \tag{6-15}$$

$$U_{b2} = (1 - \theta_b)V + \alpha n_{s2} - P_{b2} \tag{6-16}$$

$$U_{s1} = \theta_s V + \beta n_{b1} - P_{s1} \tag{6-17}$$

$$U_{s2} = (1 - \theta_s)V + \beta n_{b2} - P_{s2} \tag{6-18}$$

在式(6-15)~式(6-18)中，供需双方的效用函数由供需双方之间的交叉网络外部性、供需双方的偏好程度、中心服务水平及中心服务定价费用等因素组成。当 $U_{b1} > U_{b2}$ 和 $U_{s1} > U_{s2}$ 时，供需双方选择中心 1 流转交易；反之，供需双方选择中心 2 流转交易。若 $U_{b1} = U_{b2}$ 和 $U_{s1} = U_{s2}$，则供需双方选择中心 1 和中心 2 流转交易产生的效用是一致的。由于林权交易中心提供硬件和软件服务的成本属于沉没成本，假定中心为供需双方支付的边际服务成本 f_1、f_2 等于 0。在上述定价模型的基础上，下面将对比分析互联互通前后林权

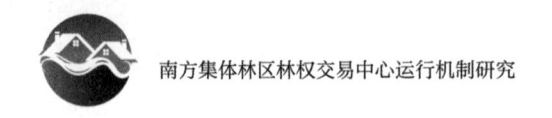

交易中心的运行效率。

6.3.2 模型推导

6.3.2.1 中心互联互通前

在林权交易市场中存在两个相互竞争的林权交易中心,且两个平台并未互联互通。此时,中心提供的服务足够覆盖整个交易市场,并且供需双方采取单平台接入的交易行为,那么供需双方的数量满足 $n_{b1}+n_{b2}=1$、$n_{s1}+n_{s2}=1$。令供需双方选择中心 1 和中心 2 的无差异点分别为 θ_b^*、θ_s^*,可得无差异点 θ_b^*、θ_s^* 上的供需双方效用函数满足以下条件:

$$\theta_b^* V + \alpha n_{s1} - P_{b1} = (1-\theta_b^*)V + \alpha n_{s2} - P_{b2} \tag{6-19}$$

$$\theta_s^* V + \beta n_{b1} - P_{s1} = (1-\theta_s^*)V + \beta n_{b2} - P_{s2} \tag{6-20}$$

根据式(6-19)和式(6-20),求得供需双方的无差异点 θ_b^*、θ_s^* 为:

$$\theta_b^* = \frac{P_{b1}-P_{b2}-2\alpha n_{s1}+\alpha+V}{2V} \tag{6-21}$$

$$\theta_s^* = \frac{P_{s1}-P_{s2}-2\beta n_{b1}+\beta+V}{2V} \tag{6-22}$$

此时,中心 1 供给方和需求方的数量 n_{b1} 和 n_{s1} 分别为:

$$n_{b1} = \frac{V-P_{b1}+P_{b2}-2\alpha n_{s1}-\alpha}{2V} \tag{6-23}$$

$$n_{s1} = \frac{V-P_{s1}+P_{s2}+2\beta n_{b1}-\beta}{2V} \tag{6-24}$$

根据上述公式可得,林权交易中心 1 的用户数量可以用交易费来表示,如式(6-25)和式(6-26)所示:

$$n_{b1} = \frac{V^2-VP_{b1}+VP_{b2}-\alpha P_{s1}+\alpha P_{s2}-\alpha\beta}{2(V^2-\alpha\beta)} \tag{6-25}$$

$$n_{s1} = \frac{V^2-VP_{s1}+VP_{s2}-\beta P_{b1}+\beta P_{b2}-\alpha\beta}{2(V^2-\alpha\beta)} \tag{6-26}$$

在满足 $\theta_b > \theta_b^*$ 和 $\theta_s > \theta_s^*$ 的条件时,供需双方才会选择中心 1 或中心 2。此时,中心 1 和中心 2 的利润函数 π_1、π_2 分别为:

$$\pi_1 = P_{b1} n_{b1} + P_{s1} n_{s1} \tag{6-27}$$

$$\pi_2 = P_{b2} n_{b2} + P_{s2} n_{s2} \tag{6-28}$$

虽然林权交易中心具备一定的社会公益服务功能,但其性质属于经济组织。因此,在现实中,中心 1 和中心 2 需要遵循利润最大化的原则制定平台运营策略。供需双方的数量满足 $n_{b1} + n_{b2} = 1$、$n_{s1} + n_{s2} = 1$,分别对中心 1 和中心 2 的利润函数 π_1、π_2 求偏导,如式(6-29)~式(6-32)所示:

$$\frac{\partial \pi_1}{\partial P_{b1}} = \frac{V^2 - 2VP_{b1} + VP_{b2} - \alpha P_{s1} - \beta P_{s1} + \alpha P_{s2} - \alpha \beta}{2(V^2 - \alpha \beta)} \tag{6-29}$$

$$\frac{\partial \pi_1}{\partial P_{s1}} = \frac{V^2 - 2VP_{s1} + VP_{s2} - \alpha P_{b1} - \beta P_{b1} + \beta P_{b2} - \alpha \beta}{2(V^2 - \alpha \beta)} \tag{6-30}$$

$$\frac{\partial \pi_2}{\partial P_{b2}} = \frac{V^2 - 2VP_{b2} + VP_{b1} - \alpha P_{s2} - \beta P_{s2} + \alpha P_{s1} - \alpha \beta}{2(V^2 - \alpha \beta)} \tag{6-31}$$

$$\frac{\partial \pi_2}{\partial P_{s2}} = \frac{V^2 - 2VP_{s2} + VP_{s1} - \alpha P_{b2} - \beta P_{b2} + \beta P_{b1} - \alpha \beta}{2(V^2 - \alpha \beta)} \tag{6-32}$$

令上述公式分别为 0 并进行联立,在满足 $V > \alpha$ 且 $V > \beta$ 的条件下,可得中心 1 和中心 2 的最优定价分别为:

$$P_{b1} = P_{b2} = V - \beta \tag{6-33}$$

$$P_{s1} = P_{s2} = V - \alpha \tag{6-34}$$

经过上述推导,可得出以下结论。

结论 1:在供需双方单平台接入行为下,中心 1 和中心 2 向供给方收取相同的交易费用 $V - \alpha$,向需求方收取相同的交易费用 $V - \beta$。因此,中心向供需双方收取的费用取决于中心的服务水平和供需双方之间的交叉网络外部性,即中心服务水平越高,对应的收费水平也越高;供需双方之间的交叉网络外部性和中心的定价呈负相关,即供需双方之间的交叉网络外部性越强,中心收取的费用越低;在满足 $\alpha > \beta$ 的条件下,中心将对交叉网络外部性更强的一方收取更高的交易费用,即 $P_{b1}=P_{b2}>P_{s1}=P_{s2}$。

将式(6-33)和式(6-34)代入 $n_{b1}+n_{b2}=1$、$n_{s1}+n_{s2}=1$,可得中心 1 和中心 2 的用户数量为:

$$n_{b1}=n_{b2}=n_{s1}=n_{s2}=\frac{1}{2} \tag{6-35}$$

结论 2:在供需双方单平台接入行为下,中心 1 和中心 2 的市场规模与中心的服务水平、供需双方之间的交叉网络外部性之间无直接关系,中心 1 和中心 2 将各自占有一半的市场用户。

将式(6-33)、式(6-34)、式(6-35)代入利润函数公式(6-27)和(6-28)中,可得中心 1 和中心 2 的利润函数为:

$$\pi_1=\pi_2=\frac{2V-(\alpha+\beta)}{2} \tag{6-36}$$

结论 3:在供需双方单平台接入行为下,中心 1 和中心 2 将获得相同的利润。此时,中心的利润与服务水平呈正相关,与供需双方之间的交叉网络外部性呈负相关。因此,当中心 1 和中心 2 无互联互通时,中心需要提高自身的服务水平和减弱供需双方之间的交叉网络外部性,从而实现更高的效益。

6.3.2.2 中心互联互通后

假定两个林权交易中心之间能够完全实现兼容,当供给方、需求方在中心 1 没有相匹配的交易对象时,可通过中心 2 找到合适的交易对象,且保证达成交易。此时,令供需双方在中心 1 和中心 2 的匹配程度分别为 λ_1、λ_2,其中,$\lambda_1 \in [0,1]$,$\lambda_2 \in [0,1]$。供需双方选择中心 1 和中心 2 的效用函数分别如式(6-37)~式(6-40)所示:

$$U_{b1}=\theta_b V+\alpha(n_{s1}+n_{s2})-P_{b1} \tag{6-37}$$

$$U_{b2}=(1-\theta_b)V+\alpha(n_{s1}+n_{s2})-P_{b2} \tag{6-38}$$

$$U_{s1}=\theta_s V+\beta(n_{b1}+n_{b2})-P_{s1} \tag{6-39}$$

$$U_{s2} = (1-\theta_s)V + \beta(n_{b1}+n_{b2}) - P_{s2} \quad (6\text{-}40)$$

同理，θ_b^*、θ_s^* 为供需双方选择中心的无差异点，由此可知，在满足无差异点 θ_b^*、θ_s^* 的条件下，供需双方的效用函数为：

$$\theta_b^* V + \alpha(n_{s1}+n_{s2}) - P_{b1} = (1-\theta_b^*)V + \alpha(n_{s1}+n_{s2}) - P_{b2} \quad (6\text{-}41)$$

$$\theta_s^* V + \beta(n_{b1}+n_{b2}) - P_{s1} = (1-\theta_s^*)V + \beta(n_{b1}+n_{b2}) - P_{s2} \quad (6\text{-}42)$$

由式（6-41）和式（6-42）可得无差异点 θ_b^* 和 θ_s^* 分别为：

$$\theta_b^* = \frac{P_{b1}-P_{b2}+V}{2V} \quad (6\text{-}43)$$

$$\theta_s^* = \frac{P_{s1}-P_{s2}+V}{2V} \quad (6\text{-}44)$$

由于中心实现互联互通之后，平台的交易费用结构产生了变化，由本平台的交易费用和跨平台的交易费用等相关部分组成，此时中心 1 和中心 2 的利润函数分别为：

$$\pi_1 = P_{b1}n_{b1} + P_{s1}n_{s1} + (1-\lambda_2)(P_{b1}n_{b2}+P_{s1}n_{s2}) = P_{b1}(1-\theta_b^*) +$$
$$P_{s1}(1-\theta_s^*) + (1-\lambda_2)(P_{b1}\theta_b^* + P_{s1}\theta_s^*) \quad (6\text{-}45)$$

$$\pi_2 = P_{b2}n_{b2} + P_{s2}n_{s2} + (1-\lambda_1)(P_{b2}n_{b1}+P_{s2}n_{s1}) = P_{b2}\theta_b^* +$$
$$P_{s2}\theta_s^* + (1-\lambda_1)[P_{b2}(1-\theta_b^*) + P_{s2}(1-\theta_s^*)] \quad (6\text{-}46)$$

要使上述利润函数有最优解，应当对利润函数中的价格进行一阶求导，如式（6-47）～式（6-50）所示：

$$\frac{\partial \pi_1}{\partial P_{b1}} = \frac{(2-\lambda_2)V + \lambda_2(P_{b2}-2P_{b1})}{2V} \quad (6\text{-}47)$$

$$\frac{\partial \pi_1}{\partial P_{s1}} = \frac{(2-\lambda_2)V + \lambda_2(P_{s2}-2P_{s1})}{2V} \quad (6\text{-}48)$$

$$\frac{\partial \pi_2}{\partial P_{b2}} = \frac{(2-\lambda_1)V + \lambda_1(P_{b1}-2P_{b2})}{2V} \quad (6\text{-}49)$$

$$\frac{\partial \pi_2}{\partial P_{s2}} = \frac{(2-\lambda_1)V + \lambda_1(P_{s1}-2P_{s2})}{2V} \quad (6\text{-}50)$$

为了方便分析,假设 $\lambda_1=\lambda_2=\lambda$,令式(6-47)~(6-50)为 0,可得中心 1 和中心 2 实现利润最大化的定价为:

$$P_{b1}=P_{b2}=P_{s1}=P_{s2}=\frac{(2-\lambda)V}{\lambda} \tag{6-51}$$

结论 4:在中心实现互联互通之后,中心 1 和中心 2 分别向供需双方收取相同的交易费用 $\frac{(2-\lambda)V}{\lambda}$。此时,中心的定价与服务水平、搜寻匹配效率等有关。中心的服务水平越高,对应的收费水平也越高;搜寻匹配效率与中心的定价呈负相关,中心之间的搜寻匹配程度越高,其收取的费用就越低。

将最优定价 P_{b1}、P_{b2}、P_{s1}、P_{s2} 代入无差异点 θ_b^* 和 θ_s^* 的公式,可得中心 1 和中心 2 的用户数量为:

$$n_{b1}=n_{b2}=n_{s1}=n_{s2}=\frac{1}{2} \tag{6-52}$$

结论 5:中心 1 和中心 2 实现互联互通之后,两个中心的用户数量与中心的服务水平、供需双方之间的交叉网络外部性之间无直接关联。

将式(6-51)、式(6-52)代入式(6-45)、式(6-46),可得中心 1 和中心 2 的利润水平为:

$$\pi_1=\pi_2=\frac{(2-\lambda)^2V}{\lambda} \tag{6-53}$$

结论 6:中心 1 和中心 2 实现利润最大化时,中心的利润水平与服务水平呈正相关,此时,中心 1 和中心 2 会谋求共同发展,从而获取更多的利润。中心的搜寻匹配效率和其利润水平呈负相关。

6.3.3 研究结果

为了更好地比较双边市场下林权交易中心互联互通前后的运行效率,本书将互联互通前后林权交易中心的最优定价和利润进行对比,具体情况如表 6-2 所示。

表 6-2 市场主导下的林权交易中心互联互通前后对比

	互联互通前	互联互通后
平台定价	$P_{b1}=P_{b2}=V-\beta$ $P_{s1}=P_{s2}=V-\alpha$	$P_{b1}=P_{b2}=P_{s1}=P_{s2}=\dfrac{(2-\lambda)V}{\lambda}$
利润最大化	$\pi_1=\pi_1=\dfrac{2V-(\alpha+\beta)}{2}$	$\pi_1=\pi_2=\dfrac{(2-\lambda)^2 V}{\lambda}$

主要研究结果如下。

(1) 无论中心是否建立互联互通的制度，其服务水平与定价、利润水平均呈正相关。中心 1 和中心 2 实现互联互通后，中心的定价和利润水平比互联互通前有所提高。

(2) 中心互联互通前，供需双方之间的交叉网络外部性与中心的定价和利润水平均呈负相关。由于供需双方之间的交叉网络外部性直接影响平台的交易规模，因此，中心需要以较低的价格吸引更多的交易主体，但低价策略阻碍了中心利润水平的提高。中心互联互通后，供需双方之间的交叉网络外部性与中心的定价和利润水平均无直接关联。这是因为市场交易双方的数量足够大而且中心之间采取兼容的策略，所以供需双方之间的交叉网络外部性被抵消。

(3) 中心实现互联互通之后，其搜寻匹配效率与中心的定价、利润水平均呈负相关。中心 1 的流转交易规模越大，其通过其他平台搜寻匹配用户的概率就越低，即 λ 的值越小。此时，中心 1 收取的服务费用就越高，其利润水平也就越高。

6.4 数值仿真

上文推导了双边市场理论视角下不同类型林权交易中心的定价策略，

然而这些推导与实际情况是否匹配？本节中，本书设置了不同模型参数的取值范围，并运用Matlab2017a软件进行数值仿真，从而更好地验证理论定价模型的合理性。

6.4.1 数据来源

数值仿真需要真实的数据，具体的数据来源详见第三章。根据专家问卷的调查结果，可得供给方对需求方的交叉网络外部性和需求方对供给方的交叉网络外部性的区间是一致的，最大值为0.8，最小值为0.4，因此设定 $\alpha,\beta \in [0.4,0.8]$。供给方之间的竞争程度最小值为0.4，最大值为1，因此设定 $V \in [0,1]$。需求方之间的竞争程度最小值为0.2、最大值为1，设定 $V \in [0,1]$。由于部分地区林权交易中心的流转交易数据存在缺失的现象，而福建省三明市沙县林权交易中心每年流转交易数量的数据可得且比较稳定。因此，本书最终选取沙县林权交易中心交易数量的平均值表示 n_b 和 n_s，年均交易数量为43笔。由于部分变量难以通过调研获取，因此同时将 $\frac{\varphi(u_1)}{\varphi'(u_1)}$ 和 $\frac{\varphi(u_2)}{\varphi'(u_2)}$ 随机取值为0.1和1。在满足基本假设的条件下，对林权交易中心的服务水平和搜寻匹配程度随机设置一定的区间，即 $V \in [0,1]$ 和 $\lambda \in [0,1]$。

6.4.2 仿真结果

6.4.2.1 政府主导下的林权交易中心的定价策略仿真结果

在满足林权交易中心实现利润最大化目标的前提下，假定 $\alpha = 0.4:0.01:0.8$（初始值为0.4，步长为0.01，最大值为0.8），$\gamma = 0.4:0.01:1$（初始值为0.4，步长为0.01，最大值为1），$\frac{\varphi(u_1)}{\varphi'(u_1)}$ 和 $\frac{\varphi(u_2)}{\varphi'(u_2)}$ 为0.1和1，交易

数量n_b和n_s为43。中心对供给方的服务定价模拟结果如图6-1所示。从图中可知,林权交易中心对供给方的服务定价与供需双方的组内和交叉网络外部性等因素存在相关性,其中,供给方对需求方的交叉网络外部性α值越大,林权交易中心对供给方的服务定价越低,即P_1值越小。当供需双方的交叉网络外部性远大于组内网络外部性时,中心会对供给方采取降费或补贴措施,从而减少供需双方的福利损失;供给方之间的竞争程度越高,即γ值越大,中心对供给方的服务定价越高。

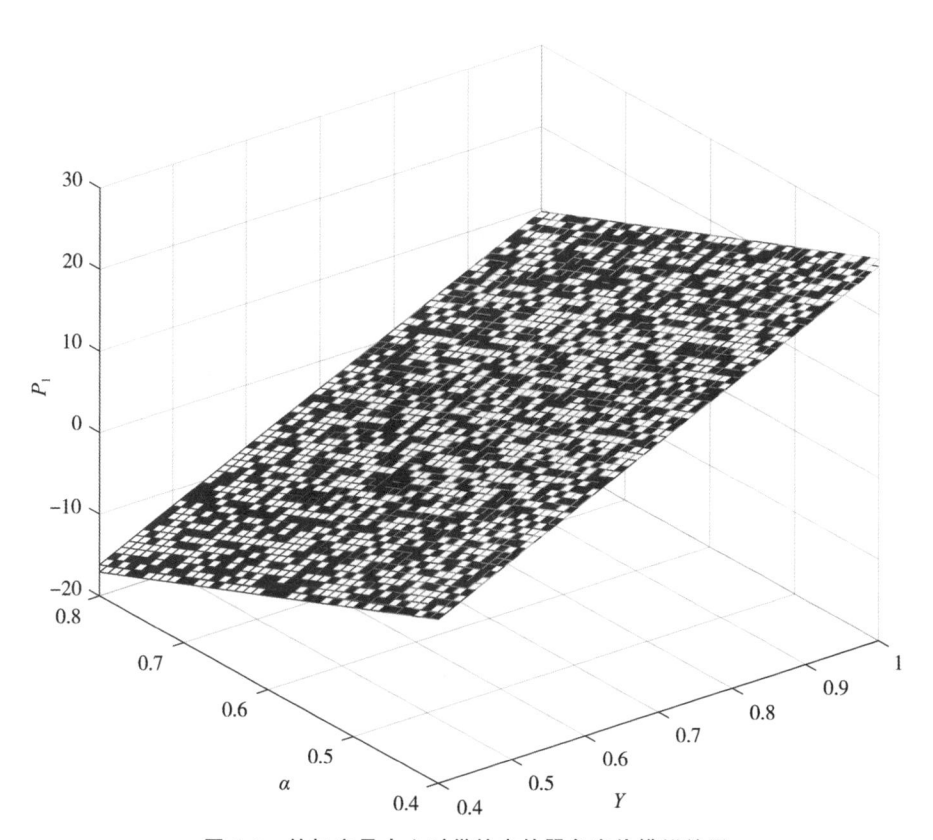

图6-1 林权交易中心对供给方的服务定价模拟结果

假定$\theta=0.2:0.01:1$(初始值为0.2,步长为0.01,最大值为1),$\beta=0.4:0.01:0.8$(初始值为0.4,步长为0.01,最大值为0.8),$\dfrac{\varphi(u_1)}{\varphi'(u_2)}$、$\dfrac{\varphi(u_2)}{\varphi'(u_2)}$

为 0.1 和 1,交易数量 n_b 和 n_s 为 43。中心对需求方的服务定价模拟结果如图 6-2 所示。从图中可知,林权交易中心对需求方的服务定价分别与供需双方的组内和交叉网络外部性等因素存在相关性。当供需双方的交叉网络外部性忽略不计时,中心为实现利润最大化,便会对组内网络外部性较强的一方提高收费的比例,即需求方之间的竞争越激烈,林权交易中心对需求方的服务定价就越高,从而保证市场流转交易处于均衡状态;需求方对供给方的交叉网络外部性和中心的服务定价成负相关。

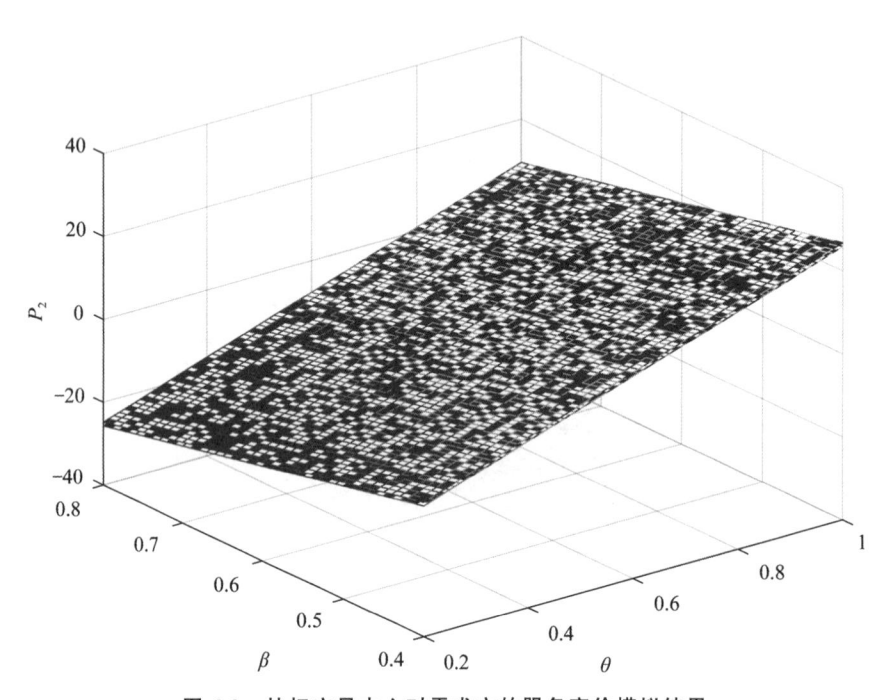

图 6-2 林权交易中心对需求方的服务定价模拟结果

在满足社会福利最大化的条件下,设定 $\alpha=0.4:0.01:0.8$, $\gamma=0.4:0.01:1$,交易数量为 43。林权交易中心对供给方的服务定价模拟结果如图 6-3 所示。根据图 6-3 可知,林权交易中心对供给方的服务定价与供给方之间的组内网络外部性呈正相关;供给方对需求方的交叉网络外部性 α 值越大,中心对供给方的服务定价就越低。

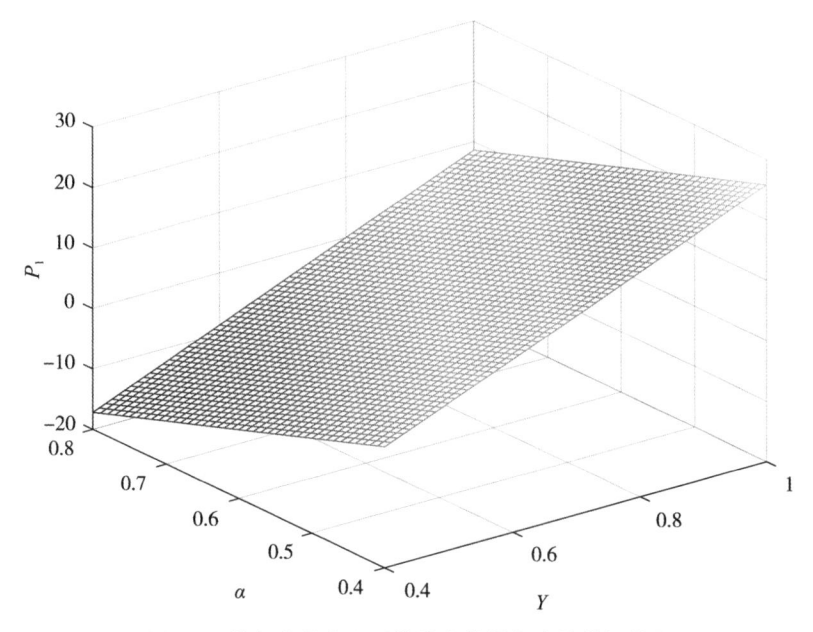

图 6-3　林权交易中心对供给方的服务定价模拟结果

设定 $\beta=0.4:0.01:0.8$，$\theta=0.2:0.01:1$，交易数量为 43。根据图 6-4 可知,在满足社会福利最大化的条件下,随着需求方对供给方的交叉网络外部性 β 值的增大,林权交易中心对需求方的服务定价 P_2 降低,而需求方

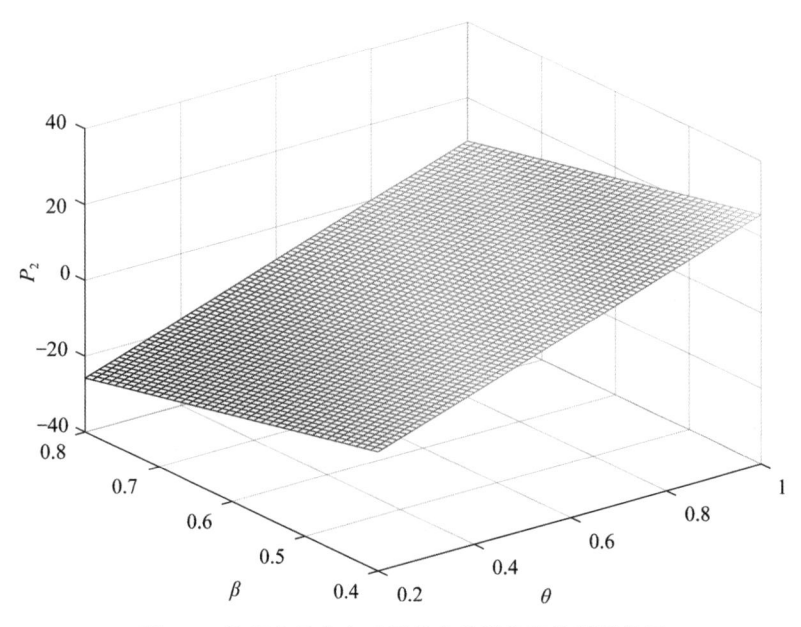

图 6-4　林权交易中心对需求方的服务定价模拟结果

之间为争夺有限的林地和林木资源而展开激烈的竞争,竞争程度越高林权交易中心对需求方的服务定价P_2就越高。

6.4.2.2 市场主导下的林权交易中心的定价策略仿真结果

中心 1 和中心 2 互联互通前,平台的最优定价分别为 $P_{b1}=P_{b2}=V-\beta$、$P_{s1}=P_{s2}=V-\alpha$。分别对供给方和需求方进行仿真条件设置,$\alpha=0.4$:0.01:0.8(初始值为 0.4,步长为 0.01,最大值为 0.8),$\beta=0.4$:0.01:0.8(初始值为 0.4,步长为 0.01,最大值为 0.8),$V=0.1$:0.01:1(初始值为 0.1,步长为 0.01,最大值为 1)。中心互联互通前对需求方的服务定价模拟结果和中心互联互通后对供给方的服务定价模拟结果分别如图 6-5 和图 6-6 所示。根据图 6-5 和图 6-6 可知,在满足 $V>\alpha$ 且 $V>\beta$ 的条件下,中心的定价水平与其服务水平呈正相关,即中心的服务水平越高,其收取的费用就越高;供需双方之间的交叉网络外部性和中心的定价水平呈负相关,即供需双方之间的交叉网络外部性越强,中心收取的费用就越低。在满足 $\alpha>\beta$、$V>\alpha$ 且 $V>\beta$ 的条件下,即 $P_{b1}=P_{b2}>P_{s1}=P_{s2}$,交叉网络外部性更强的一方需要向中心缴纳的服务费用更多。

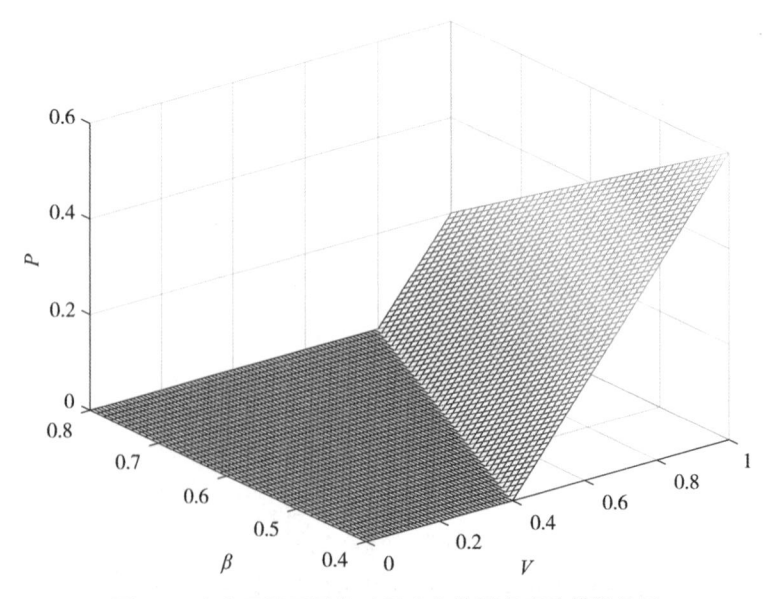

图 6-5 中心互联互通前对需求方的服务定价模拟结果

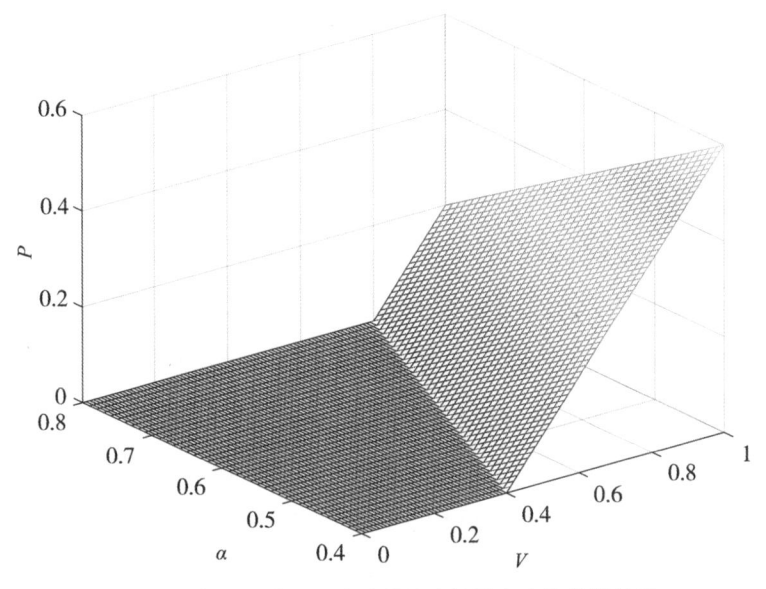

图 6-6 中心互联互通前对供给方的服务定价模拟结果

中心 1 和中心 2 互联互通前,对中心的利润函数进行条件设置,由于 $\beta \in [0.4, 0.8]$,令 β 的值分别为 0.4 和 0.8,$\alpha = 0.4 : 0.01 : 0.8$,$V = 0.1 : 0.01 : 1$。中心互联互通前利润情况的模拟结果如图 6-7 所示。由图 6-7 可

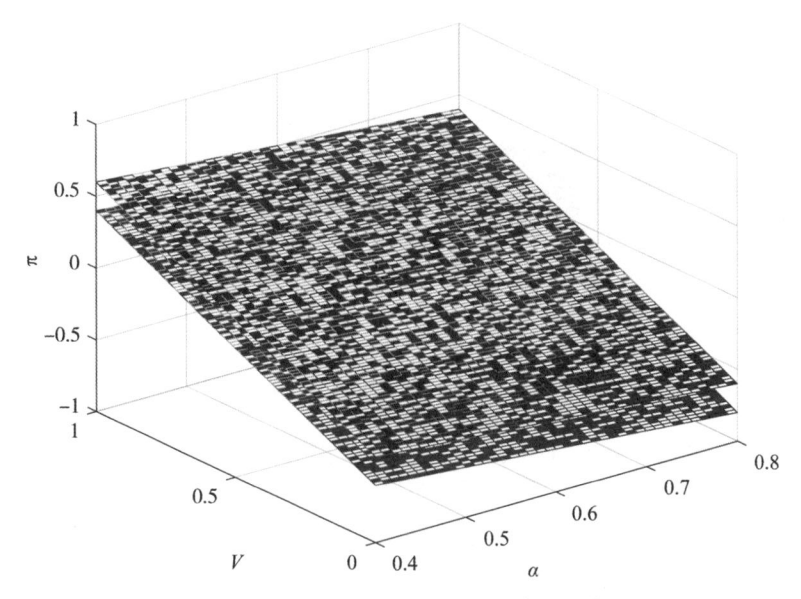

图 6-7 中心互联互通前交易中心利润情况的模拟结果

知,中心 1 和中心 2 互联互通前,利润水平是相同的,并与服务水平呈正相关,即中心的服务水平越高,越能吸引更多的交易主体选择平台,利润水平就越高;供需双方之间的交叉网络外部性越强,中心的利润水平就越低。

中心 1 和中心 2 实现互联互通之后,对中心的定价条件进行设置,令 $\lambda=0.1:0.01:1$(初始值为 0.1,步长为 0.01,最大值为 1),$V=0.1:0.01:1$(初始值为 0.1,步长为 0.01,最大值为 1)。中心互联互通后定价情况的模拟结果如图 6-8 所示。根据图 6-8 可知,中心实现互联互通之后,中心的定价水平与服务水平、搜寻匹配效率有相关性。中心的服务水平越高,收取的服务费用也越高;一中心通过其他中心搜寻匹配交易方的概率越低,即 λ 值越小,则该中心收取的服务费用越高。

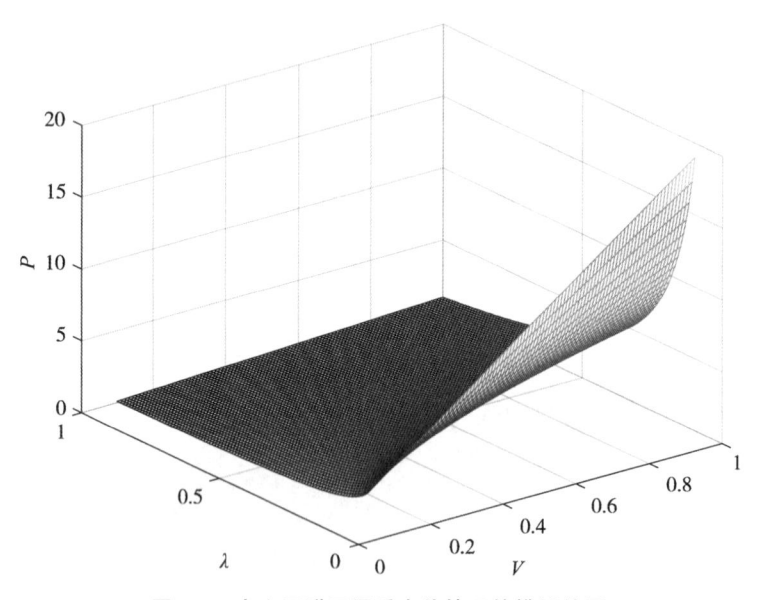

图 6-8 中心互联互通后定价情况的模拟结果

中心 1 和中心 2 实现互联互通之后,对利润函数的相关参数进行条件设置,即 $\lambda=0.1:0.01:1$,$V=0.1:0.01:1$,并进行数值仿真。中心互联互通后利润情况的模拟结果如图 6-9 所示。根据图 6-9 可知,中心 1 和中心 2 实现互联互通之后,中心的服务水平、搜寻匹配效率对其利润水平产生一定的影响。中心的服务水平越高,其实现的利润水平越高;一中心的搜寻匹配效率越高,其需向其他中心缴纳的服务费用越高,从而导致其自身的利润水平下降。

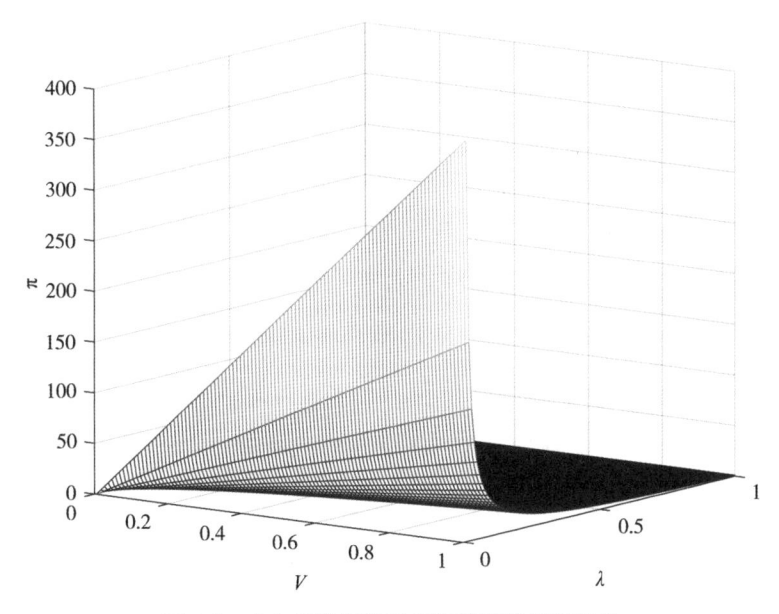

图 6-9 中心互联互通后利润情况的模拟结果

6.5 本章小结

针对现阶段林权交易中心的服务定价制度欠缺的问题,结合双边市场交易原理,本章构建了不同类型的林权交易中心定价模型,分别研究了政府主导下的林权交易中心实现利润最大化和社会福利最大化的价格结构,以及市场主导下的林权交易中心互联互通前后的定价策略,具体研究结论如下。

(1)政府主导下的林权交易中心定价策略的影响因素是多方面的,主要包含市场供需双方的规模、供需双方的组内和交叉网络外部性等。林权交易中心可通过调节交易费用的定价比例(即λ_1、λ_2)来动态调整市场交易规模。供需双方组内网络外部性和交叉网络外部性的强弱会影响林权交易价格,进而影响整个市场的社会福利。在现有政策环境条件下,通过建立和完善政府主导的林权流转交易双边市场,可有效降低流转交易的风险,从而实现供需双方的效用最大化。

(2)市场主导下的林权交易中心建立互联互通制度有助于扩大市场交易对象的匹配范围,优化森林资源配置。无论中心是否建立互联互通的制度,中心的服务水平与其定价和利润水平均呈正相关。中心互联互通前,供需双方之间的交叉网络外部性与中心的定价和利润水平均呈负相关。中心实现互联互通之后,中心的定价和利润水平比互联互通前有所提高,搜寻匹配效率与中心的定价和利润水平均呈负相关,而供需双方之间的交叉网络外部性与中心的定价和利润水平均无直接关联。

7 国内典型林权交易中心构建经验借鉴

作为集体林权制度改革的关键环节,建立健全的林权交易市场不仅可以为市场交易主体搭建流转交易的平台,而且也可以提供具体的交易场所和配套服务。为促进南方集体林区林权交易市场的快速发展,经过系统搜集和整理全国其他地区林权交易市场的相关资料,本章重点选择中国林业产权交易所、天津林权流转交易中心、沈阳林权交易中心以及内蒙古林权交易中心作为典型案例,通过对这些交易中心的发展历程、业务范围、创新经验等方面的深入分析,为完善南方集体林区林权交易中心的运行机制提供经验借鉴。

7.1 中国林业产权交易所建设的主要做法

中国林业产权交易所(以下简称"中林所")是全国范围内林权和森林资源交易的重要市场平台,成立于2009年。中林所是国内首家从事全国生态资源要素类交易的服务机构,其运营模式和组织结构符合国有控股的公司制标准,拥有完整的公司制法人治理结构。该交易所的股东阵容强大,包括北京产权交易所、中国光大投资、中国林业集团、中国园林工程公司、大兴安岭集团和内蒙古森工集团等。为确保交易的公开、公平和公正,目前该交易所采用会员管理制,通过经纪机构代理交易,不直接受理买卖双方的产权交易项目。中林所得以有效运行的主要原因如下。

(1)制定清晰的发展策略,专注于为市场主体提供专业化的服务

中林所的核心业务比较广泛,主要围绕要素、产权和商品三个关键领域展开,涵盖了林权流转,森林碳汇交易,活立木、木材和林业产品的大宗交易,等等多元化业务。同时,中林所还致力于提供全国范围内的林木林地交易信息查询服务,为林业相关企业提供金融与国际业务服务,并承担林业中间业务介绍服务和专业培训服务等,从而为林权交易市场的可持续发展提供全方位的服务支持。

首先,在林权流转交易方面,中林所定期汇集和公开发布林权流转交易和林木交易市场行情等相关信息,并组织竞价委托和协议流转等活动,以促进林权的合理流动和优化配置。同时,中林所依托先进的电子商务平台,并借助现货挂牌、竞买竞卖、中远期交易等多种交易模式,将标准化的林业生产资源与多元化交易机制相整合,以满足市场的多样化需求。

其次,中林所精心组建经验丰富的招投标会员团队和森林资源评估会员团队,为林权交易活动提供招投标(评审)、拍卖、网络竞价和评估等服务,以确保交易活动的公正性和专业性。

再次,中林所专注于银行授信、生态资源资产抵押第三方托管等业务,成功推出了一系列与生态资源紧密相关的金融产品,并拓展生态资源类产权交易、生态资源类企业上市孵化、海外森林资源收购与服务、国际生态产品贸易服务以及国际生态资源项目并购等业务。这些举措不仅增强了中林所在国内市场上的影响力,更为其在国际市场上赢得了广泛的认可和赞誉。

最后,中林所长期致力于提升林业从业人员的专业素养和技能水平,通过提供会员认证培训、林业专业培训、森林资源评估师的认证培训等专业化服务,帮助市场主体不断提升自身的专业能力和水平。通过这些专业化的服务,中林所不仅为客户提供了全方位的支持和帮助,还进一步巩固了其在林业产权交易领域的领先地位。

(2)制定标准化的交易操作规则,确保林权流转交易规范化

中林所突破了原有部门规章的限制,先后发布了一系列详细的细则文件,为林权进场交易提供制度保障和操作依据。

首先,为确保林权交易的顺利进行和市场交易主体权益得到充分的保障,中林所出台了《中国林业产权交易所活立木交易规则(试行)》,明确了市场交易的主体和方式。在此基础上,中林所进一步出台了《中国林业产权交易所活立木交易动态报价实施办法(试行)》和《中国林业产权交易所活立木交易网络竞价实施办法(试行)》,规范动态报价活动,确保市场报价的公正、公平和透明。这些交易规则和办法的出台,为我国林权交易市场的健康发展奠定了坚实的基础。就交易的网络竞价而言,其主要包括自由报价期和限时报价期两个阶段。在自由报价期结束后,交易系统会自动进入限时报价期,此阶段由多个限时报价周期共同组成,且每个限时报价周期的时长至少为120秒。同时,标的信息在中林所网站及其指定发布渠道的公示时间不少于5个工作日。在公示期间,竞买人可以通过指定的网络竞价系统进行报价。最终,以高于成交底价的最高报价方为受让方。整个林权交易流程设计得严谨且合理,保证了交易的公正和透明。

其次,为了规范交易服务费,中林所先后出台了《中国林业产权交易所活立木交易服务收费办法(试行)》和《中国林业产权交易所林权交易保证金操作细则》。根据相关服务收费办法,中林所可以向转让方和受让方收取咨询服务、信息披露服务和交易撮合等方面的服务费用,以交易成交价格为基数,单笔单向收费比率为0.5%。如果单笔单向交易服务费不足2000元,则统一按2000元计算。同时,根据保证金操作细则,林权交易主体需要遵守市场规则和约定,在发生违规违约行为时需提供经济保证措施。如果转让方选择全权委托林交所会员代理交易,并提供林权证等相应证明,可免缴相应的保证金。未选择全权委托的转让方则需要按照标准缴纳保证金,以维护林权交易市场的规范秩序。

(3)致力于增强交易平台的核心竞争力

凭借在林权交易市场的独特资源信息优势和公司化运作的体制优势,中林所致力于引领林业产业向更高层次的资产经营和资本经营转型,以实现更高效益和竞争力的提升。中林所的核心竞争力主要有以下三点:一是建立了多产品信息化交易平台,提供便捷、全面的交易服务,满足不同参与者的需求;二是强大的交易制度设计能力,确保市场运行的公平、透明和高效;三是卓越的市场组织开发能力,能够有效地整合各种资源,创造更多的林权交易机会,从而推动林业产业的持续发展。

7.2 天津市林权交易中心建设的主要做法

天津农村产权交易所是由天津市农业委员会牵头,联合天津产权交易中心和宝坻区人民政府共同出资设立的国有全资企业,旨在推动农林行业领域的产权交易和资本运作。依托天津农村产权交易所,天津市初步建立集体林权流转交易市场,并搭建了林权流转交易平台,统称为天津市林权交易中心。目前该交易中心建设的主要做法有以下四个方面。

(1)强化林权流转政策推动,搭建林权交易市场服务平台

首先,天津市充分借鉴了试点地区的经验,成功建立了市、区、镇、村四级林权流转交易市场服务体系,并开发了全国领先的林权流转交易信息系统。该系统与市林权综合监管系统实现互联互通,为全市林权资源的登记、交易、签约、结算、鉴证等环节提供一站式服务,大大提高了交易效率。

其次,为了扎实推进林权流转工作,天津市林业局于2018年发布了《关于全面推进集体林权流转交易工作的通知》,该通知明确要求建立天津市集体林权流转交易市场,进一步规范林权流转的程序和操作,并决定借助天津农村产权交易所这一权威平台,设立市级林权流转交易的服务平台。该市

级交易平台的宗旨是促进集体林地经营权和林木所有权的合法、透明流转交易,通过出租、转让、入股、作价出资或合作等多种方式,确保每一笔林权交易都公开、公平和公正,从而推动林业的可持续发展。截至2023年7月,天津市已实现全市林权交易的全面覆盖,共有678宗林权类项目成交,累计交易金额达到39.69亿元。[①]

再次,天津市林权交易中心采用"六统一"的交易模式,具体包括统一监管机制、集中交易平台、透明信息发布渠道、明确交易规则、标准化交易流程以及公平的收费标准,实现了全市林权交易的全流程线上操作(张凯 等,2019)。这不仅简化了交易流程,还提高了交易的透明度和公正性。以西青区辛口镇下辛口村为例,2023年7月,该村采取统一挂牌方式流转了132.1亩的林木资源,挂牌价为350元/亩。在林权流转交易系统的电子竞价过程中,最终以650元/亩的价格成交,流转期限为4年,为该村集体经济增收15.85万元。这一成功案例充分展示了天津市林权交易市场的活跃度和市场潜力。[②]

最后,天津市林权交易中心始终秉持创新精神,不断创新市场交易产品,积极探索开展林产品及林业碳汇交易业务,这不仅吸引了家庭林场、专业合作社、林业企业等多元经营主体的踊跃参与,而且进一步丰富了林业产权市场交易品种,为天津市林业产业的可持续发展注入了新的活力。

(2)积极推广线上数字服务

天津市林权交易中心先后与多家金融机构建立了合作关系,包括中国建设银行天津分行、中国农业银行天津分行等,通过有效打破林权交易系统

---

① 数据来源:天津市林权流转交易网,2023.林业改革动态:天津市推进林权交易市场化配置[EB/OL].(2023-08-17)[2023-09-20]. https://www.tjlqjy.com/#/allConponent/detail/532/2/care/领导关怀.

② 数据来源:中国绿色时报,2024.天津2023年林权流转交易额超12亿元[EB/OL].(2024-03-18)[2024-03-20].https://www.forestry.gov.cn/c/www/dfdt/551291.jhtml.

和银行系统之间的壁垒,实现了"线下＋线上"的交易模式。这不仅进一步简化了林权交易流程,而且进一步提高了交易效率。同时,该交易中心不断探索林权融资服务的创新模式,积极引入中国人保、紫金保险等金融机构,尝试推出电子保单、电子保函等线上产品,为市场交易主体提供了更加便捷和安全的金融服务,截至2023年,已累计发放林权贷款约1.2亿元。①

(3)全面组织开展林权交易市场相关培训,提高市场交易主体参与度

为加快推进集体林权进场交易,天津市林权交易中心经常性地组织天津市林权流转交易平台培训会议,培训内容覆盖了林权流转交易市场的平台架构、市场发展、参与意义、操作流程、实际案例以及相关服务等多个方面,旨在提高市场交易主体的专业素养和市场参与度(天津市农村产权交易所,2021)。通过深入了解林权交易市场的平台体系、市场建设情况和操作流程,交易主体可以更好地把握林权交易市场的发展趋势和规则,从而提高交易效率和成功率。

(4)注重发挥典型示范的作用,为市场参与者提供可靠经验借鉴

早在2019年3月,天津市下窝头镇西马营村就主动利用天津市林权流转交易系统对25亩林权进行公开流转。在项目挂牌期间,这笔交易先后吸引了5家意向受让方参与竞价。竞价过程中,经过31分钟的紧张角逐和45轮的匿名报价,最终该项目以19.1万元的价格成交,实现了高达118%的溢价率。该交易项目不仅体现了林权交易市场的活跃度和竞价的激烈程度,更为村集体带来了10.35万元的增收。② 这一成功案例为当地林权流转交易市场建设提供了有益的经验。

---

① 数据来源:天津市林权流转交易网,2023.林业改革动态:天津市推进林权交易市场化配置[EB/OL].(2023-08-17)[2023-09-20].https://www.tjlqjy.com/#/allConponent/detail/532/2/care/领导关怀.

② 数据来源:天津市人民政府,2019.林业改革动态:天津市推进林权交易市场化配置[EB/OL].(2019-04-01)[2023-09-20].https://www.tjlqjy.com/#/allConponent/detail/532/2/care/领导关怀.

7.3 沈阳林权交易中心建设的主要做法

作为沈阳农村综合产权交易中心的子中心，沈阳林权交易中心属于沈阳金控集团的国有企业（王婉欣 等，2023）。沈阳林权交易中心先后与"一市三省"（天津市、辽宁省、吉林省和黑龙江省）签署了合作协议，共同推动北方林权交易市场信息的快速传播。这种合作不仅增加了林权交易项目的竞买人数量，还使得林权交易的项目溢价率持续创新高，进一步吸引了更多项目进场交易。同时，该中心凭借其先进的林权交易系统、监管系统和竞价系统，已成为辽宁省内唯一一个覆盖省、市、县、乡四级的综合服务平台，为辽宁省林权交易市场提供了全方位的服务和支持。该交易中心的有效运行策略包括以下几个方面。

(1) 着力打造一个综合性的服务平台

沈阳市林权交易中心将线下公共服务场所、全省交易信息平台和监管平台进行紧密结合，逐渐形成了完善的配套服务体系。该中心的核心工作是建立和完善信息化系统，充分利用互联网的优势，打造一个覆盖广泛、信息全面的网络平台。目前，中心为各市县提供全流程的交易信息服务，包括政策法规、平台介绍、交易指南、交易项目、供求信息、工作动态、通知公告、招标项目简介、招标公告（含招标文书模板）、招投标办法、中标公示、中标结果等。市场参与者既可以在交易中心的大厅屏幕上查看信息，也可以通过网络登录查询信息。对于信息相对落后的地区，市场参与者可以通过村委公开栏获知相关信息。

(2) 实现交易管理的规范化

为了确保林权交易项目的安全可靠，沈阳林权交易中心制定了林权流转交易业务操作细则。其中，对于集体林地经营权和森林、林木所有权向本集体经济组织以外流转的情况,需经依法召开的本集体经济组织村民会议或村民代表会议表决通过,并上报乡(镇)人民政府批准。乡(镇)人民政府需对流入方的资信情况、经营项目和经营能力等进行审查,并在收到书面材料之日起 30 日内,作出是否批准的决定。未经乡(镇)人民政府批准,不得签订流转合同。一旦审批通过后,交易双方需签订林权流转交易合同,如受让方未能通过相关部门审批,项目将视为未能成交,中心会以无息的方式退还受让方所交款项。同时,每一宗林权流转项目均由村集体主导并录入系统,交易机构则严格监督并确保每一个环节,从挂牌、竞价、签订合同到场内结算,都能进行追溯和查询。这种交易模式进一步优化了交易架构,确保权属清晰,并为当地林权交易市场的可持续发展打下了坚实的基础。

(3)引入市场竞价机制,不断提升交易中心竞争力

在集体林权交易中,传统的私下流转容易导致价格不透明,而多元化的交易方式如协议转让、网络竞价、拍卖和招投标等则有助于解决这一问题。其中,网络竞价是目前沈阳林权交易中心采用的重要交易方式,主要包括单一项目网络竞价和专厅项目网络竞价两种形式。这两种形式均采用阶梯竞价方式,各意向受让方的每次有效报价随即成为当前报价。在自由竞价期和限时竞价期内,当出现新的有效报价时,系统将自动进入新一轮的限时竞价周期,确保市场的持续活跃和竞争的公平性。如果在此期间内没有新的有效报价出现,当前最高报价方将自动成为最终的赢家。当前,该中心网络竞价的实践成果显著,不仅促进了林业产权的合理配置,还为市场主体带来了可观的经济收益。

此外,沈阳林权交易中心制定了完善的交易服务收费政策,不仅明确了交易服务费用的构成,包括交易服务费、增值服务费和其他服务费,而且规定了各项费用的收费标准。其中,林木所有权的交易服务费按挂牌总价的 3% 收取,而其他林权类的交易服务费统一按挂牌总价的 2% 收取。为了促进当地农村集体经济的发展,沈阳林权交易中心还特别建立了集体林权交

易的服务费减免制度。在农村集体经济项目中,如果林权交易项目溢价成交,中心仅收取交易服务费,而免收增值服务费。对于未溢价成交的林权交易项目,则完全免收交易服务费。这一系列的收费政策和减免政策不仅保障了林权交易的公平性,也进一步推动了林权交易市场的规范化发展。

(4)按照"前台交易、后台监管""一网通办""只跑一趟"的建设目标,沈阳林权交易中心采取了"政府监管+市场交易"的运营模式(李莉 等,2021)。全市林权交易机构共用一个监管平台,并为各级监管人员配备了专门的监管账号,不断完善监管措施和优化服务。在集体林权流转交易前,各级政府严格执行必要的批准和民主议事程序监管职责,将监管环节前置,实施统一监管。这不仅强化了对集体森林资源资产的动态监管,也有效保障了林农的集体利益,确保了交易行为的"流程化、规范化、阳光化"。自2020年4月全市林权流转交易网络信息服务系统正式上线以来,林农的参与度持续提升,市场交易活动也日趋活跃,进一步推动了当地林权交易市场的健康发展。

7.4 内蒙古林权交易中心建设的主要做法

内蒙古林权交易中心是内蒙古农村牧区产权交易服务平台的重要分支,专门为林权流转交易提供专业和高效的服务。该中心致力于搭建一个便捷的对接平台,以满足各类林业资源的需求,并利用数据分析工具对交易活动进行监督和指导。目前该交易中心的主要做法包括以下几个方面。

(1)明确交易市场性质及品种,推动林业资源优化配置

在市场建设初期,《集体林权流转交易细则(试行)》便被制定出台,为林权交易提供了坚实的组织架构和服务体系保障。根据实际情况,内蒙古林权交易中心明确了林业产权的交易品种,并不断丰富森林资源交易品类,包

括林木、活立木、原木、地上林产品、其他林产品、林地等。这一举措满足了内蒙古各区域的个性化需求,是该中心的一大创新。截至2024年5月,共有49项林权正在或已通过平台完成交易,这充分体现了内蒙古林权交易中心在推动林业资源流转方面所发挥的重要作用。[①]

同时,内蒙古林权交易中心积极推进林草碳汇项目的产品开发,打造林业碳汇产业联盟,成功搭建了系统自愿减排市场,有力地推动了林草碳汇交易的进行。该举措不仅形成了价格主导型市场,还为林业碳汇产业的可持续发展注入了强大动力。

(2)规范交易流程,为林权交易市场持续发展奠定基础

内蒙古林权交易中心遵循"统一交易监管、统一交易标准、统一平台系统、统一操作流程、统一收费标准"的"五统一"原则,逐步建立了完善的政策体系、法规文本和交易规则等保障机制,旨在规范交易市场的运行发展。

在林权交易过程中,该中心主要采取了以下几个步骤:第一,林权转让方向中心提交申请及相关材料,包括主体资格证明、内部决策文件、林权权属证明等,并对所提交材料的真实性、完整性和有效性负责。第二,中心在收到齐全的申请材料后,在五个工作日内完成形式审查。通过审查转让方,中心将与其签订委托交易合同,并办理信息发布等挂牌手续。未通过审查的转让方,中心将告知其审核意见。第三,对林权有受让意向的,意向受让方需在信息公告规定的期间内向中心提交受让申请。意向受让方应确认已知晓信息公告的所有内容,接受全部交易条件,并愿意承担潜在的交易风险。第四,中心将对受让方提交的材料进行形式审核,必要时要求意向受让方提供补充资料。符合条件的意向受让方需在规定时间内办理意向受让登记手续并缴纳交易保证金,参与竞价活动。第五,竞价结束后,交易双方需在三个工作日内签订交易合同。合同应包括双方基本信息、流转的森林和

---

① 此数据由笔者根据内蒙古林权交易中心官网发布的数据整理而得。

林地详情、流转方式和期限、流转价款及支付方式等内容。第六，成交受让方需在合同规定期限内将交易资金（包括价款和保证金）缴纳至中心结算账户；未成交者的保证金将在交易结束后五个工作日内全额无息返还。第七，中心将在收到全部交易价款后通知受让方办理资产交割。转让方与受让方持《资产交接通知书》进行资产交割，受让方需在规定时间内完成清运并承担相关费用及责任。

在林权交易完成后，中心会将具体交易结果汇总至交易平台的网站上，及时整理相关文件并归档，主动跟踪解林权流转后双方的履约和生产经营情况，以确保整个交易流程的制度化和规范化运行。这种完善的交易流程不仅保证了林权流转交易的公开透明性，还有效促进了森林资源的合理配置和高效利用。

（3）充分发现市场价格，确保林权交易的公正性

该中心充分利用网络竞价和动态报价等交易模式，推动意向投资人之间的公开、公平、公正竞争，使市场在森林资源配置中发挥决定性作用。

中心网络竞价的常见报价方式及规则包括：一是加价（减价）竞价，该方式为价格上行（下行）的报价方式，即竞价由低至高（或由高至低）进行，价格依次递增（或递减）。这种方式为竞买人提供了充分报价的机会，但报价高出（或低出）部分必须是加价幅度的整数倍。二是一次报价，即竞买人只需一次性提交报价至网络电子竞价系统，无需反复出价，最终有效报价最优者确定为买受人。三是荷兰式竞价，该模式为价格下行的竞价方式，随着时间变动，价格由高到低、依次递减。只要竞买人发送报价，即为有效报价，且最先发送报价的竞买人将成为该标的买受人。四是密封式竞价，即竞价人可以在规定时间内对项目进行一次或多次报价。在这个过程中，竞价人可以对自己的报价进行修改，直到报价截止为止，系统会以竞价人的最后一次报价作为最终依据。如果报价不低于（不高于）项目的保留价，则该报价被认为是有效的，最高（最低）有效报价的竞价人将成为该项目的成交人。五是

定价式竞价。为确保交易的快速和高效进行,该方式的标的物设有起始价。在这个方式下,竞价人需要根据"时间优先"的原则进行报价,一旦有竞价人提出报价,系统将立即确认其成为该标的的成交人。六是询价,即竞价人在规定时间内对标的进行一次或多次报价,他们可以在报价截止时间前对自己的报价进行修改。系统会根据"价格优先、时间优先"的原则,将竞价人的编号和报价进行排名汇总,并提交给组织方。组织方将根据询价结果进行选择,确定最终的成交人。这种方式有更强的灵活性和选择性,使得竞价人可以根据自己的需求和情况进行报价。

(4)明确交易服务的收费标准,确保交易过程的公平性

在交易过程中,中心仅向交易一方收取合理的服务费用,具体费率根据成交金额或成交价的一定比例而定。这一举措不仅激励交易平台提供更加优质、高效的服务,而且引导交易方更加理性地进行交易,从而建立稳定的市场秩序。

7.5 经验启示

7.5.1 规范交易,推动林业适度规模经营

通过建立统一规范的林权交易中心,各地区能够有效地将集体森林资源与社会工商资本进行衔接,促进森林资源要素的顺畅流通。林权交易中心通过实施规范化的流程管理,建立了全流程可追溯的交易体系,确保了整个交易过程的合规性和公平性,有效规避了林权流转过程中的风险,极大保障了交易双方的利益。这使得林农可以放心地将无力或不愿经营的林地流转出去,也为新型林业经营主体,如种植大户和林业合作社提供了获得林地

的机会,促进了林地"成方联片",使林业规模化经营成为可能。

同时,政府在推动林权交易方面起到了基础保障作用。政府率先在林权交易平台建设、交易范围与程序、争议处理和监督等方面制定了明确的规定,为林权交易市场的规范化运作提供了依据,增强了公众对林权交易中心的信任度,使各地林权交易市场更加活跃。

因此,规范化的林权交易不仅促进了林业适度规模经营,还为新型林业经营主体提供了更多的发展机会,而政府的扶持和各地产权市场的建设也为交易市场的健康发展提供了坚实的支撑。

7.5.2 价值发现是推动林权流转市场化的关键因素

林权交易的成交价是市场供给与需求关系的直接反映(权立森,2018),为实现最优的供需匹配,要善于利用市场的"价格杠杆"。林权交易市场的核心价值在于帮助林业资源需求方找到合适的林地,同时确保林业资源供给方得到最佳利用和价值最大化。

当前,林权交易方式多样化,包括直接协商交易、亲戚朋友介绍交易、通过林权交易中心交易、通过乡镇招投标办或相关主体组织的招投标交易、通过林权流转电子交易平台以及在线竞价交易等。这些多元化的交易方式有助于更全面地发现林权的价值,促进其市场化的流转。特别是市场竞价机制,它能够激发市场活力,推动林权交易价格的合理形成,从而实现林权的最佳配置和最大化利用。

因此,为推动林权流转的市场化进程,必须重视价值发现,充分发挥市场的决定性作用,并引入市场竞价机制,尤其可以采取网络竞价的方式,实现林权流转交易动态报价的最大化,为林业发展注入新的活力。

7.5.3　借助网络化架构,实现高效互联

前文所述的林权交易中心已全面采纳了尖端的电子化交易信息系统,实现了交易流程的现代化与高效化。目前通过创新的"实体平台＋网络平台"相结合模式,初步实现了对林权交易业务的全方位、无死角覆盖,极大地提升了交易效率和便捷性。网络交易平台的充分利用使得林权流转信息得以高效汇集与传递,并成功实现了网络平台与实体交易的互联互通,不仅显著扩大了信息的传播范围,还吸引了大量潜在的交易竞争者参与。

当前这种创新结合模式,不仅汇聚了众多优质的供需客户和丰富的交易数据于中心,还为林权交易的公正、公平和公开提供了坚实的支撑,有效促进了森林资源的合理配置和最大化利用,显著提升了林农的收入水平,进一步推动了社会经济的繁荣发展。

7.6　本章小结

本章聚焦于研究的典型案例,对典型林权交易中心的运行机制进行了深入分析。研究发现,不同类型的林权交易中心在运行机制上存在相似之处,但它们各自的特点也相当鲜明。其相同点体现在:致力于打造一个综合性的服务平台,明确交易品种和性质,制定规范且完善的交易流程,采用动态定价机制,并完善交易服务的收费标准,等等。各中心的特点也十分突出:中林所采用会员管理制,通过经纪机构代理交易,不直接受理买卖双方的产权交易项目。天津林权交易中心采用"六统一"的交易模式,实现了全市林权交易的全流程线上操作,提高了交易效率。沈阳林权交易中心凭借其林权交易系统、监管系统和竞价系统,已成为辽宁省省内唯一一个覆盖

省、市、县、乡四级的综合服务平台,进一步推动了林权交易的区域整合。内蒙古林权交易中心不断扩大交易品种,推进林草碳汇交易,满足了各区域的个性化需求,展现了其在应对地区差异和特殊需求方面的灵活性。

在当前制度环境下,建立健全的林权交易市场对于解决森林资源再配置所面临的交易成本增加等问题具有重要意义。经过这一章的深入探讨,本书更加坚信建立林权交易市场的可行性和现实意义,这将为森林资源的合理配置和可持续发展提供有力支持。

8 林权交易中心运行机制的优化方案

本书第4章、第5章和第6章分别从供求调节机制、交易机制和价格协调机制等角度构建林权交易中心的运行机制,并在第7章对典型林权交易中心的运行策略进行经验总结和归纳。目前南方集体林区林权交易市场发展的重点是建立和培育,在前文分析的基础上,本章将探索南方集体林区林权交易中心运行机制的优化路径,以期促进林权交易市场的持续发展。

8.1 林权交易中心运行机制的优化路径

8.1.1 构建林权交易中心有效运行的基础条件

南方集体林区林权交易中心功能的发挥需要市场内外部条件的相互配合。其中:内部条件是指中心各内部组成要素相互影响的过程,各个要素通过功能定位形成特定机制,包含供求调节机制、交易机制和价格协调机制等,并整合成有机的运行机制;外部条件是指林权交易中心的运行环境,包含当地市场经济环境、政策环境和林地资源禀赋等因素。因此,内部条件是林权交易中心运行的关键影响因素,其中,供求调节机制是林权交易中心运行的基础,交易机制是林权交易中心运行的保证,价格协调机制是林权交易中心运行的关键。

8.1.2 构建林权交易中心应遵循的基本原则

8.1.2.1 自愿和合法原则

林权流转交易必须按照自愿、合法的原则进行，自愿是交易主体依据本意选择是否流转；合法是指市场交易主体应在相关的法律和政策规定下进行林权流转交易。林权交易中心需要制定统一的合同标准和确定完整的交易程序等，其中，完整的交易程序是指按照申请受理、形式审查、交易委托、发布公告、组织交易、交易结算、合同签订、备案建档和产权登记等流程进行交易，并且可以根据交易规模的大小灵活调整流转交易流程。

8.1.2.2 公平和公开原则

流转交易的方式是否公平和公开会直接影响市场交易主体的流转行为，林权交易中心可以采取合理的资格审查、价格指导等透明化措施，为市场交易主体创造平等的地位。同时，根据交易主体的不同需求，林权交易中心需要设计不同的交易方式，使交易双方在确保各自利益的基础上扩大流转交易规模，常见的交易方式包含协商定价、招投标、现场拍卖、网上竞价和双向拍卖等。

8.1.2.3 交易主体多元化原则

伴随着林业政策的不断放开，林权交易市场主体呈现多元化的发展态势，其中，林权供给方有国家、集体和个人等，林权需求方主要有农户、中介组织、林业企业和新型林业经营主体等。因此，在市场交易主体多元化的前提下，林权交易中心应通过不同的交易方式和定价调整策略，实现交易主体的利益最大化。

8.1.3 林权交易中心有效运行的基本模式

林权交易中心这一中介平台可实现森林资源的优化配置,流转交易过程由具体交易过程和保障措施两个部分组成(谢煜 等,2013)。其中:具体交易过程由市场交易主体流转意愿的提出,平台的交易信息发布,交易双方的交易谈判、签约和履约,以及平台事后监管等环节组成。交易方式和平台价格协调策略对交易双方的流转交易起到关键的作用。保障措施是指通过规范的交易程序保障交易双方的交易安全,包含配套服务体系、制度建设等方面。林权交易中心在供求调节机制、交易机制和价格协调机制等内部条件的相互作用下,促进交易主体实现效益最大化,从而增强森林资源的流动性,其运行模式如图 8-1 所示。

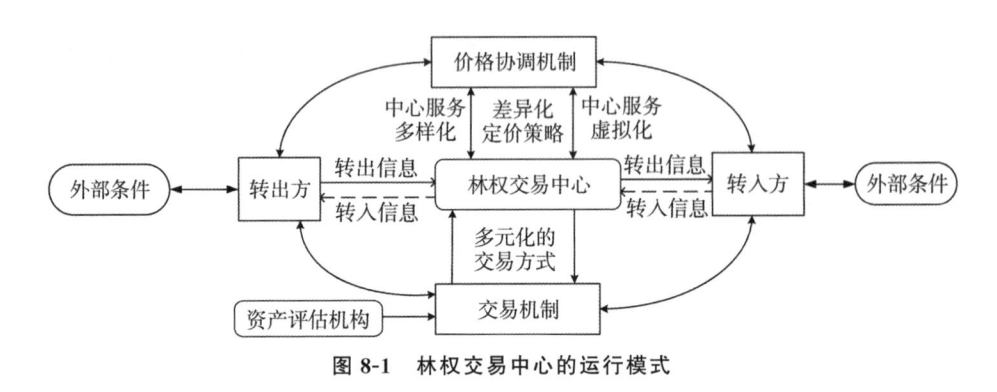

图 8-1 林权交易中心的运行模式

在前文分析的基础上,本书认为林权交易中心至少由价格协调服务平台、信息传递平台、流转交易平台和监督管理平台等多部门组成。为促进林权交易中心的有效运行,可从以下路径进行优化。

8.1.3.1 交易方式的多元化

一方面,根据不同类型的交易主体,中心应采用适当的交易方式,这样既能够体现林权流转交易的内在价值,也有助于解决市场信息不对称的问题,从而增大市场主体实现交易的概率。另一方面,制定非统一定价策略,由于"供给方—林权交易中心—需求方"构成了典型的双边市场结构,林权交易中心可以采取非统一的定价策略,如会员制和交易制相结合的定价体系,不断增大市场林权流转交易的规模。

8.1.3.2 中心服务的多样化

在政府的主导下,林权交易中心的服务水平与供需双方的效用呈正相关。而在市场的主导下,林权交易中心的服务水平则与其定价和利润水平呈正相关。因此,要提高中心的竞争能力,林权交易中心可以提供一站式服务,包括林权流转交易、金融服务、资产评估、林权收储、林产品交易、碳汇交易以及政策咨询等。

首先,针对林权流转的不规范问题,充分发挥林权交易中心的作用,完善林权流转交易程序,并尽可能鼓励和引导林农以多元化的方式流转林地经营权。其次,借鉴沙县林权交易中心在重点生态区位商品林赎买的先进经验,尽可能完善重点生态区位人工商品林的赎买制度。再次,采取购买服务的方式,积极建立森林资源资产评估、伐区调查设计、木材检验、林权勘验调查等中介机构,以提供专业的林业社会化服务。最后,创新林业信贷产品。加强与当地金融部门沟通,探索多元化的林下经济产品、以生态公益林等为抵(质)押物的贷款产品,扩大林权抵押贷款规模,从而提高林农收益。

8.2 林权交易中心运行机制的保障措施

基于上述的优化路径,本书拟从整体层面提出南方集体林区林权交易中心运行机制的保障措施。

8.2.1 合理布局和培育林权交易中心

研究表明,虽然南方集体林区主要省份的县级市基本设立了林权交易中心,但是各地林权交易中心发挥的作用参差不齐。因此,本书从以下几个方面提出林权交易中心运行机制的保障措施。

8.2.1.1 合理布局林权交易中心,适度扩大示范点

首先,利用区域性林权交易中心的优势,通过会员模式整合县级林权交易中心,建立"区域性—县级—部分林业重点乡镇村"联动的林权流转交易体系。南方集体林区的福建省、江西省和浙江省已初步建立了区域性的林权交易中心,整体硬件设施比较齐全,辐射面较广。因此,应明确区域性林权交易中心的核心地位,在各个县级市发展更多的交易会员单位,并加强不同县级林权交易中心的协作服务,尽可能提高服务的便利程度。

其次,继续加强林权交易中心示范试点工作。对发展较好的林权交易中心的硬件设施、软件服务等方面的经验进行总结和推广,如沙县林权交易中心集四项服务于一体化的交易流程、武平县林权交易中心多元化的评估方式和一站式的信息服务等。通过中心的示范试点,推动林权流转交易的市场化进程,从而扩大林权流转交易的市场规模。同时,组织或鼓励相关专家对现有示范点进行指导和检查,了解现有林权交易中心的运行情况,重点关注和解决市场交易主体的合法权益是否得到保障、中心是否发挥供求调节的作用、中心交易方式和服务定价制度是否完善等问题,从而提高林权交易中心的运行效率。

8.2.1.2 积极培育多种交易平台协同发展

林权交易中心成立的初衷是为了实现林业生产要素的有效配置,但目前南方集体林区林权交易市场并没有达到完全开放的状态。政府应积极建

立和培育不同类型的林权交易中心,即促进事业单位性质和企业性质的林权交易中心协同发展,通过构建林权流转交易的双边市场,为林权流转交易各方提供高效的服务。其中,事业单位性质的中心以实现社会福利最大化为目的,做好林权流转交易的保障工作,如信息平台建设、价格协调和政策解读等,更好地服务林权交易市场。尤其是地处偏远山区且经济较为落后的县、乡、镇级别的林权交易中心可以按照事业单位性质运作,通过一定的财政扶持维持林权交易中心的基本运营,促使林权交易中心更好地发挥应有的作用。企业性质的中心以实现利润最大化为目的,可以承担多样化的中介服务,如林权流转交易、林产品交易和碳汇交易等增值服务。区域性的林权交易中心可以企业化运作,通过一体化的服务尽可能提升中心的影响力,真正发挥市场交易平台的中介服务功能,促进林权交易市场的持续健康发展。

8.2.2 建立系统的林权交易价格机制

价格机制是调节林权流转交易的重要手段。研究表明,当前南方集体林区林权交易中心的交易机制和价格协调机制有待进一步完善。结合现实发展需要,本书从以下几个方面提出关于建立系统的林权交易价格机制的相关建议。

8.2.2.1 完善林权流转的交易方式

目前,林权交易价格通过协商定价、招投标和拍卖等多种交易方式形成,其中协商定价是"一对一"的竞价方式,招投标和拍卖属于"一对多"的竞价方式。

首先,根据市场交易量和交易对象的不同,林权交易中心应引导不同的交易主体选择合适的交易方式,尽量避免信息不对称问题,从而增大双方实现交易的概率。

其次,中心要积极探索新的交易方式,提高林权交易价格的发现功能。双向拍卖机制产生的价格能有效反映林权交易市场的供需情况,中心应积极引入双向拍卖机制,让林权定价充分反映应有的价值和成本,实现林权流转交易的公开化和增值性,促进交易双方参与交易的积极性,从而实现林权流转交易效率的帕累托最优。

再次,中心要充分发挥中介平台的主渠道作用,通过平台多元化的交易方式、信息优势和专业化服务尽量降低双方的交易成本;鼓励建立村组交易联盟,提倡以村组为单位的规模化交易,通过减少供给方的数量和降低供给方内部的竞争程度,加强供给方之间的合作能力,以有效地降低供给方的交易成本。

最后,适当引入市场竞价机制。通过充分利用先进的网络竞价交易平台,建立完整的动态报价系统,以适应林权交易市场的变化。市场竞买人只需经过林权交易管理系统的实名认证、在线报名和保证金缴纳步骤,即可参与网上竞价,实时掌握竞买项目的最新报价、报价次数和时间等重要信息,从而实现交易环节中市场主体无需现场操作的目标,尽可能有效地减少中间环节和降低交易成本。这种机制确保了所有交易主体都有平等的机会参与竞价,不仅有助于吸引更多的买家和卖家参与林权交易,还能显著提高市场的活跃度和交易量。

8.2.2.2 结合双边市场理论,积极探索新的平台定价策略

由于林权交易中心具备了典型的双边市场特征,不同类型的中心应积极探索新的定价策略,不断完善收费标准,以规范管理林权交易市场。

首先,政府主导下的林权交易中心应制定会员制和交易制相结合的定价体系。一方面,通过免费注册会员的方式,为供需双方提供潜在的流转交易信息和资产评估等服务。另一方面,可参照土地交易等要素交易市场的

项目收费标准,实行林权交易服务的政府指导价。可根据交易金额、面积和会员信誉等级的差异,以林权交易价格为基准,通过调节服务费用的定价比例来动态调整交易双方的交易规模,从而提高中心的运营效率。例如,福建沙县林权交易中心采用分档递减累进的佣金收费模式:交易金额小于等于10万元,收费标准是交易金额的1‰;交易金额在11万到100万区间时,收费标准是交易金额的0.8‰;交易金额在101万到1000万区间时,收费标准是交易金额的0.5‰;交易金额大于1000万时,收费标准是交易金额的0.3‰;每笔交易金额最低不少于600元。同时,根据交易双方的交叉网络外部性,中心应尽量放宽流转交易的条件,灵活采取低价、免费乃至补贴的措施,促进供需双方的效用最大化,从而获得更多的用户基础。

其次,平台之间的互联互通有助于提高林权交易中心的运营效率。市场主导下的中心应制定互联互通的定价策略,重点关注平台的匹配效率问题,尽可能提高交易双方的匹配效率,从而实现更高的利润水平。

8.2.2.3 建立林权交易价格的动态化监测制度

政府要建立交易价格的信息披露制度,加强对林权交易价格的管理力度。首先,采取透明化的林权交易价格公示措施,借助统计图表和视频图像等视觉化工具,不定期公示林权流转交易的价格指数、变动趋势和交易市场的基本情况等信息,实现市场交易价格信息的公开化,为市场主体提供价格指导。其次,对当地林权流转交易的市场价格进行动态化的预测,及时了解林权交易市场价格的变动趋势,从而制定对应的政策措施。最后,根据不同定价模式的需要,政府应设置监督管理方法,避免恶性竞价行为发生,促进林权交易市场的规范发展。

8.2.2.4 建立森林资源资产的评估机制

森林资产评估价格是林权交易价格形成的基础,过高的评估价格导致无法成交,而过低的评估价格可能导致流出方的利益受损。为促进林权交易价格的合理形成,政策制定者要加快建立和完善森林资源资产评估机制。

首先,作为流转交易定价机制的设计者,林权交易中心应放宽评估机构的准入条件,允许小宗林权交易采取简化评估程序,如武平县林权交易中心推出简易的网上评估系统,通过树种、树木年龄、平均树高和平均胸径等因子直接测算林地资产的评估价格,为交易双方提供更多便利。大宗林权交易由专业评估机构根据林业估价指标体系确定评估价格,充分保证林地资源的价值。

其次,政府要制定森林资产评估师认证制度,并定期开展森林资源评估的培训活动,积极培育森林资源的评估人才,为林权流转交易和抵押贷款等服务保驾护航。

最后,政府可以采用购买服务的方式与当地具有资质的评估机构合作,协助建立科学合理的森林资产评估制度,减少政府直接干预评估工作产生的问题,提升森林资产评估的公平程度,满足广大林业经营主体对森林资产评估的需求。

8.2.3 健全林权交易中心的服务体系

建立健全的服务体系是加快林权交易市场化的重要环节。研究表明,林权交易中心在简化林权交易程序、提供流转交易信息和扩大中心影响力等方面需要进一步完善。同时,不同类型林权交易中心的服务水平与平台利润、社会福利成正向关系。因此,可以从以下几个方面进一步完善林权交易中心的服务体系。

8.2.3.1 规范林权交易程序,提高流转交易效率

虽然林权交易中心能够提供流转交易的事前、事中和事后服务,交易程序较为规范和完善,但是流转交易周期相对较长。因此,要根据林权的主体

特征、用途和交易量等进行分类管理。一方面,中心应尽可能减少小规模林权流转交易的时间和要件,在允许的范围内采用流动服务的方式,通过简化审批流程、压缩审批时限和缩短服务距离等措施,尽可能提高流转交易效率。另一方面,针对集体和国有性质的森林资源,中心要指导国有林场、营林公司等提高辨识森林资源质量的能力,由专业的评估机构对流转的森林资源进行估价,并按照规范的交易程序保证交易过程的完整性。

8.2.3.2 完善和拓展服务内容,提高中心的竞争力

根据市场主体的实际需求,林权交易中心应重点完善和拓展林业信息化、流转交易模式创新、林权抵押贷款、林权纠纷和林权登记管理等服务内容,全面提升林业服务能力,从而提高中心的竞争力。

第一,林权交易中心在提供线下服务的同时,要注重虚拟交易中心的建设,因为互联网服务比线下服务涉及的面更广,信息的流通性更强。首先,加快建立林业电子交易网,推进林业信息化服务的虚拟化建设。中心要充分利用网站的图片资料和数字化处理等技术,建立区域内森林资源权属、树种、供求和价格等信息数据一体化联网共享,以实现平台之间的信息联动,为供需双方搭建数字化、信息化、网络化的服务渠道。其次,中心应当以户为单位推行林业"一卡通",对森林资源的位置信息、资产评估情况和林权登记情况实现智能化的管理,实现林权信息的"一张图"功能,提高林业信息监管的服务水平。最后,当前部分地区的政策环境难以促使林权交易中心有效实现信息的互联互通,政府要进一步强化对林权交易市场的监管措施,按照统一交易平台建设、统一交易信息发布、统一交易规则、统一监督管理和培训的模式,促进林权交易中心之间的数据共享和信息联动,扩大供需双方的搜寻匹配范围。

第二,在现有政策环境下,林权交易中心要积极探索生态公益林流转服务模式,推进重点生态区位商品林赎买改革试点。可借鉴福建省的生态赎

买模式,根据生态公益林规模、树种和权属性质等的不同,由中心制定确定赎买先后顺序的方法,并通过直接赎买、补助改造和租赁赎买等竞价方式促进交易双方实现流转交易,在尽可能满足生态效益最大化的同时实现交易主体的效益最大化。

第三,针对林业经营周期长、风险性较高以及资金投入多等特点,林权交易中心应制定林权抵押贷款政策,增强投资者经营林业的意愿。首先,要加强与金融机构的合作,拓展"福林贷"、"邮林贷"和"快农贷"等林业信贷产品的覆盖面,适度延长提高林权抵押贷款的期限和额度,实现贷款期限与林业生产周期相适应,尽可能提高林业经营者的收益率。其次,充分发挥林权收储中心的兜底功能,通过拍卖转让、打包处理和经营增值等方式快速处置贷款逾期的森林资源;为银行提供森林资产评估服务和林权收储增信服务,解决银行不敢贷、林权所有者贷款难问题,推动林权抵押贷款工作良性开展。

第四,加快转变部门的行政服务职能,重点开展林权纠纷和林权登记管理等服务,尽可能为交易主体提供便利。一方面,中心要积极开展林地承包经营纠纷调解仲裁等服务,并利用先进的勘界信息技术,提高纠纷调处的专业能力,以减少交易主体的产权纠纷问题;另一方面,目前林权登记管理服务划分到不动产部门,中心要加强与不动产部门服务的紧密连接,明确相关职能的边界,尽可能缩短林权登记和变更的时间,从而提高林业不动产的管理服务水平。

8.2.3.3 推进优惠政策支持和宣传方式多元化

林权交易中心要出台相关优惠政策,鼓励和引导林地承包经营权向资源配置效率高的企业、合作社和能人流转,实现适度的林业规模经营,从而增加广大市场主体的财产性收入,如沙县林权交易中心采取为进入中心交易的森林资源给予资产评估费优惠的措施值得借鉴。同时,针对不同类型的市场主体,鼓励、引导专业机构为市场主体提供林权交易政策、交易规则、信息获取、评估方法、法律法规等方面的专业知识培训,为市场主体提供必要的专业知识服务,并要适当宣传森林资源适度规模经营的必要性,采取积分制、免费或奖励等方式以吸引更多的用户参与交易,提高林业经营主体对中心的接受程度。林权交易中心可以采取多元化宣传方式,即通过现场宣讲、电视、公众号和网站等多种普及途径强化市场主体进行林权流转的意识,消除市场主体对林权交易中心存在的疑虑,从而扩大林权交易中心的影响力。

8.3 本章小结

林权交易中心的有效运行需要供求调节机制、交易机制和价格协调机制均充分发挥应有的作用,本章提出南方集体林区林权交易中心运行机制的优化方案,包括优化路径和保障措施等两方面。其中,优化路径包含交易方式多元化、中心服务多样化两个方面,保障措施包含合理布局和培育林权交易中心、建立系统的林权交易价格机制和健全林权交易中心的服务体系等。

9 研究结论及展望

本书按照"提出问题—分析问题—解决问题"的基本逻辑,以机制设计理论和双边市场理论为指导,对南方集体林区林权交易中心运行机制的完善问题进行了深入探讨,并得到一些具有实践意义的研究结论。本章将对研究结论进行归纳总结,并对未来研究进行展望。

9.1 研究结论

自 2003 年以来,南方集体林区各省份的新一轮集体林权制度改革均已取得了初步成功。伴随着全国性林业产权交易所、区域性林业产权交易所及县级林权交易机构的建立和完善,林权流转交易进入市场化和规模化的阶段。但现阶段林权流转交易呈现出弱市场化的发展趋势,如何建立完善的林权交易市场是新一轮林改的重要问题,平台的机制建设是解决问题的关键途径之一。

现有研究对于林权交易中心这种新型的具有实物形态的林权交易平台的作用较为认可,但缺乏对林权交易中心运行机制的深入分析以及对其内在作用机理的研究。只有建立完善了运行机制,林权交易中心才会形成持续的发展原动力,从而推进林权交易市场的发展。因此,基于林权交易市场的现实情况和研究进展,本书以福建省、江西省和浙江省三个南方集体林区省份为调查范围,以林权交易中心运行机制的完善问题为研究对象,分别从供求调节机制、交易机制和价格协调机制等维度完善林权交易中心的运行机制。首先,市场供求主体是林权交易中心运行的基础,本书通过演化博弈模型分析林权交易市场供需双方不同的策略行为,并分析影响林权流转交易规模的重要因素;其次,对林权交易中心的交易方式进行对比分析,并将双向拍卖模型引入林权流转交易定价之中,实现林权交易市场的价格发现功能;再次,基于双边市场理论,分析不同类型林权交易中心的价格协调机制;最后,探索林权交易中心运行机制的优化路径,以期促进林权交易中心的健康发展。

本书的研究结论归纳如下。

第一,自林业"三定"以来,林权交易中心经历了平台建立探索、平台初步形成和大规模交易平台建立等三个阶段。当前南方集体林区林权交易中心已初步形成了一定的规模,但各个交易中心发挥的作用参差不齐,从软实力和硬实力两个方面系统地构建林权交易中心成效评价指标体系具有一定的科学性、必要性和可行性,但林权交易中心整体建设成效中等,不同指标的差异性较为明显,且整体交易活跃程度呈现下降的趋势。林权交易中心在运行过程中面临许多亟待解决的问题,尤其是林权交易中心的运行机制不完善,其中,供求调节机制、交易机制和价格协调机制等组成部分并未充分发挥其应有的作用。

第二,林权交易价格、交易成本、交易费用、林业经营收益和非林业收益等是影响林权流转交易规模的重要因素。若要增大林权流转交易规模,林权交易中心应采取不同的交易方式以实现林权交易市场的价格发现功能,降低供需双方的交易成本和交易费用,制定林业扶持政策以增强投资者经营林业的意愿,以及提高农户对林权交易中心的认知程度。其中:降低交易成本就是提供更加开放的事前流转交易信息、简化中心的交易程序、降低森林资源资产的评估收费和需求方的保证金费用;降低交易费用就是实现保本微利的前提下,林权交易中心应制定差异化的佣金收费标准,减少交易双方的流转压力;提高农户对林权交易中心的认知程度是指加大对林权交易中心的宣传和推广力度。

第三,提出基于双向拍卖模型的林权流转交易定价设想。在线性均衡策略下,供需双方达成交易有助于提高双方的效用和市场效率。林权交易中心可以建立双向拍卖机制,促进供需双方参与交易的积极性,从而实现林权流转交易效率的帕累托改进。同时,林权供给方的报价足够低,则林权流转交易实现的概率较大,但容易导致逆向选择现象的出现。

第四,提出双边市场理论视角下林权交易中心的价格协调机制设想。"供给方—林权交易中心—需求方"这一模式具备了双边市场的基本特点。林权交易中心的性质主要有事业单位性质(政府主导)和企业性质的交易机构特(市场主导)。政府主导下的林权交易中心以社会福利最大化为目的,提倡以村组为单位的林权流转交易模式,并通过调节服务费用的定价比例来动态调整交易规模,实现供需双方的效用最大化。而市场主导下的林权交易中心以利润最大化为目的,平台的互联互通有助于扩大市场交易对象的匹配范围,从而提高林权交易中心的运营效率。林权交易中心实现互联互通之后,中心的定价和利润水平比互联互通前有所提高。本书研究表明,搜寻匹配效率与中心的定价和利润水平呈负相关,交叉网络外部性与中心的定价和利润水平均无直接关联。

第五,以国内典型的林权交易中心为例进行研究,通过比较发现,虽然各个林权交易中心在平台性质、发展策略、业务交易品种、交易模式等方面各具特色,但仍存在一些值得借鉴的共同经验。本书研究表明,规范交易、价值发现以及借助网络化架构实现高效互联等,都是促进林权交易中心运行机制有效实施的重要因素,这些因素对于建立一个更加健全和高效的林权交易市场而言是很重要的。

第六,提出林权交易中心运行机制的优化方案。林权交易中心的有效运行需要供求调节机制、交易机制和价格协调机制充分发挥应有的作用。为提高林权交易中心的运行效率，本书提出林权交易中心运行机制的优化路径，包含交易方式多元化、非统一定价策略、中心服务多样化等方面。在保障措施方面，本书提出合理布局和培育林权交易中心、建立系统的林权交易价格机制和健全林权交易中心的服务体系等。

9.2 研究展望

本书对南方集体林区林权交易中心的运行机制展开研究，虽然已取得一定的研究进展，但本书的研究思路和方法是带有一定尝试性的，可能存在一些局限性，有待未来的研究加以完善。

(1) 在林权交易中心运行机制方面，借鉴现有的相关研究，本书分别从供求调节机制、交易机制和价格协调机制等方面展开分析，但涉及的机制不够全面，并且各个机制之间的深入链接研究还不够。同时，由于数据获得的有限性，本书对南方集体林区林权交易中心的考察还不够全面，研究深度还不够。后续可通过多个试点中心的深入考察，并结合探究机制间的关系，寻找更加合理的运行方案。

(2) 在研究双向拍卖模型时，本书侧重于交易双方的讨价还价问题。未来研究中，应进一步构建更加接近实践的双向拍卖模型，关注点应放在买卖双方的风险偏好程度、拍卖设计者的偏袒程度等方面。

(3) 双边市场理论是产业组织理论的发展前沿，本书对政府主导下的林权交易中心的定价，以及市场主导下的林权交易中心互联互通后的定价策略展开探讨，但都属于初步探讨，林权交易中心的双边市场性质还有待更深入的理论和实践研究。本书关注双边市场理论下林权交易中心的短期行为，而中心动态的长期行为仍需要实证研究，这是未来的研究方向。

参考文献

曹俊浩,2010.基于双边市场理论的B2B平台运行策略及其演化研究[D].上海:上海交通大学.

曹祖涛,2005.论我国林权流转法律制度[J].绿色中国(4):28-30.

陈念东,刘祖军,2012.集体林权流转弱市场化困境的思考:基于交易费用理论视角[J].林业经济问题(5):392-396.

陈乙萍,2017.城乡统一建设用地市场培育问题及运行机制研究[D].重庆:西南大学.

陈悦,刘栋子,严伟涛,2012.重庆农村土地交易所的运行机制及其优化[J].重庆社会科学(2):105-109.

陈智广,2017.国外林权流转交易制度借鉴[J].世界农业(7):96-101.

程贵孙,陈宏民,孙武军,2006.双边市场视角下的平台企业行为的研究[J].经济理论与经济管理(9):55-60.

程庆荣,潘光辉,杨海燕,等,2010.集体林林权流转的交易制度及资本运作研究综述[J].广东林业科技(1):102-107.

程欣炜,林乐芬,2014.农村产权市场化创新机制效应分析:来自全国农村改革试验区东海农村产权交易所的实践模式[J].华东经济管理,28(9):7-13.

程云行,2008.集体林区森林资源市场的分析框架及构建[J].生产力研究(18):85-86.

程云行,张春霞,2004.林地市场研究[J].林业经济问题(1):17-21.

邓云秀,2009.完善海南集体林权流转制度的立法思考[J].海南人大(7):16-19.

董加云,刘金龙,2012.理论与实践:中国集体林地流转研究进展与展望[J].林业经济问题(3):189-194.

董丽荣,2018.煤炭交易中心平台营销组合及平台定价影响机制研究[D].北京:中国矿业大学.

董维刚,许玉海,浮红芬,2013.多归属情形下产业间平台合作的经济效应[J].运筹与管理,22(5):209-216.

杜艳,2010.林权交易中心如何在林改中更好发挥作用[N].中国绿色时报,06-30(003).

丁洁,王姝,张琪,2012.省级产权交易市场一体化运行机制构建[J].商业时代(22):103-104.

方斌,2017.林业产权交易所经营目标的模式及功能定位:以华东和南方两个林业产权交易所为例的比较分析[J].安徽林业科技,43(1):28-31.

方燕,张昕竹,2012.机制设计理论综述[J].当代财经(7):119-128.

樊喜斌,2010.中国集体林地市场流转研究[D].北京:中国林业科学研究院.

顾艳红,2012.林农合作组织与成员合作行为的演化博弈分析[J].北京林业大学学报(1):74-78.

高鹏芳,2019.论集体林权流转交易体系的完善:以浙江省的探索实践为例[J].改革与战略(9):84-91.

官汝凯,孙宁,王大中,2015.基于双边交易环境的中间商拍卖机制设计[J].经济研究(11):121-132.

关江华,黄朝禧,2015.基于双边理论的农村宅基地流转市场模式研究[J].华中农业大学学报(6):86-91.

关路,张景静,张一宁,2021.我国森林碳汇机制建设对集体林权改革绩效的影响[J].税务与经济(5):69-76.

国家林业和草原局,2018.2017年全国林业发展统计公报[EB/OL].(2018-05-31)[2023-06-02].http://www.forestry.gov.cn/main/58/20180606/153229126795200.html.

郭燕茹,2016.林权流转过程中林农权益保障问题研究[J].林业经济(9):22-26.

韩国庆,2016.全国统一碳交易市场交易机制构建博弈分析[D].北京:首都经济贸易大学.

韩雅清,魏远竹,2017.林权交易中心的双边市场性质探讨[J].林业经济(5):64-70.

贺超,张璐,李杨,等,2017.林权流转价格形成机制及其影响因素研究:基于辽宁、福建、江西等七省农户调查数据分析[J].价格理论与实践(10):76-79.

侯光明,石秀,张旭,2017.基于双向拍卖的资产证券化交易价格机制研究[J].金融理论与实践(3):20-25.

黄宝连,2012.农地产权流转平台及机制研究[D].杭州:浙江大学.

黄和亮,2005.林地市场与林地市场化配置研究[D].福州:福建农林大学.

黄健生,温荣洪,朱再昱,2011.集体林权改革后林权流转价格演变机理与政策设计研究[J].价格月刊(6):8-11.

黄凯南,2009.演化博弈与演化经济学[J].经济研究(3):132-145.

胡超,郭红,王雨林,等,2011.林地流转的博弈分析:基于交易成本的角度[J].林业经济(3):30-33.

胡加林,叶雄英,2005.林业产权市场初探[J].江西林业科技(6):17-20,26.

贾卫国,俞小平,2010.江苏林业要素流转市场的建立[J].南京林业大学学报:自然科学版(5):129-132.

吉亚辉,曹希广,2016.基于贝叶斯纳什均衡分析的我国稀土出口定价形成机制[J].价格月刊(9):12-16.

纪汉霖,王小芳,2007.双边市场视角下平台互联互通问题的研究[J].南方经济(11):72-82.

纪汉霖,王小芳,2014.平台差异化且用户部分多归属的双边市场竞争[J].系统工程理论与实践(6):1398-1406.

蒋莹,2013.林权流转价格研究[D].南京:南京林业大学.

蒋莹,曾华锋,聂影,2012.江西省林权流转价格调查研究[J].林业调查规划(6):59-63.

孔凡斌,杜丽,2008.集体林权制度改革中的林权流转及规范问题研究[J].林业经济问题,28(5):377-385.

孔凡斌,廖文梅,郑云青,2011.集体林权流转理论和政策研究述评与展望[J].农业经济问题(11):100-105.

冷清波,2011.中国集体林权竞争市场中交易行为博弈分析[J].西北林学院学报,26(6):224-228.

李丹,2012.我国集体林权流转和交易法律制度研究[J].河南财经政法大学学报(1):186-192.

李丹,2015.基于双边市场理论的社区服务平台定价[D].南京:南京理工大学.

李兰英,周子贵,郑文彪,等,2015.林权流转价格及其影响因素的实证研究:基于浙江省342个样本的分析[J].林业经济问题(5):385-389.

李莉,周莹,2021.推动辽宁省农村产权交易流转市场做强做大的建议[J].农业经济(11):140-141.

李丽丽,2008.关于林权流转政策法律层面的对策思考[J].内蒙古农业大学学报(社会科学版)(3):145-146.

李茗,陈绍志,叶兵,2013.德国林业管理和成效借鉴[J].世界林业经济(3):83-86.

李森彪,邢文杰,2019.双边市场下商家和电子商务平台的演化博弈分析[J].运筹与管理(9):75-83.

李万明,陈桃桃,2017."互联网+"土地流转:新型土地流转模式运行机制研究:基于土流网的经验考察[J].价格月刊(10):81-85.

梁君,2014.基于双边市场理论的会展平台运营策略:以东盟博览会为例[J].广西师范大学学报:哲学社会科学版(1):44-48.

林彤,宋戈,2018.基于规模经营的农地流转策略演化博弈分析:以黑龙江省克山县为例[J].干旱区资源与环境,32(7):15-22.

林燕新,2013.珠海市产权交易中心运行机制存在的问题与创新研究[D].长沙:湖南工业大学.

刘彪彪,黎璇,刘笑冰,2022.江西省深化集体林权制度改革的实践成效及发展对策[J].安徽农业科学,50(16):87-90.

刘璨,张永亮,刘浩,等,2015.集体林权制度改革及配套改革农户意愿与行动研究:基于长期农户大样本数据[J].林业经济(12):3-13.

刘维奇,张苏,2016.基于双边市场理论的平台企业互联互通问题分析[J].系统工程(6):85-88.

刘丛丛,王文英,2012.我国森林碳汇市场构建的研究[J].中国林业经济(3):23-25.

刘卫柏,2013.我国农村土地流转机制研究[D].长沙:中南大学.

刘培凯,2016.林权流转价格及其影响因素研究[D].杭州:浙江农林大学.

刘园园,谢煜,张浩,等,2012.林权交易市场中交易行为的博弈分析[J].林业经济问题,32(5):433-439.

刘园园,2013.基于个体行为博弈的林权交易市场仿真分析[D].南京:南京林业大学.

刘祖军,陈念东,2018.集体林地使用权交易价格形成机制优化设计[J].闽江学院学报(4):41-45.

卢秋佳,魏远竹,徐龙顺,等,2018.计划行为理论视角农户选择林权交易中心意愿分析[J].林业经济问题,38(6):49-55.

逯宇铎,2016.垄断市场结构下跨境电商平台定价研究[J].科技与管理(3):32-39.

吕铎,罗兰,赵春荣,2014.基于演化博弈的集体林权流转市场初级阶段的理论探索[J].林业经济问题,34(1):43-49.

冒佩华,徐骥,2015.农地制度、土地经营权流转与农民收入增长[J].管理世界(5):63-74.

孟繁超,2017.双边市场下平台产业收费模式研究[J].商业经济研究(21):81-84.

孟刚,2012.黑龙江省矿业权市场运行机制研究[D].武汉:中国地质大学.

聂力,2013.我国碳排放权交易博弈分析[D].北京:首都经济贸易大学.

聂影,2009.森林资源市场化流转的产权障碍及其解决路径[J].生态经济(9):154-158.

乔永平,2008.森林资源产权市场建设研究[D].南京:南京林业大学.

乔永平,2011.森林资源产权市场建设的实践与探索:以南方林业产权交易所为例[J].中国林业经济,7(4):26-28.

乔永平,曾华锋,2013.南方集体林区森林资源产权市场交易平台的整合[J].中国林业经济,2(1):26-29.

乔永平,2014.森林资源产权场内交易分析:基于南方林业产权交易所的数据[J].江苏农业科学,42(9):430-433.

乔永平,聂影,2012.森林资源产权市场制约因素及对策分析:基于供求视角[J].生态经济(2):123-126.

权立森,2018.我国林权流转挂牌交易成交价的影响因素分析[J].山西林业科技,47(3):60-62.

任丽明,阴霞,张振宇,等,2019.知识产权转让定价研究:基于双向拍卖模型的分析[J].价格理论与实践(7):128-131.

史竹琴,2018.科技型中小企业创新生态系统构建与运行机制研究[D].太原:太原理工大学.

帅晓林,2011.我国农村承包地流转市场供求机制及其构建方略探析[J].林业经济评论,33(3):49-53.

司马红,程华,2012.双边市场中的客户基础建立策略:关于日本电子货币产业的考察[J].管理评论,24(11):37-43.

谭春平,王烨,申凤平,2018.基于第四方物流的物流园区互联互通问题研究:双边市场视角[J].商业经济与管理,(6):16-26.

谭春平,王烨,赵晖,2018.基于第四方物流的物流园区收费模式研究:两部收费制双边市场结构模型[J].软科学(8):140-144.

天津市农村产权交易所,2021.天津市推动林权公开挂牌交易[J].产权导刊(4):67-68.

王德福,2015.农村产权交易市场的运行困境与完善路径[J].中州学刊(11):49-53.

王桂华,付新月,2017.美国林权交易:历史演进、动因与特征研究[J].世界农业(11):52-57.

王婉欣,乔木春,2023.辽宁省农村集体产权交易市场建设情况分析:以沈阳农交中心为例[J].农业经济(2):116-117.

王文举,韩国庆,2016.碳排放权交易平台手续费定价博弈分析[J].价格月刊(9):1-5.

王杨,张力,张大红,2014.基于SWOT:AHP分析的涪陵林权交易所发展策略研究[J].林业经济(9):65-68.

王耀华,2009.森林碳汇市场构建和运行机制研究[D].哈尔滨:东北林业大学.

参考文献

王兆位.多商品双边拍卖市场中的报价策略研究[D].武汉:武汉理工大学,2017.

魏远竹,谢帮生,陈建敏,2011.福建省林权交易主要方式比较分析[J].林业经济问题,31(4):304-309,341.

魏远竹,谢帮生,叶莉,2014.农户选择林权交易中心的影响因素实证分析:以福建省尤溪、邵武、沙县、永安四县市为例[J].东南学术(1):143-151.

魏远竹,谢帮生,张宝芳,2011.福建省林权交易中心案例研究:以永安、沙县、尤溪、邵武为例[J].林业经济(10):19-25.

温琳,2013.煤炭智能园物流园区平台运营模式研究:以中誉罕台川北煤炭智能物流园区为例及[D].北京:中国地质大学.

温作民,朱小静,谢煜,等,2011.浙江省林权交易中心的完善与发展[J].林业经济评论,1(00):53-59.

吴汉洪,孟剑,2014.双边市场理论与应用述评[J].中国人民大学学报(2):149-156.

吴明发,2012.宅基地使用权流转机制研究[D].南京:南京农业大学.

吴南,鹿永华,马明伟,等,2013.林地流转的价格分析[J].林业经济(7):40-43.

吴守蓉,李柯樵,白石则彦,2016.我国林权管理服务机构的运行特征和优化设计[J].农村经济(11):52-56.

肖欣伟,黄蕊,肖晶,2017.深化集体林权制度改革的主要障碍与措施[J].经济纵横(4):52-56.

谢帮生,魏远竹,2010.福建省林权交易中心的 SWOT 分析:基于福建省永安、沙县、尤溪、邵武四县市的调查[J].林业经济问题(6):501-506.

谢识予,2002.经济博弈论[M].第二版.上海:复旦大学出版社.

谢屹,2019.日本民有林流转市场近况及管理制度探析[J].世界林业研究(3):96-100.

195

谢屹,2008. 江西省集体林权制度改革中的林地林木流转研究[D]. 北京:北京林业大学.

谢屹,温亚利,陈建成,2012. 我国林权交易市场的现状与展望[J]. 林业经济(9):3-7.

谢煜,蔡志坚,张浩,等,2013. 基于多主体的林权交易市场仿真研究框架[J]. 林业经济(4):37-42.

谢煜,朱小静,温作民,等,2013. 集体林权制度改革后林权交易市场的运行机制研究[J]. 农村经济(12):33-37.

谢煜,朱小静,温作民,等,2016. 为什么小规模林农没有选择场内交易:来自浙江的实证研究[J]. 农林经济管理学报,15(3):271-279.

邢大宁,赵启兰,邨红虎,2018. 基于双边市场理论的物流信息平台定价策略研究[J]. 商业经济与管理,38(6):5-15.

徐秀英,2018. 浙江省深化集体林权制度改革实践与对策研究[J]. 林业经济(8):30-35.

杨丽颖,谢煜,2017. 中国林业产权场内交易现状分析:基于南方林业产权交易所4565条交易数据[J]. 林业经济问题(5):79-84.

杨丽颖,2018. 中国林业产权交易市场场内交易研究[D]. 南京:南京林业大学.

杨森,王先甲,周彦辰,等,2011. 基于拍卖理论的水价研究[J]. 武汉大学学报(4):187-191.

杨晓杰,明丽,2006. 我国林权制度改革与林业要素市场的建立[J]. 商业研究(4):187-190.

姚淑娥,2008. 林权交易中的法律风险预防[J]. 林业经济问题(1):11-14,64.

姚星期,温亚利,秦涛,2007. 基于交易成本理论的林权交易分析[J]. 西北林学院学报,22(3):152-156.

喻胜云,2007. 林权流转的法律属性分析[J]. 安徽农业科学(32):10481-10482.

曾华锋,聂影,2009.林地流转的必然性和弱市场化趋势调控:以福建省为例[J].北京林业大学学报(社会科学版),8(3):120-125.

曾华锋,蒋莹,聂影,2013.林权流转价格调查研究:以江西省林权交易市场为例[J].林业经济问题,(1):56-60.

翟洪波,李怡,高岚,2015.我国集体林权流转问题研究综述[J].林业经济(10):94-100.

张驰,2013.基于双边市场理论的零售平台接入机制研究[D].成都:西南财经大学.

张虎,2019.我国集体林权改革与林业发展的政治经济分析[J].中国林业经济(6):17-19.

张凯,王菲,2019.天津农交所实施"市—区—镇"三位一体农村产权交易体系运营模式[J].产权导刊(3):56-59.

张蕾,蔡志坚,2010.论林地流转中的制度失衡问题[J].经济与管理,24(12):77-80.

张立,温作民,2013.我国林权交易市场存在的问题及成因分析[J].经济论坛(8):92-94.

张丽影,2016.林权流转交易制度研究[D].哈尔滨:东北林业大学.

张松,仲从涛,2008.林权流转与法律规定问题的探讨[J].林业勘查设计(1):14-15.

张苏,2017.双边平台拓展用户基础的策略研究[D].太原:山西大学.

章瑞,2014.云计算服务的定价策略研究[D].上海:东华大学.

张晓丽,2013.基于林权交易市场的林业引资路径与模式研究[D].北京:北京林业大学.

张鑫琦,2015.我国网络零售平台的运行机制和模式创新研究[D].长春:吉林大学.

张雪峰,2014.土地使用权机制设计[D].北京:清华大学.

张亚琼,2008.林权流转过程中的若干问题研究[D].福州:福建农林大学.

张月月,李兰英,章伟民,等,2019.林权流转价格及其影响因素分析[J].林业经济问题(2):143-147.

赵佩华,2009.基于演化博弈理论的跨国公司技术转让策略研究[D].广州:华南理工大学.

钟林,2009.基于产权约束的农地流转市场定价研究[D].成都:电子科技大学.

钟林,唐小我,2010.基于双向拍卖模型的农地流转交易研究[J].预测(2):47-52.

浙江省林业局,2020.林改释放活力提振山区经济[EB/OL].(2020-08-11)[2023-07-15].http://lyj.zj.gov.cn/art/2020/8/11/art_1276365_54274134.html.

周朝民,李寿德,2012.佣金约束条件下排污权双边叫价拍卖机制设计[J].上海管理科学(3):104-106.

朱述斌,2011.农地流转市场中介平台与定价机制研究:基于双边市场理论的视角[J].农业经济与管理(3):39-46.

朱再昱,曹建华,王红英,等,2010.构建区域中心性林权交易市场的探讨:以江西省赣州市17个县市为例[J].林业经济(4):45-49.

朱再昱,康小兰,余玉荣,等,2012.林地流转价格形成的实证分析:以江西省281农户为例[J].西北林学院学报(2):261-265.

朱再昱,温荣洪,黄健生,等,2011.林权流转的内在机理和江西的实践研究[J].生态经济(5):100-104.

邹丽梅,2015.林权流转中参与主体权责[J].林业科学,51(6):141-146.

ADAMOPOULOS T,2008. Land inequality and the transition to modern growth[J]. Review of economic dynamics,11(2): 257-282.

ARMSTRONG M,2006. Competition in two-sided markets[J]. The rand journal of economics,37(3): 668-691.

ASSARZADEGAN P, HEJAZI S R, RAISSI G A, 2020. An evolutionary game theoretic model for analyzing retailers' behavior when introducing economy and premium private labels[J]. Journal of retailing and consumer services,57: 102227.

BARDEY D, CREMER H, LOZACHMEUR J M, 2014. Competition in two-sided markets with common network externalities[J]. Review of industrial organization,44(4): 327-345.

BELLEFLAMME P, MARTIN P, 2019. Managing competition on a two-sided platform[J]. Journal of economics & management strategy,28 (1):5-22.

BLINN C R, JAKES P J, SAKAI M, 2007. Forest landowner coopera-tives in the United States: a local focus for engaging landowners[J]. Journal of forestry,105(5): 245-251.

BOLT W, TIEMAN A F, 2006. On myopic equilibria in dynamic games with endogenous discounting [C]. Netherlands Central Bank.

CARRONI E, 2016. Competitive customer poaching with asymmetric firms [J]. International journal of industrial organization,48: 173-206.

CHATTERJEE K, SAMUELSON W, 1983. Bargaining under incomplete information[J]. Operations research,31(5): 835-851.

DANG T K P, TURNHOUT E, ARTS B, 2012. Changing forestry discourses in Vietnam in the past 20 years[J]. Forest policy and economics,(25): 31-41.

DEMANGE G, GALE D, 1985. The strategy structure of two-sided matching markets[J]. Econometrica: journal of the econometric society: 873-888.

DIMITRIOU L, TSEKERIS T, 2009. Evolutionary game-theoretic model for dynamic congestion pricing in multi-class traffic networks[J]. Netnomics: economic research and electronic networking,10: 103-121.

EVANS D S, SCHMALENSEE R. The industrial organization of markets with two-sided platforms [J]. Competition policy international, 2007, 3 (1): 151-179.

GABSZEWICZ J J, WAUTHY X Y, 2014. Vertical product differentiation and two-sided markets[J]. Economics Letters, 123(1): 58-61.

GAL-OR E, 2020. Market segmentation on dating platforms[J]. International journal of industrial organization, 68: 102558.

GERMAN L, MANDONDO A, PAUMGARTEN F, et al., 2014. Shifting rights, property and authority in the forest frontier: 'stakes' for local land users and citizens[J]. Journal of peasant studies, 41(1): 51-78.

GUIJARRO L, PLA V, VIDAL J R, et al., 2016. Maximum-profit two-sided pricing in service platforms based on wireless sensor networks[J]. IEEE wireless communications letters, 5(1):8-11.

HAN T A, PERRET C, POWERS S T, 2021. When to (or not to) trust intelligent machines: insights from an evolutionary game theory analysis of trust in repeated games[J]. Cognitive systems research, 68: 111-124.

HERBOHN J L, HARRISON S R, 2004. The evolving nature of small-scale forestry in Australia[J]. Journal of forestry, 102(1): 42-47.

HOFBAUER J, WEIBULL J W, 1995. Evolutionary selection against dominated strategies[R]. IUI Working Paper.

MCGUIRE C B, 1972. Decision and organization: a volume in honor of Jacob Marschak[J]. New phytologist, 198(4):1215-1227.

JIANG H, ZHAN S, SHU Z, 2017. Two-sided market pricing in operations management: review of current literature and research directions [J]. Management science and engineering, 11(4): 30-35.

KARSENTY A, VOGEL A, CASTELL F, 2014. "Carbon rights", REDD+

and payments for environmental services[J]. Environmental science & policy, 35: 20-29.

KIM B C, LEE J, PARK H, 2013. Dynamic platform competition in a two-sided market: evidence from the online daily deals promotion industry [J]. Industry specific strategy & policy journal, 40(5): 455-463.

KITTREDGE D B, 2003. Private forestland owners in Sweden: large-scale cooperation in action[J]. Journal of forestry, 101(2): 41-46.

KODERA T, 2015. Discriminatory pricing and spatial competition in two-sided media markets[J]. The BE journal of economic analysis & policy, 15(2): 891-926.

KOROSO N H, VAN DER MOLEN P, TULADHAR A M, et al., 2013. Does the Chinese market for urban land use rights meet good governance principle ?[J]. Land use policy, 30(1): 417-426.

LEE S M, 2016. Incentive compatibility of large centralized matching markets[J]. The review of economic studies (84): 444-463.

LI J, ZHANG Y, 2020. The side with larger network externality should be targeted aggressively? Monopoly pricing, reference price and two-sided markets[J]. Electronic commerce research and applications, 43: 100995.

LISEC A, FERLAN M, LOBNIK F, et al., 2008. Modelling the rural land transaction procedure[J]. Land use policy, 25(2): 286-297.

LIU J C, CHEN W H, 2010. Survey and analysis of forest land trade centers in Southern China: a case study of Jiangxi Province[C]//Scandinavian forest economics: proceedings of the Biennial Meeting of the Scandinavian Society of Forest Economics: 172-183.

LIU Q, SERFES K, 2013. Price discrimination in two-sided markets[J]. Journal of economics & management strategy, 22(4): 768-786.

LU K, ZHOU J, LIN X, 2019. Research on compatibility strategy of ride-hailing platforms[J]. European journal of international management, 13(6): 880-906.

MACMILLAN D C, 2000. An economic case for land reform[J]. Land use policy, 17(1): 49-57.

MANTENA R, SAHA R L, 2012. Co-opetition between differentiated platforms in two-sided markets[J]. Journal of management information systems, 29(2): 109-140.

MASKIN E, 1978. A theorem on utilitarianism[J]. The review of economic studies, 45(1): 93-96.

MCAFEE R P, MCMILLAN J, 1992. Bidding rings[J]. The American economic review: 579-599.

MCDERMOTT C L, IRLAND L C, PACHECO P, 2015. Forest certification and legality initiatives in the Brazilian Amazon: lessons for effective and equitable forest governance[J]. Forest policy and economics, 50: 134-142.

MONKKONEN P, RONCONI L, 2013. Land use regulations, compliance and land markets in Argentina[J]. Urban studies, 50(10): 1951-1969.

MYERSON R B, 1981. Optimal auction design[J]. Mathematics of operations research, 6(1): 58-73.

MYERSON R B, 1982. Optimal coordination mechanisms in generalized principal-agent problems[J]. Journal of mathematical economics, 10(1): 67-81.

MYERSON R B, SATTERTHWAITE M A, 1983. Efficient mechanisms for bilateral trading[J]. Journal of economic theory, 29(2): 265-281.

NAGENDRA H, MUNROE D K, SOUTHWORTH J, 2004. From pattern to process: landscape fragmentation and the analysis of land use/land cover change[J]. Agriculture, ecosystems & environment:111-115.

NOAILLY J, VAN DEN BERGH J C J M, WITHAGEN C A, 2009. Local and global interactions in an evolutionary resource game[J]. Computational economics, 33: 155-173.

PABLO P, DEBORAH B, PETER C, et al., 2012. The recognition of forest rights in Latin America: progress and shortcomings of forest tenure reforms[J]. Society and natural resources (25):556-571.

HO P, 2005. Development dilemmas: land reform and institutional change in China[M]. London: Routledge.

PRUETZ R, 2003. Beyond givings and takings: saving natural areas, farmland, and historic landmarks with transfer of development rights and density transfer charges[M]. London: Arje Pr.

REISINGER M, 2014. Two-part tariff competition between two-sided platforms[J]. European economic review, 68:168-180.

ROCHET JC, TIROLE J, 2003. Platform competition in two-sided markets [J]. Journal of the European economic association, 1(4):990-1029.

ROCHET JC, TIROLE J, 2006. Two-sided markets: a progress report[J]. The rand journal of economics, 37(3):645-667.

ROHODEN K, ESTRADA R, OTROK H, et al., 2020. Evolutionary game theoretical model for stable femtocells' clusters formation in hetnets[J]. Computer communications, 161: 266-278.

RUNSHENG YIN, DAVID H, 1997. Impacts of rural reforms: the case of the Chinese forest sector[J]. Environment and development economics, 2 (3):291-305.

RYSMAN M,2009. The economics of two-sided markets[J]. Journal of economic perspectives,23(3):125-43.

SMITH J M,1982. Evolution and the theory of games[M]. Cambridge: Cambridge University Press: 10-27.

SMITH J M,1974. The theory of games and the evolution of animal conflicts[J]. Journal of theoretical biology,47(1): 209-221.

SMITH J M,PRICE G R,1973. The logic of animal conflict[J]. Nature, 246(5427): 15-18.

SUN C,2013. On the market risk of securitized timberlands[J]. Journal of forest economics,19(2):110-127.

TAYLOR P D,JONKER L B,2000. Evolutionarily stable strategy and game dynamics[J]. Mathematical social science,40: 145.

TIAN G Q,2008. Lecture notes on microeconomic theory[M]. Texas: Department of Economics in Texas A&M University:366-367.

VRANKEN L, SWINNEN J,2006. Land rental markets in transition: theory and evidence from Hungary[J]. World development, 34(3): 481-500.

WANG S Y,CHEN H M,WU D S,2019. Regulating platform competition in two-sided markets under the O2O era[J]. International journal of production economics,215:131-143.

WEIBULL J W,1995. Evolutionary game theory[M].Cambridge: the MIT Press: 35-67.

WILSON R,1985. Incentive efficiency of double auctions[J]. Econometrica: journal of the econometric society:1101-1115.

XIE H,WANG W,ZHANG X,2018. Evolutionary game and simulation of management strategies of fallow cultivated land: a case study in Hunan province,China[J]. Land use policy,71: 86-97.

YANG D T,1997. China's land arrangements and rural labor mobility[J]. China economic review,8(2):101-115.

附 录

附录1 南方集体林区林权交易中心基本情况调查问卷

问卷编号：_____

调研地点：_____省_____市_____县（区）

调研时间：____年____月____日____时

录入时间：____年____月____日

一、林权交易中心基本信息

交易中心的名称：_____

交易中心的性质（事业单位或企业性质）：_____

中心建立时间：_____

中心的注册资金：_____ 注册资金来源：_____

中心的资产总额：_____ 中心的场所面积：_____

现有中心的员工人数：_____ 其中具有事业编制的人数：_____

中心部门（岗位）设置：_____ 设立的分中心：_____

二、林权交易中心的基本职能（具有的服务职能打"√"）

序号	中介服务职能		行政管理服务职能		公共服务职能	
1	收集与发布流转交易信息		制定林权流转交易规则		林权纠纷调处	
2	组织开展林权流转交易		林木采伐许可证办理		林权抵押贷款	
3	林木采伐作业设计		林权登记和动态管理		林业科技与法律咨询服务	
4	森林资源资产评估		木材运输许可证办理		林业劳动力培训	
5	木竹产品展销		植物检疫证核发		林业投融资服务	
6	木竹产权交易		竹木检量		林权流转交易相关政策咨询	
7	开展碳汇交易		林地经营权流转证		林权收储服务	
8	其他：		其他：		其他：	

三、林权交易中心的具体交易情况

年份					
交易数量/笔					
交易面积/亩					
交易金额/万元					
交易单价/元					

四、林权交易中心的收费情况（请在下列选项中打"√"）

1	中心是否向林权需求方或供给方收取一定费用	A. 是；B. 否
2	您认为如果收取一定的服务费用，向哪一方收取相对合理呢？	A. 供给方；B. 需求方；C. 双方皆收取一定费用；D. 不太清楚
3	对同一笔交易是否应向交易双方采取不同的收费标准？	A. 是；B. 否；C. 不太清楚
4	林权交易中心合适的收费方式为	A. 收取会员注册费；B. 交易费（面积、次数和金额）；C. 会员和交易费相结合的方式
5	林权交易中心的收费标准为多少？（％）	
6	中心林地评估费标准为多少？（％）	
7	其他费用（％）	

五、林权交易中心管理情况

1. 中心员工工作的年限（　　）。

   A. 无经验　　　　　　B. 1～3 年　　　　　　C. 4～10 年

   D. 10 年以上

2. 中心员工受教育水平:硕士研究生及以上_____人、本科_____人、专科_____人、中专及以下_____人。

3. 林权交易中心整体员工的年龄分布情况：_____岁。

4. 新一轮林改后,通过林权交易中心流转交易的比例（　　）。

   A. 提高了　　　　　　B. 降低了　　　　　　C. 不变

5. 新一轮林改后,通过林权交易中心流转交易的速度（　　）。

   A. 提高了　　　　　　B. 降低了　　　　　　C. 不变

6. 当前林权交易中心提供流转交易的主要形式有（　　）。（可多选）

   A. 招投标　　　　　　B. 协商转让　　　　　　C. 拍卖

   D. 挂牌转让　　　　　E. 其他形式：_____

7. 中心的拍卖方式主要为（　　）。（可多选）

   A. 明标明投　　　　　B. 暗标明投　　　　　　C. 明标暗投

   D. 暗标暗投　　　　　E. 其他形式：_____

8. 为了吸引更多的林权供给方和林权需求方进入平台,中心需要采取哪些必要的措施（　　）。（可多选）

   A. 给予资金方面的补贴

   B. 免费提供技术方面的培训服务

   C. 提供各类服务信息的需求

   D. 林权抵押贷款和融资

   E. 其他：_____

9. 目前中心征收的主要林业税费项目有（　　）。（多选）

   A. 检疫费　　　　　　B. 增值税　　　　　　C. 所得税

D. 其他：_____

10. 目前林权交易中心提供一次流转交易的服务成本是否很高。（　　）

A. 很高　　B. 高　　C. 一般　　D. 低　　E. 很低

11. 目前林权交易中心的定位是（　　）。

A. 中介服务机构　　　　　　B、行政管理窗口

C. 公益性服务机构　　　　　D. 全部都有

12. 中心下一步流转交易完善的方向是（　　）。

A. 降低流转交易费用　　　　B. 加大宣传力度

C. 提高评估能力　　　　　　D. 完善交易方式

E. 上门服务　　　　　　　　F. 其他：_____

六、问答访谈

1. 林权交易中心的建设情况、未来定位和管理方式是什么？

2. 目前林权交易中心的流转交易政策、项目服务制度和扶持措施、政府出台的政策和法规情况是怎样的？

3. 林权交易中心目前存在的运行方面的问题，以及关于提高交易效率的建议。

附录2　关于林权交易中心运行机制的专家调查问卷

尊敬的专家：

  为深入了解南方集体林区林权交易中心在运行过程中所面临的主要问题，进一步完善林权交易中心运行机制，规范管理林权交易市场，本课题组拟开展专家问卷调查。问卷调查结果仅用作学术研究，将会以汇总的方式呈现，并不会具体说明某个被调查者的看法。请根据您的实际情况，并结合问卷的具体要求如实填写。感谢您的配合与支持！

一、个人信息

  为了更好地将相关统计信息进行反馈，请留下您的联系方式，非常感谢您的配合！

  填表人姓名：_____　　电话：_____　　邮箱：_____

二、您的基本情况

您的性别	您的年龄	您的职业[①]	您的最高学历[②]	您所在的省份	您是否从事过与林业经济有关的工作	您从事与林业经济有关工作的实际年限	您是否从事过与林权流转相关的工作
0. 女（　） 1. 男（　）					0. 否（　） 1. 是（　）		

  注：①"您的职业"参照以下几个方面选择：A. 高校教师和行政员工；B. 林业系统行政部门的干部职工；C. 林业企业和事业单位的干部职工（高校除外）；D. 相关专业的硕、博士研究生；F. 其他_____。

  ②"您的最高学历"参照以下几个方面选择：A. 博士研究生；B. 硕士研究生；C. 本科；D. 专科及以下。

三、您对林权交易中心服务功能的看法

序号	林权交易中心的服务功能	目前中心具备的服务功能有哪些？请打"√"	对已有服务功能的评价：A. 很好 B. 好 C. 一般 D. 差 E. 很差
1	林权流转交易服务		
2	林权登记发证		
3	林业保险服务		
4	林木采伐许可证核发		
5	林权抵押贷款服务		
6	木竹产品展示展销		
7	林业碳汇交易服务		
8	木材运输证核发		
9	植物检疫证核发		
10	森林资源资产评估		
11	相关信息发布服务		
12	林业投融资服务		
13	林业劳动力培训服务		
14	科技、法律及政策咨询		
15	林权纠纷调处		
16	森林资源资产抵押登记		
17	其他（请说明）		

四、您对林权交易中心运行机制相关问题的看法（请在下列选项中打"√"）

一级指标	二级指标	评价意见
硬实力	交易场所的面积	A. 很大；B. 大；C. 一般；D. 小
	中心的地理位置	A. 很合理；B. 合理；C. 一般；D. 不合理
	流转交易的基础设备	A. 很完善；B. 完善；C. 一般；D. 不完善
	岗位人员配备	A. 很合理；B. 合理；C. 一般；D. 不合理
	政府每年财政拨款金额	A. 很大；B. 大；C. 一般；D. 小

续表

一级指标	二级指标	评价意见
软实力	在促使林权供给与需求平衡上发挥的作用	A. 很大；B. 大；C. 一般；D. 小
	获取流转交易信息服务	A. 很难；B. 难；C. 一般；D. 容易
	交易方式	A. 很完善；B. 完善；C. 一般；D. 不完善
	服务定价	A. 很高；B. 高；C. 差不多；D. 低
	社会化服务	A. 很完善；B. 完善；C. 一般；D. 不完善
	服务效率	A. 很高；B. 高；C. 差不多；D. 低
	事前交易准入要求	A. 很完善；B. 完善；C. 一般；D. 不完善
	事中交易规则	A. 很完善；B. 完善；C. 一般；D. 不完善
	事后交易监管制度	A. 很完善；B. 完善；C. 一般；D. 不完善

五、林权交易中心的市场特征（请在下列选项中打"√"）

1	林权供给方数量是否会影响需求方数量	A. 是；B. 否（跳到第3题）
2	林权供给方数量影响需求方数量程度的高低	A. 很高；B. 高；C. 一般；D. 低；E. 很低
3	林权供给方之间的影响程度	A. 很高；B. 高；C. 一般；D. 低；E. 很低
4	林权需求方之间的影响程度	A. 很高；B. 高；C. 一般；D. 低；E. 很低
4-1	林权供给方流转交易通过中心的可选择程度	A. 很高；B. 高；C. 一般；D. 低；E. 很低
4-2	林权需求方流转交易通过中心的可选择程度	A. 很高；B. 高；C. 一般；D. 低；E. 很低
5	林权供给方与需求方的家庭劳动力人口是否存在差异	A. 是；B. 否
6	林权供给方与需求方的家庭收入特征是否存在差异	A. 是；B. 否
7	林权供给方与需求方的现有林地面积是否存在差异	A. 是；B. 否
8	您认为林权交易中心向交易双方收取一定的服务费用是否合理	A. 是；B. 否

续表

9	您认为如果收取一定的服务费用,向哪一方收取相对合理	A. 供给方;B. 需求方;C. 双方皆收取一定费用
10	在同一笔交易中,中心是否向交易双方采取不同的收费标准	A. 是;B. 否;C. 不了解
11	林权交易中心向交易双方收取费用的方式为	A. 交易费(面积、次数和金额)B. 注册会员费 C. 会员费和交易费相结合的方式
12	林权需求方和供给方数量的增加是否会对林权交易中心的定价模式产生影响	A. 是;B. 否
13	不同收费模式是否对林权交易中心的经济效益和社会效益产生影响	A. 是;B. 否

六、您对林权交易供需双方的判断(请在下列表格中打"√")

	一般林农	林业大户	村集体	林业合作社	联合经营	林业企业
需求方(转入方)主要有						
最主要的需求方是						
供给方(转出方)主要有						
最主要的供给方是						

七、选择题

1. 据您了解,当前林权流转交易的主要方式包含(可以多选)(　　　),最主要的交易方式是(　　　)。

A. 通过林权交易中心实现交易

B. 双方私下协商交易

C. 通过其他社会中介机构进行交易

D. 由乡镇政府招投标办、村委会或村民小组统一组织招标买卖

E. 其他方式 _____

2. 通过林权交易中心流转的交易形式主要有（　　　）。（可多选）

A. 招投标　　　　　B. 协商转让　　　　C. 拍卖

D. 挂牌转让　　　　E. 其他形式：_____

3. 林权交易中心的拍卖方式主要采取什么形式？（　　　）（可多选）

A. 明标明投　　　　B. 暗标明投　　　　C. 明标暗投

D. 暗标暗投　　　　E. 其他形式：_____

4. 为了吸引更多的林权供给方和林权需求方进入平台，您觉得哪些措施是必要的？（　　　）（可多选）

A. 给予资金方面的补贴　　　　B. 免费提供技术方面的培训服务

C. 提供各类服务信息的需求　　　D. 林权抵押贷款和融资

E. 其他_____

5. 据您了解，当地政府是否出台了相关优惠政策鼓励交易双方通过林权交易中心进行交易？（　　　）

A. 是　　　　　　　B. 否　　　　　　　C. 不了解

6. 您认为完善林权交易中心运行机制应主要从哪几个方面入手？

_____

_____

附录3 南方集体林区农户关于林权交易中心的调查问卷

问卷编号：_____

调研地点：_____省_____市_____县（区）_____乡（镇）_____村

调研信息：受访者姓名：_____ 电话号码：_____

身份证号码：_____

访问者姓名：_____

复核员姓名：_____

调研时间：____年____月____日____时

录入时间：____年____月____日

访问时长：____小时

您好！

为深入了解南方集体林区林权交易中心在运行过程中面临的主要问题，进一步完善林权交易中心运行机制，规范管理林权交易市场，本课题组拟开展相关问卷调查。经过严格的科学抽样，我们选中了您作为本次调研的调查对象。您的回答对课题组了解当前南方集体林区林权交易中心的发展现状，以及政府部门制定合理的林业政策等具有重要的参考价值。

该问卷调查结果仅用作学术研究，将会以汇总的方式呈现。请根据您的实际情况，并结合问卷的具体要求如实填写。感谢您的配合与支持！

第一部分

A1 关于农户的家庭基本情况

2016年您的家庭总共____人；其中具备劳动能力的有____人，非农就

业的有_____人,从事农林业生产的有_____人;家庭内上大学的有_____人;16岁及以下的未成年人有_____人。

编码	与户主关系①	性别:0表示男1表示女	年龄/周岁	受教育程度/年	2010年以来外出务工年数	是否村干部或林业部门人员	是否参与林业经营	从事林业工作年限/年	是否兼业	是否接受过林业培训	若有,是什么类型的培训
1											
2											
3											
4											

注:①与户主关系:1表示户主;2表示配偶;3表示父母;4表示子女;5表示女婿或儿媳;6表示兄弟姐妹;7表示孙辈。
②是否题填写1或0:1表示是;0表示否。

A2 家庭经济方面的收支情况

A2-1. 家庭的基本收入情况(单位:元/年)

年份	项目						
	家庭总收入	林业经营收入	农业经营收入	商业经营收入	工资性收入	其他收入1(如政府补贴等)	其他收入2
2010年							
2016年							

A2-2. 家庭的基本支出情况(元/年)

年份	家庭总支出	家庭生活支出				林业投入		农业投入		其他投入
		教育开支	医疗开支	食品开支	送礼支出	其他大额开支	林业劳动总投工/工日	林业资金总投入/(元/年)	农业劳动总投工	农业资金总投入	
2010											
2016											

B1　林权流转交易情况（新一轮林改后）

序号	最近3次流转交易情况	1	2	3
1	流转交易方向:1. 转入　2. 转出			
2	具体哪一年实现流转交易？			
3	流转交易期限多久/年:1. 填具体年限（　　）2. 采伐完直接归还			
4	流转交易地块数/块			
5	流转交易面积/亩			
6	流转交易涉及的总金额/万元			
7	平均每亩的交易价格大概为多少/(万元/亩)			
8	流转交易对象类型:1. 林木林地同时流转交易　2. 林木流转交易　3. 林地流转交易　4. 其他:_____			
9	转出(入)林木林地情况:0. 空地(荒地)　1. 有林地			
10	若是有林地,林地的林木大概生长了（　　）年			
11	流转交易涉及的树种:1. 马尾松　2. 杉木　3. 阔叶树　4. 毛竹　5. 其他:_____			
12	流转交易涉及的林种:1. 经济林　2. 竹林　3. 用材林　4. 其他:_____			
13	流转交易的方式:1. 转让　2. 互换　3. 转包　4. 入股　5. 租赁　6. 其他形式:_____			
14	流转交易去(来)向:1. 同小组　2. 本村其他小组　3. 本村村集体　4. 外村			
15	流转交易地块离家平均距离/公里			
16	流转交易地块是否与您家原有地块连片或者相邻:　0. 否　1. 是			
17	流转交易地块是否被划为生态公益林:0. 否　1. 是			
18	转(出)入的林地是否与其他人采取联合经营的方式:0. 否　1. 是			
19	若采取联合经营的方式,那么您家所占的比例为多少/%			
20	流转交易当年您家庭的整体收入为多少/万元			
21	流转交易前后您从事的职业是否发生了变化:0. 否　1. 是			
22	流转交易前您主要从事的职业:1. 农林业生产　2. 做生意　3. 外出打工　4. 其他:_____			

续表

序号	最近3次流转交易情况	1	2	3
23	流转交易前后家庭经营的主要林种是否产生变化:0. 否　1. 是			
24	流转交易前后经营的主要树种是否产生变化:0. 否　1. 是			
25	支付流转交易费用的方式:1. 一次性支付(现金)　2. 分期付清　3. 砍伐后按比例抽成　4. 其他			
26	若是流入林地,对应的流转交易费用主要来源于:1. 自有　2. 银行贷款　3. 亲戚朋友借款　4. 亲戚朋友借款和银行贷款均有			
27	如有借、贷款,您的借、贷款金额大概是多少?（万元）			
28	您在流转交易过程中是否会听取其他人的指导和建议呢? 0. 否　1. 是			
29	您是否知道当地有林权交易中心(林业产权交易所、林业要素市场)? 1. 是　2. 否			
30	您对当地林权交易中心的熟悉程度? 1. 很了解　2. 了解　3. 一般　4. 不了解　5. 很不了解			
31	您认为获取林权流转交易信息的难易程度如何? 1. 非常简单　2. 比较简单　3. 一般　4. 较难　5. 非常难			
32	您是通过什么途径实现流转交易? 1. 林权交易中心　2. 乡镇招投标　3. 村集体组织的招投标　4. 自己寻找流转对象　5. 通过熟人介绍　6. 其他_____ (选择"1"请填表 B1-2,选择"2""3""4""5""6"请填表 B1-1。)			

B1-1　未通过林权交易中心流转交易的情况

1	若没有通过林权交易中心流转交易,那么测算林地价值有哪些方式:1. 当地林业站给出指导价格 2. 交易双方自行协商确定的价格 3. 专业的资产评估公司评估价格 4. 通过拍卖、招投标等竞价方式确定价格 5. 其他
2	是否拥有林权证:0. 否　1. 是
3	双方是否采取签订合同的措施:0. 否　1. 是
4	林权流转交易过程是否通过当地林业部门备案:0. 否　1. 是
5	流转交易前后,林权证是否进行变更:0. 否　1. 是
6	流转交易前后,林地是否产生过林权纠纷:0. 否　1. 是
7	流转交易前,交易双方是否认识:0. 否　1. 是
8	交易双方的关系:0. 不认识　1. 朋友或亲戚
9	流转交易前,您尝试寻找市场交易对象的频次:1. 很低　2. 低　3. 中等　4. 高　5. 很高
10	流转交易前,您上网搜寻或到交易中心主动打听市场信息的频次:1. 很低　2. 低　3. 中等　4. 高　5. 很高
11	达成交易前,双方进行谈判的回合数量:1. 很少　2. 少 3. 一般　4. 多　5. 很多
12	当地是否成立了专门的林权流转交易信息服务平台:0. 否　1. 是
13	(接12)若有,大概距离您家多少公里:_____
14	在流转交易过程中,双方进行交流或通电话的频次如何:1. 很低　2. 低　3. 一般　4. 高　5. 很高
15	从寻找对象开始到交易结束,完成一次林权流转交易所持续的时间是多长(天)
16	流转交易后,双方签订的合同是否执行:0. 否　1. 是
17	未来若要进行林权流转交易,您希望如何确定交易价格:1. 林权交易中心提供竞价方式　2. 双方协商定价　3. 村组确定　4. 森林资源资产评估机构　5. 其他_____
18	未来如果再有流转交易,您会选择什么渠道发布流转交易信息:1. 到林权交易中心登记　2. 到村委会登记　3. 通过合作社宣传　4. 其他_____
19	若以后有发生流转交易行为,您是否愿意通过林权交易中心进行流转交易: 0. 否　1. 是
20	若以后有发生林权流转交易,您认为林权交易中心在运行过程中需要完善哪些功能?(　　　　)(可多选) 1. 多元化的交易方式　2. 增加流转交易信息提供量　3. 制定服务定价制度　4. 简化交易手续　5. 其他_____

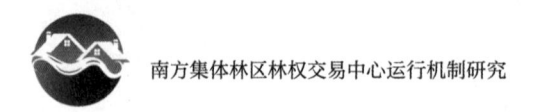

B1-2　通过林权交易中心流转交易的情况

1	通过交易平台所花的服务费用是多少？平台的具体收费模式有哪些？
2	流转交易的评估费用是多少？
3	流转交易的其他费用有哪些，分别是多少？（请具体说明）_____
4	测算林地价值有哪些方式：1.交易双方自行协商　2.专业资产评估公司　3.林业站给出指导价格　4.拍卖、招投标等竞价方式　5.其他
5	林权交易中心与家里的实际距离多少公里？
6	达成交易前，双方进行谈判的回合数：1.很少　2.少　3.中等　4.多　5.很多
7	双方是否采取签订合同的措施：0.否　1.是
8	流转交易前，交易双方是否认识：0.否　1.是
9	流转交易前后，林地是否产生过林权纠纷：0.否　1.是
10	流转交易前后，林权证是否进行变更：0.否　1.是
11	交易双方的关系：0.没有关系　1.朋友或亲戚
12	在流转交易前您上网搜寻或到中心打听市场信息的频次如何：1.很少　2.少　3.中等　4.多　5.很多
13	流转交易前，您尝试寻找交易对象的频次：1.很少　2.少　3.中等　4.多　5.很多
14	流转交易过程中双方交流或通电话的频次：1.很少　2.少　3.中等　4.多　5.很多
15	从寻找对象开始到交易结束，完成一次林权流转交易所持续的时间是多少天？
16	流转后，双方的合同是否有效执行：0.否　1.是
17	如果有机会再次流转交易，您是否愿意通过林权交易中心进行交易： 1.很不愿意　2.不愿意　3.一般　4.愿意　5.非常愿意
18	未来若要进行林权流转交易，您希望如何确定交易价格： 1.林权交易中心提供竞价方式　2.双方协商定价　3.村组确定　4.森林资源资产评估机构评估　5.其他_____
19	未来再有流转会通过什么渠道发布流转交易信息：1.到林权交易中心登记　2.到村委会登记　3.通过合作社宣传　4.其他方式，请说明_____
20	您认为林权交易中心向交易双方收取一定的服务费用是否合理：1.否　2.是
21	如果平台需要收取一定的服务费用，您认为向哪一方收取相对合理： 1.向双方皆收取一定费用　2.需求方　3.供给方

续表

22	在同一笔交易中,您认为是否应向交易双方采取不同的收费标准:1. 否　2. 是　3. 不了解
23	您认为林权交易中心应当采取的收费方式:1. 交易费(面积、次数和金额)　2. 注册会员费　3. 会员和交易费相结合的方式
24	如果林权交易中心收取一定的服务费用,您是否愿意通过中心实现流转交易:1. 愿意　2. 不愿意　3. 不确定
25	以后如果有发生林权流转交易,那么您认为林权交易中心在运行过程中需要完善哪些功能(可多选): 1. 多元化的交易方式　2. 增加流转交易信息提供量　3. 制定服务定价制度 4. 简化交易手续　5. 其他_____

B2　未发生林权流转交易的情况

1	您是否愿意进行林权流转交易:0. 否　1. 是
2	未来如有流转交易,您会选择什么渠道发布流转交易信息:1. 到林权交易中心登记　2. 到村委会登记　3. 通过合作社宣传　4. 其他_____
3	以后如果有进行林木林地流转交易,您会选择通过什么样的途径实现流转交易: 1. 林权交易中心　2. 村集体　3. 自己寻找流转交易对象　4. 其他_____
4	未来若要进行林权流转交易,您希望如何确定交易价格:1. 林权交易中心提供竞价方式　2. 双方协商定价　3. 村组确定　4. 森林资源资产评估机构评估 5. 其他_____
5	以后有发生林权流转交易,您认为林权交易中心在运行过程中需要完善哪些功能(可多选): 1. 多元化的交易方式　2. 增加流转交易信息提供量　3. 制定服务定价制度 4. 简化交易手续　5. 其他_____

附录4 林权交易中心运行机制的指标评价调查问卷

尊敬的专家：

为了深入了解南方集体林区林权交易中心在运行过程中所面临的主要问题，进一步完善林权交易中心运行机制，从而规范管理林权交易市场，本课题组拟开展专家问卷评价调查。此次问卷调查的结果仅用作学术研究，将会以汇总的方式呈现。请根据您的实际情况，并结合问卷的具体要求如实填写。感谢您的配合与支持！

一、个人信息

为了更好地将相关统计信息进行反馈，请留下您的联系方式，非常感谢您的配合！

填表人姓名：_____ 电话：_____ 邮箱：_____

二、问卷说明部分

本问卷的目的是应用层次分析法确定南方集体林区林权交易中心的评价指标的权重，主要从软实力和硬实力两个层面进行评价，并在两个层面设置相关的二级和三级指标，通过指标两两比较的方法确定权重的标度。权重的标度和意义如附表1所示，指标权重专家问卷示例如附表2所示，感谢您的合作！

附表1 权重的标度和意义

标度	意义	标度	意义
1	A_i 比 A_j 同等重要	—	—
3	A_i 比 A_j 稍微重要	1/3	A_i 比 A_j 稍微不重要
5	A_i 比 A_j 明显重要	1/5	A_i 比 A_j 明显不重要

续表

标度	意义	标度	意义
7	A_i 比 A_j 强烈重要	1/7	A_i 比 A_j 强烈不重要
9	A_i 比 A_j 极端重要	1/9	A_i 比 A_j 极端不重要
2、4、6、8	两相邻判断的中间值	1/2、1/4、1/6、1/8	两相邻判断的中间值

附表2 指标权重专家问卷示例

C	A_1	A_2	A_3	A_4
A_1		1(A_{12})	5(A_{13})	7(A_{14})
A_2			1/3(A_{23})	3(A_{24})
A_3				1/9(A_{34})
A_4				

三、举例说明部分

例如：一级指标中含有软实力和硬实力两个指标。在附表3中，若认为软实力比硬实力明显重要，则评分为5；若认为二者同等重要，则评分为1；若认为软实力比硬实力明显不重要，则评分为1/5；若认为软实力与硬实力相比的重要性介于同等重要和稍微重要之间，则评分为2；以此类推，评分越高代表重要性越强。

例如：一级指标中含有软实力和硬实力两个指标。在附表3中，若认为软实力比硬实力明显重要，则评分为5；若认为二者同等重要，则评分为1；若认为软实力比硬实力明显不重要，则评分为1/5；若认为软实力与硬实力相比的重要性介于同等重要和稍微重要之间，则评分为2；以此类推，评分越高代表重要性越强。

附表3 硬实力和软实力的比较（软实力比硬实力明显重要）

指标	硬实力
软实力	5

四、问卷主体部分

附表 4　一级指标的权重

指标	硬实力
软实力	

附表 5　二级指标的权重

指标	基础设施	人员经费	服务能力	制度建设
基础设施				
人员经费				
服务能力				
制度建设				

附表 6　基础设施下一级指标的权重

指标	交易场所的面积	场所地理位置	交易的基础设备
交易场所的面积			
场所地理位置			
交易的基础设备			

附表 7　人员经费下一级指标的权重

指标	工作人员配备	政府财政拨款
工作人员配备		
政府财政拨款		

附表 8　业务服务能力下一级指标的权重

指标	流转交易信息服务	交易方式的完善	交易成本是否更高	社会化服务的完善	服务效率的提升
流转交易信息服务					
交易方式的完善					
交易成本是否更高					
社会化服务的完善					
服务效率的提升					

附　录

附表 9　制度建设下一级指标的权重

指标	事前交易准入要求	事中交易规则	事后交易监管制度
事前交易准入要求			
事中交易规则			
事后交易监管制度			

附表 10　您对林权交易中心运行机制相关问题的看法（请在下列选项中打"√"）

一级指标	二级指标	三级指标	评价意见
硬实力	基础设施	交易场所的面积	A. 很大　B. 大　C. 一般　D. 小
		中心的地理位置	A. 很合理　B. 合理　C. 一般　D. 不合理
		流转交易的基础设备	A. 很完善　B. 完善　C. 一般　D. 不完善
	人员经费	岗位人员配备	A. 很合理　B. 合理　C. 一般　D. 不合理
		政府每年财政拨款金额	A. 很大　B. 大　C. 一般　D. 小
软实力	业务服务能力	获取流转交易信息服务	A. 很难　B. 难　C. 一般　D. 容易
		交易方式	A. 很完善　B. 完善　C. 一般　D. 不完善
		交易成本	A. 很高　B. 高　C. 差不多　D. 低
		社会化服务	A. 很完善　B. 完善　C. 一般　D. 不完善
		服务效率	A. 很高　B. 高　C. 差不多　D. 低
	制度建设	事前交易准入要求	A. 很完善　B. 完善　C. 一般　D. 不完善
		事中交易规则	A. 很完善　B. 完善　C. 一般　D. 不完善
		事后交易监管制度	A. 很完善　B. 完善　C. 一般　D. 不完善

您对指标分类及层次的相关意见：

附录5　县级林权交易规则(尤溪县)

第一条　根据《中华人民共和国森林法》、《国务院办公厅关于引导农村产权流转交易市场健康发展的意见》(国办发〔2014〕71号)等相关法律法规和文件精神,结合本县实际,制定本规则。

第二条　本规则所称林权交易是指国家、集体、个人或其他组织依法取得的林地使用权和森林或林木所有权、使用权的出让、转让。

第三条　林权交易应严格遵循法律规定,尊重个人意愿,保障合法权益,确保公开、公平、公正。任何单位或个人不得进行非法干预。

林权交易的出让方必须是林权权利人,或者受林权权利人委托的受托人。

第四条　本县行政区域内应公开进行的林权交易适应本规则。

第五条　成立县级林权交易中心,与县林权管理服务中心合署办公,负责县域内林权交易申请受理、材料审查、信息发布、备案登记、立卷归档等工作。

各乡镇设立林权交易分中心,与乡镇招投标办公室合署办公,负责收集辖区内集体林权流转交易信息,组织流转标的在100万元以下的集体所有林权交易,确认交易成果,指导流转双方订立林权流转合同,并负责向县林权交易中心报送林权交易成果材料。

县公共资源交易中心负责组织流转标的在100万元以上(含100万元)集体所有林权交易,确认交易成果,指导流转双方订立林权流转合同,并负责向县林权交易中心报送林权交易成果材料。

县鸿圣林业有限公司设立林权交易分中心,负责收集所属国有森林经营企业林权流转信息,组织林权流转交易,确认交易成果,协助流转双方订立林权流转合同,并负责向县林权交易中心报送林权交易成果材料。

第六条 下列林权可以流转交易:

(一)用材林、经济林、薪炭林;

(二)用材林、经济林、薪炭林的林地使用权;

(三)不在公益林经营区内的灌木林地、疏林地、采伐迹地、火烧迹地、未成林造林地、苗圃地和县级以上地方人民政府规划的宜林地的使用权;

(四)法律、法规规定的其他可以流转的林权。

第七条 国有森林资源、集体森林资源流转应当在县各级林权交易中心以公开交易方式进行。农户自留山、承包(含联户)经营的山林、其他组织或个人所有的山林可以自行选择是否在交易中心公开招标流转。

在集体林权流转交易过程中,必须经过本集体经济组织成员的村民会议三分之二以上的成员或三分之二以上村民代表大会的同意。如果集体林地使用权流转给本集体经济组织以外的单位或个人,还应当报乡(镇)人民政府批准。国有林权流转交易应经其主管部门批准同意。

林权流转期限最长不能超过法定期限,再流转的期限不得超过前一承包合同的剩余期限。

下列情形之一的林权不得交易:

(一)未依法取得《中华人民共和国林权证》的;

(二)林权权属有争议或权属不明晰的;

(三)被司法部门查封或冻结的。

第九条 林权交易依照以下程序进行:

(一)申请受理。出让方向尤溪县林权交易中心提出申请,提交下列材料。

1. 林权流转交易申请书。

2. 申请人的身份证明。

3. 中华人民共和国林权证。

4. 集体林权流转的提交村民会议或村民代表会议决议、森林资源资产评估报告书,集体林地使用权流转所在地乡(镇)人民政府的批准文件;国有森林资源流转的提交森林资源资产评估报告书,有关主管部门同意流转的批准文件;共有林权流转的提交全体共有权利人同意流转的证明材料、议事规则或合作章程、发包方同意流转的证明材料;其他组织(股份制林场、合作社等)林权流转的提交组织章程、股东会议或社员会议决议。

5. 法律、法规规定的其他有关材料。

(二)形式审查。县林权交易中心对林权交易出让方提供材料进行形式审查。

(三)交易委托。县林权交易中心与出让方签订交易委托书。

(四)发布公告。县林权交易中心应当在林权交易前10日发布公告。公告一般包括下列内容:交易标的、交易形式、交易时间、交易地点、竞买者条件、竞买者登记期限等。

(五)竞买保证金。投标人在规定期限内向出让方交纳竞买保证金。交易成交后,中标人的竞买保证金转为受让定金;未中标人的竞买保证金,出让方在交易活动结束后5个工作日内予以退还。

(六)交易组织。各乡镇和县鸿圣林业有限公司分中心采取招标、协议或其他方式进行交易,县公共资源交易中心采取招标、拍卖方式进行交易。同一交易品种再次组织交易的时间间隔不得少于5个交易日。

(七)交易鉴证。交易成功后,交易组织单位负责对交易结果确认并进行公告。

(八)结算交割。交易组织单位监督出让方与受让方进行成交价款结算。

(九)合同签订。在确认受让方后,出让方与受让方应遵循平等、协商和自愿的原则,共同签署由国家林业局、国家工商行政管理总局统一制定的《集体林权流转合同》或《集体林地承包合同》。

(十)备案建档。县林权交易中心对交易成功的林权交易建立档案。

(十一)产权登记。双方及时办理产权登记手续。

第十条 林权交易双方在交易过程中,违反法律法规或者《交易规则》,采取弄虚作假或其他不正当手段扰乱正常交易秩序或骗取交易结果的,应承担相应的法律责任。

第十一条 本规则自发布之日起施行,解释权归县林业局。

备注:该交易规则是2016—2019年调研过程中获得的、由尤溪县林业局提供的内部资料。

附录6　集体林权流转合同

甲方(出让方)：_____　　证件类型及编号：_____

联系地址：_____　　联系电话：_____

经营主体类型：☐农村居民　☐城镇居民　☐村集体经济组织

☐企业法人　☐农民合作社　☐其他_____

乙方(受让方)：_____　　证件类型及编号：_____

联系地址：_____　　联系电话：_____

经营主体类型：☐农村居民　☐城镇居民　☐村集体经济组织

☐企业法人　☐农民合作社　☐其他_____

为规范集体林权流转行为,维护流转当事人的合法权益,根据《中华人民共和国合同法》、《中华人民共和国农村土地承包法》、《中华人民共和国森林法》等相关规定,经甲乙双方共同协商,在平等自愿的基础上,订立本合同。

第一条　特定术语和规范

(一)本合同所称的集体林权流转是指在不改变集体林地所有权及林地用途和公益林性质的前提下,林权权利人将其依法取得的林木所有权、使用权和林地承包经营权或者林地经营权,依法全部或部分转移给其他公民、法人及其他组织的行为。

(二)集体林权流转应当遵循依法自愿、公平公正和诚实守信原则,任何组织和个人不得强迫或者阻碍进行林地承包经营权流转,流转的期限不得超过承包期的剩余期限。

(三)通过家庭承包取得的林权,采取转让方式流转的,应当经发包方同意；采取转包、出租、互换或者其他方式流转的,应当报发包方备案。

（四）集体统一经营管理的林权流转给本集体经济组织以外的单位或者个人的,应当在本集体经济组织内提前公示,经本集体经济组织成员会议三分之二以上成员或者三分之二以上村民代表同意后报乡（镇）人民政府批准。村集体经济组织应当对受让方的资信情况和经营能力进行审查后,再签订合同。

（五）林权采取互换、转让方式流转,当事人要求权属变更登记的,应当向县级以上地方人民政府申请登记。

第二条 流转标的物及流转

（一）预定流转林权的林权证书号（可另附件）：_____,以林权评估登记面积为准,共计_____亩,其中公益林____亩,商品林_____亩。

（二）甲方现通过□转包 □出租 □互换 □转让 □入股 □作为出资、合作条件 □其他_____方式流转给乙方,乙方对其受让的林地、林木应当依法开发利用。

（三）甲方将□林地经营权 □林木所有权 □林木使用权流转给乙方。

（四）流转林地上的附属建筑和资产情况及处置方式（可另附件）：_____。

（五）林权流转期限从_____年_____月_____日起至_____年_____月_____日止,共计_____年。甲方应于_____年_____月_____日之前将林地林木交付乙方。

第三条 流转价款及支付方式

（一）以资金进行计价：

1. 一次性付款方式。林地经营权流转价款按每年每亩为_____元,面积_____亩,共计为_____元,如林地上的林木一并转让的,按每年每亩_____元,共计_____元,支付时间为_____年_____月_____日。

2. 分期付款方式。共分为_____期,每期_____年,每期林地流转价款递增_____%。合同生效后_____日内由乙方向甲方一次性支付第一期的流转价款_____元,以及林地上的林木转让款_____元,共_____元。以后每_____年于当年_____月_____日前由乙方向甲方支付下一期的林地流转价款。

(二)以实物或者实物折资进行计价或者其他方式:_____
_____。

(三)公益林流转的,森林生态效益补偿资金由□甲方□乙方受偿,或者_____
_____。

(四)本合同生效后_____日内,乙方向甲方支付_____元作为合同定金。采取一次性付款的,定金在流转合同期满后_____日内一次性返还。分期付款的,定金在最后一期的流转价款中抵扣。

第四条 甲方的权利和义务

(一)有权依法获得流转收益,有权要求乙方按合同规定缴交林权流转价款。监督乙方依照合同约定的用途合理利用和保护林地。

(二)有权在本合同约定的流转林地期限届满后收回流转林地经营权或使用权。

(三)所提供的林地林木权属应清晰、合法,无权属纠纷和经济纠纷。如在流转后发现原转出的林地林木存在权属纠纷或经济纠纷的,由甲方负责处理并承担相应责任。

(四)提供所流转林地范围的全国统一式样的林权证、原转出方合法的集体决议纪录或与集体经济组织签订的原承包、流转经营合同等证明材料。

(五)不干涉和破坏乙方的生产经营活动。协助乙方做好护林防火和林区治安管理工作。协助乙方申办林地林木权属登记或变更登记、林木采伐手续,有关费用由乙方承担。

第五条 乙方的权利和义务

(一)依法享有受让林地使用、收益的权利,有权自主组织生产经营和处置产品。

（二）按合同约定及时支付流转价款。如该流转林地被依法征占用地，有权依法按规定获得相应的补偿。

（三）依法按规定申办林地林木权属登记或变更登记、林木采伐审批手续，不得非法砍伐林木。

（四）应当做好造林培育，其采伐迹地应在当年或者次年内完成造林更新，不得闲置丢荒，并保护好生态环境和水资源。

（五）依法做好护林防火、林业有害生物防治责任，保护野生动植物资源工作。

（六）应当严格按照国家和本地林业管理规定开发利用，不得擅自改变林地用途和公益林性质，不得破坏林业综合生产能力。

第六条 合同的变更、解除和终止

（一）在流转期内，乙方不得擅自将林地再次流转，如乙方确实需要再次流转的，必须经甲方同意，并依法办理相关手续。

（二）合同有效期间，因不可抗力因素致使合同全部不能履行时，本合同自动终止，甲方将合同终止日至流转到期日的期限内已收取的林权流转款退还给乙方；致使合同部分不能履行的，其他部分继续履行，流转价款作相应调整。

（三）合同期满后，如乙方继续经营该流转林地，必须在合同期满前90日内书面向甲方提出申请。如乙方不再继续流转经营，在合同期满后____日内将原流转的林地交还给甲方，乙方必须将原流转经营林地的林木妥善处理。未采伐林木的处理约定为_____。

（四）合同终止或解除后，原由乙方修建的道路、灌溉渠等设施，处置方式为_____；修建的房屋及其他可拆卸设施，处置方式为_____。

第七条 违约责任

（一）如甲方违约致使合同不能履行,须向乙方双倍返还定金;如乙方违约致使合同不能履行,所交付定金不予退还。因违约给对方造成损失的,违约方还应承担赔偿责任。

（二）甲方应按合同规定按时向乙方交付林地,逾期一日应向乙方支付应缴纳的流转价款的_____‰作为滞纳金。逾期_____日,乙方有权解除合同,甲方承担违约责任。

（三）甲方流转的林地手续不合法,或林地林木权属不清产生纠纷,致使合同全部或部分不能履行,甲方应承担违约责任。甲方违反合同约定擅自干涉和破坏乙方的生产经营,致使乙方无法进行正常的生产经营活动的,乙方有权单方解除合同,甲方应承担违约责任。

（四）乙方应按照合同规定按时足额向甲方支付林地林木流转价款,逾期一日乙方应向甲方支付本期（年）应付流转价款的_____‰作为滞纳金。逾期_____日,甲方有权单方解除合同,乙方应承担违约责任。

（五）自宜林地造林绿化约定期满_____日后,乙方不履行造林绿化约定的,甲方有权无偿收回未造林绿化的林地。

（六）乙方给流转林地造成永久性损害,或者擅自改变林地用途或者造成森林资源严重破坏,经县级以上林业主管部门确认后,甲方有权要求乙方赔偿违约损失、有权单方解除合同,收回该林地经营使用权,所收取的定金不予退还。

第八条 合同争议的解决方式

因本合同的订立、效力、履行、变更及终止等发生争议时,双方当事人可以通过协商解决,也可以请求村民委员会、乡（镇）人民政府等调解解决。当事人不愿协商、调解或者协商、调解不成的,约定采用如下方式解决:

□提请当地农村土地仲裁机构仲裁。□向有权管辖的人民法院提起诉讼。

第九条 附则

（一）本合同未尽事宜，经出让方、受让方协商一致后可签订补充协议。补充协议与本合同具有同等法律效力。

补充条款（可另附件）：_____。

（二）本合同自当事人签字盖章起生效。本合同一式_____份，由出让方、受让方、林地所有权的集体经济组织、县级林业主管部门、_____、_____各执一份。

甲方盖章（签字）：　　　　　　　乙方盖章（签字）：

法定代表（委托代理人）签字：　　法定代表（委托代理人）签字：

鉴证单位：（签章）　　　　　　　鉴证人：（签章）

南方集体林区林权交易中心运行机制研究

流转林权基本情况信息

预定流转林地、林木交付现状：_____

_____

_____

_____

编号	地块名称	林权证编号	面积（亩）	四至界限				GPS拐点坐标
				东向	南向	西向	北向	
1								
2								
3								
4								
5								
6								

预定的流转林地上建筑及附着物的当前状况：_____

_____

_____

_____

备注：本集体林权流转合同为示范文本，该示范文本由国家林业局和国家工商行政管理总局于2014年共同制定、解释，并在全国范围内推行使用，供中华人民共和国境内（不含港澳台地区）集体林权流转当事人签订合同时参照使用。

附录7　福建沙县农村产权交易中心有限公司佣金收取管理办法

第一条　根据福建沙县农村产权交易中心有限公司(以下简称"农交中心")企业法人、市场化运作的发展定位,为了进一步处理好农交中心公益性和效益性的关系,增强交易场所信息传递、价格发现、规范交易的市场功能,特制定本管理办法。

第二条　根据中华人民共和国国家发展和改革委员会《政府制定价格行为规则》第7号令文件精神、《关于进一步清理规范政府定价经营服务性收费的通知》(发改价格〔2019〕798号)文件规定,农交中心服务项目不属于政府定价目录,根据市场的原则,结合我公司实际,现制定本佣金收取管理办法。

第一章　农权类交易佣金标准

第三条　根据国务院《国务院办公厅关于引导农村产权流转交易市场健康发展的意见》(国办发〔2014〕71号)文件精神,鉴于农村产权流转以公益性为主,农交中心不收取本地农户、家庭农场、农民合作社、村集体经济组织作为受让双方在农户承包土地经营权流转和集体经营性资源使用权流转的交易佣金。

第四条　非本地农户(含家庭农场)及村集体经济组织的农权流转交易按以下标准单向收取交易佣金。

(一)线上竞价类:佣金收取标准采用差额定率累进方式计算,以成交金额为基数,按合同约定向单方收取。标准如下:

成交金额(万元)	佣金标准(费率%)
50 以下(含 50)	1
50～200(含 200)	0.8
200～500(含 500)	0.6
500～1000(含 1000)	0.4
1000 以上	0.3

(二)协议转让类:以成交总价的 1% 为标准,按协议约定向单方收取。

(三)其它类:按委托合同或公告约定收取佣金。

第五条 每宗交易佣金最低不少于 300 元,其中,采用网络竞价每宗交易佣金最低不少于 500 元。

第二章 村集体、国有林权流转及实物类交易佣金标准

第六条 村集体、国有林权流转及实物类采购按以下标准单向收取交易服务佣金:

交易品种	佣金标准	备注
林木所有权流转(活立木、木材竞买等正向竞价的林产品交易项目)	成交总额的 0.3% 单向收取	单个标的佣金不足 1500 元的,按 1500 元收取
林地经营租赁(林地使用权经营租赁、流转等正向竞价的交易项目)	租赁期 5 年(含)以下的,按 1 个月租金单向收取佣金;5 年以上的,按 2 个月租金单向收取	单个标的佣金不足 1500 元的,按 1500 元收取
实物类采购(林地抚育、采伐设计、采伐工程、营林物资等反向竞价的物资和服务采购项目)	挂牌总额的 0.3% 单向收费	单个标的佣金不足 1000 元的,按 1000 元收取

第七条 农交中心不向作为发包方的本地农户、村集体经济组织收取林权流转交易佣金。

第三章　涉农知识产权(农业科技成果)交易佣金标准

第八条　涉农知识产权标的成交价为挂牌转让底价的,交易佣金按协议成交价格的1%单向收取。

第九条　成交价高于挂牌转让底价,形成溢价的,交易佣金按下表分档递减累加单向收取:

标的金额(人民币:万元)	佣金标准(费率%)
100(含100)以下的部分	3
100~200(含200)的部分	2.5
200~500(含500)的部分	2
500~1000(含1000)的部分	1
1000以上的部分	0.5

第十条　每宗交易佣金最低不少于1000元,收费不足1000元的,按最低标准1000元收取。

第四章　国有经营性资产使用权流转佣金标准

第十一条　国有经营性资产使用权流转交易佣金是指在农交中心进行的国有经营性资产租赁与承包服务费用,农交中心可按相关规定经交易双方协商收取相应的佣金。

第十二条　国有经营性资产使用权流转项目以交易合同成交金额的1.50%收取佣金(佣金=成交总金额×1.50%)。

第十三条　按委托合同或公告约定收取佣金。

第五章　其他

第十四条　其他交易品种佣金,以及在交易活动中与第三方机构合作的佣金(服务费)收取标准由双方协商,以书面协议或合同另行约定。

第十五条　本办法由福建沙县农村产权交易中心有限公司负责解释。

第十六条 本办法报经董事会决议通过,报经监督管理委员会审核备案后执行。

第十七条 本办法报经董事会决议通过后执行,原《福建沙县农村产权交易中心有限公司佣金收取管理办法》同时废止。

备注:该佣金收取管理办法由福建沙县农村产权交易中心于2023年制定,具体参见:http://www.fncjys.com/#/allConponent/detail/664/13/ssbf/%E5%AE%9E%E6%96%BD%E5%8A%9E%E6%B3%95。

附录8　福建省将乐县林权交易中心招标管理意见

为充分发挥集体林权制度改革的工作成效,规范森林资源流转市场,保障森林资源流转当事人的合法权益,将乐县级林权交易中心(以下简称交易中心)为森林资源流转提供交易平台,林权权利人必须在该平台进行招标转让。具体招标转让办法如下:

一、林权转让委托招投标受理

1. 有意愿将林权招标转让的林权权利人向交易中心提出挂牌招标转让申请,交易中心负责招标工作的组织实施。

2. 交易中心在收到林权权利人招标申请后,根据申请书记载内容对该山场进行审核,并在2个工作日内答复申请人能否接受申请。

3. 接受申请后,申请人应向交易中心提供林权证原件,林权取得有关手续(原件),交易中心向申请人开具保管回执单,从接受申请到招标转让期期间,以上材料暂时由交易中心保管,并签订招标委托书。

4. 交易中心受理后,由申请人自行选定具有相应评估条件的资产评估中介机构对该山场进行评估。

5. 申请人应自行对拟转让地块进行实地标记,确保实地标记清晰、准确,不会引发歧义。

二、投标准备

1. 招标委托书签订完毕,交易中心发布招标通告,向社会发布招标信息。交易中心须在县行政服务中心电子信息栏为出让方免费发布招标转让信息,并在林权所在乡镇、林权所在村等地免费张贴招标通告。转让方要求其他信息发布渠道的,由交易中心负责代办。

2. 有意竞标者应自行对标的物的四至范围、面积、树材种、立木蓄积、出材量、伐区作业难易程度、道路状况、木材销售、当地社情民情等进行评估。除转让地块的四至范围外,出让方对其他影响林权价值的因素不做承诺。

3. 有意竞标者在勘察完山场后在规定时限内向招标通告上的指定账户存入投标押金(投标押金金额由交易中心和出让方共同确定),银行出具的押金凭条上应有投标人的姓名,凭押金凭条到森林资源流转交易中心购买标书。标书费用为每份100～200元,其中,投标山场面积在100亩以下(含100亩)的,标书费用按每份100元收取;投标山场面积在100亩以上的,标书费用按每份200元收取。

三、投标

1. 标书按要求填写,在通告上规定的时间段内送到交易中心,送标人会同交易中心工作人员将标书密封并注明送标时间。

2. 已缴交到交易中心的标书在开标前不得退回。

3. 标的物参标人达不到三个的,本次招标流标。

四、开标

1. 标底由出让方参考评估价自行设定,标底密封后在通告上的开标时间前半小时送至交易中心,出让方应在标底上签字确认。

2. 交易中心和林权出让方共同主持开标会。

3. 竞标金额最高且不低于出让方设定的标底者中标,如有两个或两个以上最高金额,则先送标者中标。

4. 交易中心通知中标者,并出具中标通知书。

五、转让款的收取

中标者的投标押金在中标后作为合同首付款,不退回。未中标者在招标结束后凭有效身份证件退回投标押金。中标者中标后,应携带真实有效的身份证件在开标当日与出让方签订林权转让合同。中标者应在中标之日起15日内将中标款缴至交易中心账户。中标者逾期未交清中标款的视为弃标,应向交易中心支付违约金,即合同首付款不退回,用于赔偿出让方损失。

六、林权转让登记

中标人缴清转让款后,出让方应主动办理林权转让登记手续,交易中心督促、协助双方尽快办理,林权转让登记手续应在缴清转让款后的15个工作日内(不含一个月林权登记公示期)办理完毕。若因出让方原因违约,造成在规定时间内无法进行林权转让登记,交易中心将通知相关部门扣留该山场林权证,并冻结山场,出让方不能进行林事活动,出让方应按投标押金数额向交易中心支付违约金,用于赔偿给中标人,并赎回林权证。林权转让登记完毕后3个工作日内,交易中心将转让款支付给出让方。

附件1：

招标申请书

将乐县森林资源流转交易中心：

  本人(单位)有一片山场,林权证号_____,林地所有权权利人_____,林地使用权权利人_____,森林或林木所有权权利人_____,森林或林木使用权权利人_____,山场坐落在_____,地名_____,林班_____,小班_____,面积_____,主要树种_____,林种_____,林地使用期_____,终止日期_____,林地使用费标准_____,林地使用费缴交方式_____,四至_____,宗地号_____,共有人_____。该山场权属清楚,无林权争议,林权取得手续完整、合法。现要求在将乐县森林资源流转交易中心挂牌招标转让,一切招标转让事宜委托你处按《将乐县森林资源流转交易中心招标管理意见》有关规定全权办理。

        申请人：

        共有人：

        林地所有权权利人(盖章)：

            年 月 日

附件2：

保管回执单

_____：

  本单位已接受贵方提出的林权招标转让申请，按《将乐县森林资源流转交易中心招标管理意见》规定，招标转让工作需要的重要依据，证号为_____的林权证和林权取得合同《_____》本单位保管，保管期限直到招标转让工作结束。

  一式两份

回执出具人：

送 达 人：

日   期：

附件3：

招标委托书

将乐县森林资源流转交易中心：

  本人（单位）向贵方递交的招标申请已获批准，本人（单位）对拟招标转让山场的有关信息和文件材料的真实有效性负责，在招标前我方确保拟招标山场的明显四至标记与图纸吻合。现委托你方组织招标转让工作，负责转让款的收取，并协助、督促办理林权转让登记手续。招标顺利完成，我方及时提供办理林权转让登记的一切手续。若因我方原因，在规定期限内无法为中标方办理林权转让登记手续，我方愿意支付违约金人民币_____万元给贵方用于赔偿中标方，并赎回林权证等文件。

委托人：_____

年　　月　　日

附件4：

将乐县森林资源流转交易中心林权招标转让通告

现有_____一片山场委托将乐县森林资源流转交易中心面向社会公开招标转让，现就具体事项通告如下：

一、本次标的物为指定山场标记范围内的林木，该山场地块有明显标记。

二、转让山场基本情况：

山场名称：1. 土名：_____，林班-大班-小班：_____，面积：354亩，主要树种_____。其他信息可咨询出让方或向将乐县森林资源流转交易中心咨询。

三、有意投标者要求咨询相关问题和勘察山场可与出让方联系，并自行对标的物进行评估、勘察山场。联系人_____，联系电话：_____。

四、投标者可自即日起凭有效身份证到将乐县森林资源交易中心购买标书（   ）。标书必须于_____年_____月_____日下午5:00前送到将乐县森林资源流转交易中心，我中心将于_____年_____月_____日10时在将乐县森林资源交易中心集中开标。

五、山场押金_____万元，参加投标者需于_____年_____月_____日前缴交投标押金到我中心账户：_____账号_____，联系人：_____，联系电话：_____。

一份投标押金，只能填写一份标书，标书须在购买后十五分钟内填写完毕并密封送达（投标者可先买标书后交押金，押金未按时缴交的标书无效）。未中标者投标押金于开标后凭有效身份证办理退回手续，存押金未购买标书者须缴纳壹佰元汇款手续费，中标者投标押金转为转让合同首付款。其

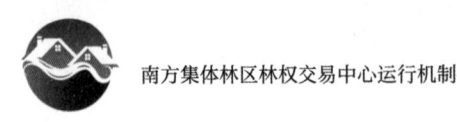

余款项在中标七日内交清,逾期未交视为弃标,弃标者须向我中心交纳违约金____万元,即合同首付款不退回。

六、开标时间: 年   月   日上午 10 时正。

七、开标地点:

八、其他规定详见《将乐县森林资源流转让交易中心林权招标转让管理意见》。

九、将乐县森林资源流转交易中心联系人:_____,联系电话:_____。

将乐县森林资源流转交易中心
年   月   日

附件5：

林权转让标书

一、招标转让林权情况

林权证号_____ 宗地号_____ 林班号_____ 树种_____ 林种_____ 土名_____ 四至范围山场实地有明显标记。

二、注意事项

1. 标书投标人姓名应与投标押金凭条上的姓名一致，不一致为无效标书。

2. 本标书送达标时间为_____ 至_____。标书需在该时间段内送至将乐县森林资源流转交易中心，送标人会同交易中心工作人员将标书密封并注明送标时间。已送标书封存的标书在开标前不退回。

3. 投标金额尾数精确到百元，金额必须以大写数字填写，不得涂改，投标人在填写区的内容必须完整、清楚，如无法辨认视为无效标书。

4. 参标人达到三个，投标金额最高且不低于出让方设定的标底者中标；如有两个或两个以上最高金额，则最先送达标者中标；参标人数达不到三人，视为流标。

5. 若中标者弃标，其投标押金由将乐县森林资源流转交易中心没收，赔偿给出让方。

6. 中标后，中标者的投标押金作为合同首付款，不退回。未中标者在招标会结束后凭有效身份证件退回投标押金。中标者中标后，应在招标现场与出让方签订转让合同，按招标通告上约定的缴款期限将转让款转入森林资源流转交易中心账户。

7. 本标书壹份_____元人民币，参与投标者须购买本标书。

8. 送标时间：_____

9. 开标时间：_____

10. 开标地点：_____

投标人填写区

```
投标人签字
投标单位_____法人或委托人签字
投标金额：（大写）
_____拾_____万_____仟____百_____元
大写字样：（零  壹  贰  叁  肆  伍  陆  柒  捌  玖）
```

以上字迹不清无法辨认为无效标书

投标人联系电话：

购买本标书并投标视为认可本次招标办法

招标组织单位：

日期：

附件6

将乐县森林资源转让项目中标通知

中标人：＿＿＿＿＿＿＿＿＿＿

森林资源转让单位＿＿＿＿＿＿＿，编号为＿＿＿＿＿号招标品的森林资源,坐落地点：＿＿＿＿＿＿＿,面积：＿＿＿＿亩,林班号：＿＿＿＿＿＿＿＿＿＿,蓄积＿＿＿＿立方米。经＿＿＿年＿＿＿月＿＿＿日将乐县森林资源流转交易中心公开招投标,你(单位)报价为最高报价,经将乐县森林资源流转交易中心审定,你(单位)未违反招标规定,确定你(单位)为中标人,中标价为人民币＿＿＿＿＿＿＿＿＿＿＿＿＿元。

你收到本中标通知后,应于＿＿＿＿年＿＿＿月＿＿＿日前向森林资源转让单位交割转让价款,并签订《森林资源转让合同》。否则,对你(单位)给予取消中标资格,不予退还押金,一年内不得参与我县森林资源转让招标的处理。

特此通知。

单位名称(公章)

年　　月　　日签发

备注：该意见是2016—2019年调研过程中获得的内部资料。

附录9　海峡股权交易中心林权交易电子竞价须知

第一章　总则

第一条　为规范在海峡股权交易中心(简称"海交中心")进行的产权竞价转让交易行为,保障交易各方的合法权益,维护海交中心产权交易市场秩序,制定本规则。

第二条　本规则适用于在海交中心开展的林权、知识产权、海域使用权、企业股权等产权的竞价转让交易。

第三条　产权交易行为应当遵循依法、自愿、有偿、公开、公平、公正的原则。

第四条　从事产权交易活动应当遵守国家相关法律、行政法规和部门规章的规定。

第二章　受理转让申请

第五条　产权转让方应具备产权转让的主体资格,保证拟转让产权依法可以转让,并履行内部决策等相关程序。

第六条　地方人民政府或地方人民政府授权的部门(如林业主管部门、海洋渔业主管部门等)、机构(如国有林场、海域收储机构等)作为转让方的,可以直接委托海交中心进行产权交易;其他企业法人、经济组织和自然人作为转让方的,应当委托海交中心的合作机构(简称"合作机构")在海交中心进行产权交易,由合作机构按约定提供相关服务。合作机构的管理办法由海交中心另行制定。

第七条　转让方委托海交中心进行产权交易的,应当与海交中心签订委托合同并提供下列材料:

（一）《产权竞价转让信息登记表》；

（二）转让方主体资格证明；

（三）转让方有权转让该标的的证明文件（转让方为国有及国有控股企业的，应提交有权批准机构同意转让的批复或决议及资产评估项目核准表或备案表）；

（四）转让方为企业或其他经济组织的，应提供内部决策文件、章程或章程性文件（转让方为上市公司的，有效决策文件还应符合相关监管部门规定）；

（五）产权转让合同范本；

（六）转让标的涉及共有或转让标的上设置其他权利的，相关权利人的意思表示；

（七）海交中心根据项目情况要求提交的资产评估报告、法律意见书等其他文件。

第八条　若转让标的为企业股权的还应提供以下材料：

（一）标的企业主体资格证明、章程或章程性文件、最近两个年度审计报告及最近一期财务报表；

（二）标的企业依据其章程或章程性文件出具的关于转让行为的股东会、董事会或其他机构决策文件；

（三）海交中心要求的其他材料。

第九条　转让方应对所提交材料的真实性、完整性、有效性负责。

第十条　产权竞价转让交易可以公开征集意向受让方，也可以根据项目情况要求在特定范围内征集意向受让方。

第十一条　转让方可以根据需要选择挂牌转让或者拍卖的交易方式。

第十二条　转让方在提出转让申请时应设置保证金条款，明确保证金的缴纳金额、缴纳期限和处置方式等内容。

第十三条　海交中心对转让方提交材料的完整性及合规性进行形式审

核。审核通过的,海交中心根据转让方的申请,组织交易事宜;审核未通过的,将审核意见告知转让方。

第十四条 海交中心依据本规则进行的各项审核均为合规性形式审核,不承担包括但不限于保证交易方主体适格、交易权限完整、交易标的无瑕疵、交易双方做出的声明及承诺以及提供的文件资料真实准确等一切责任。交易双方自行承担交易风险。

第十五条 海交中心依据转让方的申请,将项目信息在海交中心网站及其他媒体进行公告,征集意向受让方。公告信息应包括但不限于以下信息:

(一)转让方的名称;

(二)项目名称;

(三)转让信息发布期;

(四)意向受让登记期;

(五)报价方式和报价时间;

(六)意向受让方的资格条件;

(七)挂牌或拍卖起始价、交易保证金和加价幅度;

(八)法律法规、规章规定应当载明的其他事项。

第十六条 转让项目设置保留价的,意向受让方的最高报价应不低于保留价,否则交易不成交。

第三章 发布转让信息

第十七条 转让方应当明确转让信息发布的期限。首次公告发布的期限应当不少于5个交易日,发布期限自海交中心网站发布转让信息之日起计算。在信息发布期限内未征集到符合条件的意向受让方,且不变更信息发布内容的,转让方可以申请延长信息发布期限,每次延长期限不少于5个交易日,累计不超过6个月。

在信息发布期限内未征集到符合条件的意向受让方,并且转让方未申请延长信息发布期限的,本次信息发布活动自行终结。

第十八条 转让方不得在信息发布期间擅自变更转让信息中公布的内容和条件。如特殊原因确需变更的,转让方应提交申请,经海交中心审核同意后在原信息发布渠道重新予以披露,信息发布期限按相关规定重新计算。

第十九条 转让方不得在信息发布期间擅自取消所发布信息,否则应负责赔偿给相关各方造成的损失。

第二十条 转让信息发布期间,意向受让方可以查阅转让标的相关资料。转让方应接受意向受让方的查询洽谈。

第四章 登记受让意向

第二十一条 意向受让方可以在信息发布期间查阅与项目有关的各项文件与资料,并应对所知悉的项目信息承担保密义务。

第二十二条 在意向受让登记期间,意向受让方应自行向海交中心提交以下材料:

(一)《产权受让申请书》;

(二)主体资格证明或自然人身份证明;

(三)意向受让方为企业或其他经济组织的,应提供相应的内部决策文件和章程或章程性文件;

(四)符合受让资格条件的证明文件;

(五)同意产权转让合同范本的证明文件;

(六)海交中心要求提交的其他文件。

第二十三条 采取联合受让的,联合受让各方应签订联合收购协议,明确各方的权利义务,并推举一方代表联合体各方办理受让相关事宜,并将相关材料提交海交中心。各方应当在《联合收购协议》中约定,联合体任何一方对受让方所有义务承担全额责任,联合体各方互负连带责任。

第二十四条 意向受让方应对提交材料的真实性、完整性、有效性负责,海交中心在收到材料后5个交易日内对意向受让方提交材料的完整性、合规性进行形式审核。审核通过的,海交中心向其出具《产权受让资格确认通知书》,通知意向受让方缴纳保证金;审核未通过的,将审核意见告知意向受让方。通过资格审核的意向受让方应按规定缴纳保证金后方可参与交易,保证金以实际到账为准。

第五章 组织交易

第一节 挂牌转让

第二十五条 转让方选择挂牌转让方式的,可以采用一次报价、多次竞价、延时竞价等报价方式确定受让方。意向受让方的报价不应低于挂牌起始价。

一次报价:指意向受让方在规定的报价时间内对交易标的进行一次报价,并按照"价格优先、时间优先"原则,确定受让方的报价方式。

多次竞价:指意向受让方在规定的时间内可多次报价,再次报价应高于当前最高报价,成为新的最高报价,应价时间结束,最高报价即为成交价格,最高报价方为受让方。

延时竞价:延时竞价分为自由报价期与延时竞价期。在自由报价期内,意向受让方每次报价应高于现有最高有效报价。在自由报价期内有2个或者2个以上的意向受让方报价的,自由报价期结束后进入延时竞价期。延时竞价期可由多个延时竞价周期组成。在一个延时竞价周期内若出现新的有效报价,则进入新的延时竞价周期;在一个延时竞价周期内若未出现新的有效报价,则竞价结束。出价最高的意向受让方成为最终受让方,以其最后一次有效报价成交。

第二节 拍卖

第二十六条 转让方选择拍卖方式的,产权拍卖转让活动由海交中心负责组织、协调、监督和指导,由经海交中心认可的拍卖机构具体实施。

第二十七条 拍卖交易分为自由竞拍期与延时竞拍期。

第二十八条 拍卖依照下列规则进行:

(一)全场首次出价只能为起拍价;

(二)加价幅度:只能按照加价幅度的 N 倍加价(N≥1 且是整数);

(三)出价次数无限制,竞拍期内均可出价;

(四)在自由竞拍期内,拍卖交易不因一方出价后长时间没有其他方出价提前结束;

(五)在自由竞拍期的最后 5 分钟内如果仍有报价,则进入延时竞拍期。延时竞拍期可由多个延时竞拍周期组成。在一个延时竞拍周期内若出现新的有效报价,则进入新的延时竞拍周期;在一个延时竞拍周期内若未出现新的有效报价,则竞拍结束。出价最高的竞拍人成为竞得人,以其最后一次有效报价成交。

第二十九条 在自由竞拍期的最后 5 分钟内如果没有报价,拍卖交易结束,自由竞价期出价最高的竞拍人成为竞得人,以其最后一次有效报价成交。

第三十条 竞买人不足二人,或者竞买人的最高应价未达到保留价时,交易结果应认定为流拍。

第三节 公告和签约

第三十一条 竞价或拍卖结束后,成交信息在海交中心网站等渠道予以公告。

第三十二条 项目成交不需要公示的和公示期内无异议的,海交中心组织交易双方签订成交确认书和产权转让合同。

第三十三条 公示期内有异议的,提出异议方应在公示期内以实名、书面的方式向转让方和海交中心提出。经主管部门或机构确定异议有效的,海交中心有权暂停交易活动。

第三十四条　转让方在转让标的移交前,负有保全责任。

第三十五条　转让标的权属移转需进行变更登记的,交易双方按照国家有关规定及时到相关部门办理变更登记手续。

第六章　结算交易资金

第三十六条　产权交易资金包括保证金和交易价款,以人民币为计价单位。交易各方可通过海交中心指定账户以货币进行结算。

第三十七条　受让方应在约定的期限内支付交易价款到指定账户。除交易双方有特殊约定外,受让方已缴纳的保证金转为交易价款,未竟得标的的意向受让方支付的保证金,海交中心将在交易结束后5个交易日内予以退还。

第三十八条　保证金和交易价款在海交中心指定账户期间均不计利息。

第三十九条　交易双方应按照海交中心的收费标准支付交易服务费用。

第七章　异常情况处理

第四十条　转让标的出现下列情形的,海交中心将终止交易活动,待问题解决后依法定程序重新组织交易活动:

（一）人民法院、检察院或其他有权机关向转让方及其上级主管部门书面通知查封转让标的等限制转让行为的;

（二）有证据表明转让标的存在权属争议的;

（三）意向受让方之间发生恶意串通、违规交易行为,经查证属实的;

（四）因国家政策调整导致转让标的原先确定的转让方案发生重大变化或无法实施的;

（五）其他情形。

第四十一条　海交中心将在海交中心网站及时发布暂停转让交易活动

相关信息,并通知交易双方当事人。

第四十二条 产权交易双方及其他相关主体在交易过程中发生争议时,当事人可以向海交中心申请调解。海交中心可以根据争议情况决定是否暂停交易。争议各方经协商或者调解达成一致意见后,可以申请恢复交易;协商或者调解无效,致使交易无法继续进行的,海交中心可以终止交易。

第四十三条 交易争议经协商或者调解未能解决的,当事人可以向仲裁机构申请仲裁或向人民法院提起诉讼。

第八章 附则

第四十四条 国家法律、法规及政府相关部门对产权交易有特别规定的,从其规定。

第四十五条 本规则由海交中心负责解释和修订。

第四十六条 本规则自颁布之日起试行。

备注:该林权交易电子竞价须知由海峡股权交易中心于2018年制定,具体参见:https://lycq.hxee.com.cn/html/jygz822/31627616856195701794.shtml。

附录10　中国林业产权交易所活立木交易服务收费办法(试行)

一、为规范中国林业产权交易所(简称:中国林交所)活立木交易服务的收费行为,根据《中国林业产权交易所活立木交易规则(试行)》的相关规定,结合实际情况,制定本办法。

二、本办法所称活立木交易服务,是指按照中国林交所活立木交易的相关规定,由中国林交所提供的咨询服务、信息披露服务、交易撮合等相关服务。

三、本办法所称活立木交易服务费,是指按照《中国林业产权交易所活立木交易规则(试行)》的规定,中国林交所提供本办法第二条所述相关服务时,向转让方和受让方双方交易主体收取的服务费用。

四、中国林交所活立木交易服务收费标准为:以交易成交价格为基数,单笔单向收费比率为0.5%,且单笔单向交易服务费不足2000元的按2000元计算。

五、服务费一般以人民币结算,统一项目转让方和受让方应根据相关规定分别支付服务费。

备注:该活立木交易服务收费办法由中国林业产权交易所于2021年制定,具体参见:http://www.chinaforest.com.cn/page90?article_id=48。

附录 11　林权交易调研报告专题篇[①]

福建省三明市沙县重点生态区位商品林赎买工作

自 2015 年起，福建省三明市沙县被列为全省商品林赎买改革试点。该县聚焦于重点生态区位的保护工作，以推进生态公益林的集中连片和强化生态服务功能为目标。为了实现这一目标，沙县不仅扎实推进了重点生态区位商品林的赎买工作，还积极探索了新的改革机制，如对重点生态区位的天然商品林进行赎买，以及对人工商品林进行改造优化。

为了使全县的生态公益林在规模、结构和布局上都更加合理，沙县率先建立并实施了重点生态公益林储备库制度，该制度不仅将重点区位内的商品林调整为生态公益林，还对重点区位外零星分散的生态公益林进行了调整，使其成为商品林。该创新举措不仅完善了森林的生态功能，还实现了生态保护与林农收益的双赢。

为了更好地推进赎买工作，沙县成立了国有全资的沙县森林资源收储管理有限公司，专门负责重点生态区位内商品林的赎买收储事务。在此过程中，县林业局主导了林地调查和赎买对象的确定工作，县财政局则负责赎买收储的投资概算和配套资金的筹措。同时，各乡镇和街道也积极参与，负责宣传、协调和引导林农参与生态公益林的布局优化调整工作。

经过组织专业技术人员对全县的重点生态区位商品林的详尽调查，沙县确定了优先赎买的对象。这些对象包括已界定为国家级生态公益林储备库的区位商品林，在建的双溪水库饮用水水源保护区的核心区森林和林木，

[①]　调研报告均由调研团队在实地调研的基础上撰写而成。

"三线"50米和100米范围内个人所有的近成熟林,以及观音山省级自然保护区,等等。沙县采用了直接赎买、补助改造和租赁赎买三种模式并行的方式,积极稳妥地推进了赎买试点工作,为全省各地市开展重点生态区位商品林赎买提供了重要的决策参考,具体如下。

(1)直接赎买模式。一是申报登记,由林权所有者持有本人身份证和林权证申报登记向沙县森林资源收储管理有限公司申请登记。二是资产评估,依托沙县森林资源评估中心进行生态区位商品林的价值评估。三是赎买交易,主要采用协商的方式,赎买价格一般不超过评估价值。四是产权变更,在赎买合同签署后,交易双方需要向林权登记部门提交申请,以完成林木权属的变更登记。

(2)补助改造模式。一是申报登记,由林权所有人持山权所有者出具的《同意划定生态公益林(地)承诺书》、村民代表大会纪要及林权证申报登记。二是采伐审批,根据规定进行采伐审批的步骤,凭证采伐商品林。三是迹地更新,营造阔叶树或以阔叶树为主的混交林。四是区划界定,由县政府与林权所有者签订生态公益林区划界定书。

(3)租赁赎买模式。一是调查核实,由当地林业局牵头,根据实地调查,确定国家级生态区位商品林的起源、树种、面积、权属等因子。二是组织界定,组织双方签订《生态公益林现场界定书》。三是汇总报批,县林业主管部门将界定材料汇总上报市、省林业主管部门。四是数据变更,对经省林业厅批准的重点生态公益林储备库小班进行林种变更。

除此之外,依托福建沙县农村产权交易中心有限公司,沙县正在积极推进生态资源权益交易,持续探索并建立完善的林权、林票、林业碳汇等交易机制,逐步引入金融要素和服务,以满足林业产权市场的交易需求,努力打造一个"立足三明、辐射福建省、接轨全国"的区域性林业产权综合交易平台。

福建省龙岩市武平县林权服务中心：
创新服务体系，助力林业改革

林改多年来，福建省龙岩市武平县在林业改革方面取得了显著成果。该县积极鼓励和引导林权所有者采取转包、出租、合作、入股等方式，流转林地经营权和林木所有权、使用权，从而促进了民营林场、家庭林场、股份合作林场等多元化经营模式的发展。为了进一步推动林业的可持续发展，武平县不断创新和完善林业服务体系。2004年12月，林业产权管理服务中心在城厢镇客都汇成立，经过多年的发展与完善，于2018年升级为林权服务中心。该中心始终秉持创新发展、服务至上的理念，为林权流转提供全方位的服务。中心的服务项目涵盖咨询受理、金融服务、资源评估、抵押收储、林权登记、林权流转交易、山林纠纷调处申请以及科技、政策、法律、法规咨询服务等，形成了一套完整的服务体系。这些举措不仅提高了林业服务的质量和效率，还初步形成了可复制、可推广的林业服务经验，为全国其他地区提供了有益的参考和借鉴。主要做法如下。

第一，实施一站式多元化便民服务，解决林权抵押贷款评估难、流转难、效率低等问题。该中心以推动金融创新和服务创新为使命，致力于为林农提供卓越的服务。目前，中心已经初步构建了一个全方位的林业金融服务体系，其中包括林权评估、收储、担保、流转和贷款等五个关键环节，从而彻底打通了林权融资的"最后一公里"。

首先，中心提供的金融服务具有省时、省力、省钱的优点。2016年年底，该中心将县林业局、林权评估中心、金融部门、不动产登记中心等多个部门的人员整合在一起，为林农提供一站式精准、便捷、高效的综合服务，办贷从评估、登记、贷款"多头跑"到"只跑一趟"即可，办贷时间由线下15天左右缩短至最快1天，林农只需在中心一站式完成所有流程，大幅提升了林农申请贷款效率,大大简化了林农办理林权抵押贷款的流程。

其次,评估费用也由之前的评估价值的8‰降至2.5‰。对于贷款额度在10万元以下的林农,评估费更是仅需500元,极大降低了林农融资成本。

第二,提供专业的特色服务,有效破解信息不对称难题。武平县林权服务中心的特色服务包括林权流转交易、林权估值评估、专业咨询以及全县林权综合地图服务。林权流转交易云平台为林农提供了发布供求信息、网上挂牌、网上竞价等功能,打通了林权流转交易的通道,林农足不出户便可在网上挂牌、网上竞价等。林权估值计算"傻瓜化"则是通过输入简单的因子,系统即可自动计算出林子的大概价值,方便林农随时了解自己的林子价值。咨询服务是指可以为林农提供连线专家团队进行问题解答的服务。全县林权综合地图服务是指林农输入林权证号或姓名等信息,即可查询到自己的林权证的相关信息,如位置、树种、林权证状况等,使中心的管理更为精准有效,服务更为便捷周到。

第三,搭建数字化的林业信息服务平台。根据"放管服"的改革要求,该中心将信息和技术服务扩展至乡镇级别,通过各部门、各环节的数据共享和信息联动,构建一个数字化、信息化、网络化的服务平台,为林农提供优质、高效、实用的服务。林农在乡镇即可申请贷款,只需经过乡镇工作人员的审核,申请表便会立即上传至中心,大大缩短了办理时间。

第四,创新推出林权"直接抵押+收储担保"贷款模式,加强了对林农的金融支持。依托武平县林权服务中心,成立县级林权收储担保中心,自2013年以来,已投入2000万元作为林权收储的初始资本金。针对担保的不良林权抵押贷款,采取"先行代偿、后行处置"的策略,重点对抵押林地进行贷前详尽调查,并与抵押人和金融机构签订林权抵押贷款逾期未还的收储协议。一旦发生逾期不还款的情况,林权收储担保中心可对金融机构所质押的林权进行收储等操作。主要做法是林权收储担保中心使用收储担保基金从银行业金融机构购买抵押林权,用于偿还银行贷款本息。同时,林权服务中心承担着管理逾期未还款的林权的重要职责,并负责推进收储林权的流转交易事宜,即采取拍卖或划转给国有林场等方式进行处置,有效解决逾期不还款的林权处理问题。截至2022年10月末,武平县已成功运用"直接抵押+收储担保"模式,代为偿还并处理了6笔不良贷款。

通过这些年的努力,武平县林权服务中心不仅成功地推动了该县林业产业的快速发展,还对周边地区的经济增长产生了积极的影响。未来,武平县林权服务中心将继续发挥其引领作用,不断创新和完善服务体系,为林业产业的可持续发展提供有力的支撑和保障。

福建省三明市永安市林业要素市场现状分析

福建省三明市永安市拥有丰富的林业资源。现有林地面积多达378.23万亩,森林面积364.22万亩,森林覆盖率82.85%;林木蓄积量达27万立方米,竹林面积102.5万亩,农民人均拥有毛竹面积6.7亩,是我国南方48个重点林区县(市)之一和全国唯一的林业改革与发展示范区。早在1998年,洪田镇洪田村就引领全国潮流,实施"分山到户"政策,因此被誉为"中国林改的'小岗村'"。多年来,永安市一直勇于创新,多专注于解决集体林权制度改革中的核心问题。为了积极鼓励和引导林权所有者流转林地经营权和林木所有权,永安市采取了多种方式,包括转包、出租和入股等。在2023年的1—8月,永安市已经成功流转了714宗林地,总面积达到了174031亩。

一、永安市林权交易发展现状

(1)率先建立林权交易平台。自2003年我国全面启动集体林权制度改革以来,永安市高度重视林权登记发证和林权管理工作,于2003年12月在福建省率先建立永安市林权登记管理中心,并在2004年10月建立全国首个林业要素市场暨行政类服务中介机构,主要负责林木流转信息的发布和交易。该市场内设立了五个核心机构,分别是负责林权登记管理的中心、进行森林资源评估的中心、提供竹木交易的中心、提供林业法律与科技服务的中心,以及提供林业劳动力培训的中心。这些中心紧密合作,形成了一个全方位的林业管理与中介服务平台,专注于信息发布、交易实施和中介服务等领域,解决了林权自由流转和抵押贷款等一系列难题。

与此同时,各乡镇也成立了乡镇级林权登记管理分中心,并与市林业要素市场通过互联网实现资源共享和信息共享,使得乡镇林农只需要到分中心就可以办理和咨询林权相关事宜,还可以发布和了解林权相关信息。为了方便林业信息的发布和获取,市林业要素市场专门建立线上林权交易网站,并与三明各县市的林业行政服务中心实现联网,从而大大扩展了信息来源和服务范围。

(2)规范森林资源交易流转。早在2004年,永安市就在林业要素市场内专门成立了林竹交易中心。该中心肩负着提供全面准确的林权流转信息、林权抵押贷款、木材及林产品市场价格动态等相关信息的重任;精心打造了一个高效、便捷的林木和林地交易平台,有力地促进了市场信息的顺畅流通和交易的顺利进行。同时,定期举办林木林权交易会,并聘请规范的拍卖公司进场,拍卖从林地使用权、活立木及采伐木,进行公开规范的流转,以减少和避免不规范和不公平交易行为的发生,有效促进了区域内林木林权的流通,加快了当地林业产业化发展速度,并维护了林农与林权单位的合法权益。而在林权主体改革基本完成后,为推进林权规范流转,林业要素市场积极引导和推广现货流转、限量交易、限期流转等三种模式,严防林农"失山失地",维护林权权利人的合法权益。

(3)始终坚持让民作主的原则。集体山林的流转必须经过集体经济组织专门召开村民大会,或者至少2/3以上村民代表的签名同意才可以进行,以确保流转的合法性和公正性;对于个人或民营单位的林权交易,林业要素市场拥有自主决策权,流转过程不受外界干预;村民自行选择林业评估机构并自始至终参与其中、监督其事。同时,为了有效降低林农交易成本,林业要素市场免费提供林权流转信息发布和交易服务。

(4)林权流转工作流程公开透明化。首先,如果林权申请人是个人,可以直接向交易中心提交申请,采取公开招投标的方式实现林权流转。而集体经济组织的森林资源流转,需要经过本集体经济组织村民会议2/3以上成员的同意,并由当地村委会和乡政府签署意见。完成这些程序后,流转信息将被统一提交给林业要素市场进行进一步审核,并给出受理意见。其次,评估环节是实现森林资源流转的必要环节。集体林权流转必须按照规定进行评估,而个人所有的林权流转,可由个人自行选择是否委托评估或自行定价。最后,国有或集体林权流转必须通过交易中心实现交易,以确保透明度和公平性。个人所有的林木流转,可以选择委托交易中心进行公开竞卖或自行出售,在完成交易后,双方需携带交易合同和林权证到交易中心办理相关手续,并进行权属变更登记,以确保整个交易的合法性和稳定性。

(5)构建专业化的林业收储中心。自2005年起,永安市精心打造了一系列专业化的林业收储平台,以便消除金融部门对森林资产评估、管理和处置的顾虑。这些平台包括市林木资产收储中心、佳洁林业收储以及福建汇松林业收储等公司,它们共同承担着确保林业资产合理评估、管护与处置的重要职责。首先,在发放林权抵押贷款之前,借款人、贷款机构和林木收储机构需共同签署《抵押林权收储协议》,明确各自的权利与义务,为后续操作提供坚实的法律保障。其次,借款人和林木收储机构还需在贷款发放前签订相关的转让合同,该转让合同只有在贷款出现风险且收储机构需代偿借款本息时生效,以确保林木收储机构能够及时介入并保障贷款安全。最后,借款人还需与收储机构确定相关的担保费率和保证金比例,为金融部门的资金安全提供全面保障。通过这些高度专业化的林业收储平台和规范的操作流程,永安市成功消除了金融部门对林业资产评估、管护和处置的顾虑,有力地促进了林业产业的健康、稳定发展。

二、永安市林权交易发展面临的主要问题

(1)林权证更新意识不强。部分林权受让方在交易完成后忽视了过户手续的重要性,这反映出他们的自我保护意识有待加强。同时,有些林权权利人在多次转让后,没有及时更新林权证的相关信息,极大增加了林权证的管理难度,也为日后的变更申请、日常运营、林权抵押贷款以及处理经营纠纷等事务埋下了隐患。

(2)林权证办理难度仍然较大。当前,无论是因林权流转、继承、采伐后的再造林,还是林地联户经营的细化,都需要对林权证进行及时的变更。然而,在这个过程中产生的高额宗地区划勘验费用和复杂的办理流程,都为林权证的办理带来了不小的困难。特别是在林权证的发换工作划归不动产登记中心后,新的规定和要求使得办理流程更加烦琐,费用也有所增加。例如,林权证的注销现在需要所有的共有人亲自到不动产登记中心现场拍照和签字,但部分共有人可能因为外出打工、身体不好或已过世等,无法亲自办理,这就造成了林权证办理的困难。此外,聘请中介机构进行现场宗地区划勘验和材料制作也需要支付一定的费用,这也增加了林权证办理的难度和成本。

(3)历史林权宗地存在重叠问题。林权宗地面积的误差也是一个值得关注的问题。这种误差产生的原因主要有两个方面:一是林业部门和中介机构使用手绘的林权证宗地图核算面积的方式,与不动产登记中心使用的权籍系统核算面积的方式存在差异;二是在林权宗地流转或细化后,林业和国土区划界定的地类不同,导致在申请不动产登记时部分面积被扣除,给后期林权所有者的经营和采伐带来了不必要的麻烦。

三、永安市林权交易发展的未来展望

永安市将重点在林权证变更和林权宗地面积误差等方面进行创新,推动林业管理服务模式的变革,同时完善和优化相关政策措施,以进一步激发广大林农和社会力量参与林业发展的积极性。此外,为了推动林业融资改革创新,永安市将进一步开展林业贷款信用平台的建设工作,并在全国范围内率先实施普惠制林业金融"福林贷"政策,努力实现森林资源的增长、生态环境的改善、农民收入的增加以及林业效益的提升等多重目标。

浙江省松阳县集体林权制度改革进展

浙江省松阳县位于浙西南山区,拥有林地总面积170万亩,森林覆盖率为80.18%。松阳县的集体林权制度主体改革主要经历了三个重要阶段:首先是第一阶段,林业部门实施了"三定"工作,这一阶段的改革奠定了以家庭经营为基础、统分结合的林业双层经营体制,为林业发展奠定了坚实基础。其次是第二阶段,针对林业生产责任制实施后出现的新问题,如山场划分过于分散、山林证册不符、山界不清等,按照"稳定、完善、发展"的原则进行了完善林业生产责任制的工作。最后是第三阶段,在第一轮林业生产责任制到期后,开展了以"稳定、延包、换证"为方针的"延长山林承包期"工作。此次工作对集体统管山、分山到户的责任山和自留山统一换发了《中华人民共和国林权证》,并将已划定的自留山保持长期不变,将已承包到户的责任山承包期延长至2055年12月31日,并重新签订了承包合同。

一、松阳县深化集体林权制度改革发展现状

随着集体林权制度主体改革的全面完成,截至2017年,松阳县已确认的山林权属面积达到154.42万亩,其中,集体林地面积为151.35万亩,包括责任山、自留山和统管山等类型;家庭承包率达到了71.38%,累计共发放了53796本《中华人民共和国林权证》,责任山承包合同的签订率高达99.28%。此外,此次改革还成功调解了大量山林纠纷,增强了山林权益的明确性和稳定性。

为了将潜在的资源优势转化为实际的发展优势,该县明确了"明晰所有权、放活经营权、落实处置权、保障收益权"的具体改革方向,旨在全面实现资源增长、农民增收、生态优良和林区和谐的目标,紧紧围绕林权流转机制、林业金融合作和林权管理这三个核心方面来不断深化林权制度改革。

(一)林权流转机制

虽然现阶段集体林权制度主体改革已经明确了产权的基本任务,但由于山林的细分,"一山多主、一主多山"的现象出现,不利于林业的规模化集约经营。为了提高当地林业的规模化和集约化水平,松阳县始终坚守"依法、自愿、有偿"的原则,并积极激励林农采取多种形式的林权流转,包括转包、出租、转让、互换以及股份合作等,以此建立以自愿联合和民主管理为基础的互助性经济合作形式,如林业专业合作社、家庭林场和林业股份合作等。

(1)进一步强化服务,构建完备的林权流转管理体系。目前松阳县已经建立了"两中心"和"一机构",促进完善集体林权流转管理体系。其中:"两中心"分别是林权管理中心和林权交易中心,林权管理中心负责办理森林、林木和林地的流转招标、拍卖、挂牌和审查等工作,林权交易中心则主要依托县招投标中心和农村产权流转交易服务中心进行交易;"一机构"是森林资源评估机构,主要承担森林资源的评估工作。

(2)加强政策引导,激励林业适度规模经营。为了鼓励当地农户积极进入中心参与林地承包经营权的流转,县政府先后出台了一系列惠农政策,支持和激励林地承包经营权流向林业专业合作社、家庭林场和林业经营大户,发展多种形式的适度规模经营。

(3)示范引领,提升经营发展水平。2014年,秀丽谷家庭林场主泮某某在当地乡政府的引导下,通过公开投标获得了安民乡苏马坪村及邻近村名为"大猫沿背"的585亩林地的经营权,计划种植红花油茶,并在红花油茶基地里套种了旱稻,这种方式不仅提高了土地的利用率,提高了土壤肥力,还降低了油茶林的管理成本,从而提高了经济效益,进一步提升了林业经营主体的产业化发展水平。

截至2017年6月,松阳县已经累计发生了1219宗林权流转,涉及面积13.33万亩,总成交额达到13155万元;共发放了49本《林地经营权流转证》,涉及面积7296亩;共有林业专业合作社94家,家庭林场50家。

(二)林业金融合作

松阳县自2007年开展林权抵押贷款业务以来,规模不断扩大。按照"分级管理,层层落实"的原则,该县政府与各乡镇(街道)和相关部门签订了《松阳县保护发展森林资源工作责任状》,围绕推进林权抵押贷款、推进林地流转机制创新和发展森林保险等三个方面,将责任落实到每一个相关单位,并综合发挥林业、财政、信贷、保险、担保、评估等多方面的合力作用,构建了多元化的林权抵押贷款支持体系,逐步扩大林权抵押贷款的规模。

首先,出台了林业保险、贷款贴息、信贷风险补偿机制等扶持政策。为了落实惠民政策,发挥财政的扶持作用,县政府先后下发了《关于稳定和完善农村基本经营制度促进农村改革发展的实施意见》(松委〔2009〕3号)和《关于全面推广"林权IC卡"进一步深化金融支持集体林权制度改革的实施意见》(松委办〔2010〕16号),并相继出台了与之相配套的扶持政策以降低金融风险和融资成本,激发金融机构和广大林农参与林权抵押贷款的积极性。

其次,建立了林业金融服务联席制度。为了有效加强银林之间的衔接和发挥金融的主导作用,当地林业部门与人民银行、财政部门、涉农金融机构等共同研究制定金融支持集体林权制度改革的措施,推进林权抵押贷款创新服务,扩大金融支农惠农覆盖面;完善抵押评估系统与农村信用体系建设系统的对接,实现林业部门与金融系统的数据共享和信息联动。

最后,农户可以利用贷款进一步建立林业产业基地,发展森林生态休闲服务"农家乐"、家庭林场等业务。当地农户不仅可以享受该县提供的各种金融扶持政策,还可以申请中央和省财政的贴息补贴,这大大降低了农户的投资成本,因此受到了广大农户的热烈欢迎。

截至2017年6月末,松阳县已经累计发放了12466笔林权抵押贷款,总计93131万元;林权抵押贷款余额为3464笔,共43847万元,其中包括小额循环贷款余额3318笔(40481万元),林权直接抵押贷款余额1笔(300万元),经营权流转证抵押贷款余额65笔(1270万元),以及村级互助担保组织担保贷款余额80笔(1796万元)。

(三)林权管理

在过去的几年中,松阳县积极投身于林业信息化的建设中,广泛推广并使用浙江政务服务网,采用多元化的先进办公系统,如林木采伐管理系统、林权监管平台、浙江省林地征占用审批系统、浙江省林业电子政务综合系统、丽水市木材流通管理系统以及松阳县党政机关协同办公系统等,为数字林业的稳步发展和广泛应用奠定了坚实的基石。截至2017年6月末,松阳县已经累计完成了11.589万亩的林木综合保险,总保费为35.9万元(中央财政负担30%、省财政负担27%、县财政负担18%、农户负担25%),并已获得了61.87万元的综合保险理赔额,这有效减少了因灾害带来的损失,从而保护了当地的森林资产。

二、松阳县深化集体林权制度改革存在的主要问题

尽管该县在深化集体林权制度改革方面取得了一些进展,但仍存在一些亟待解决的问题。

首先,当地林权交易中心的建设目前仍处于初级阶段,需要进一步完善和优化,市场交易主体的认知度有待提高。由于松阳县地处山区,交通条件不太好,尽管各乡镇(街道)都已开设了流转交易的服务窗口,但林农仍觉得办理流程烦琐,缺乏参与的意愿。因此,林权流转的私下交易现象较为普遍,这在一定程度上影响了交易中心的工作效果。此外,由于森林资源收储中心尚未建立健全,林农的融资渠道受到限制,导致他们进行森林资源流转的积极性不高。

其次,集体统管山林的林权流转程序仍然不够规范。根据《浙江省林权流转和抵押管理办法》等相关法规的规定,集体统管山林的林权流转应该进行森林资源资产评估,并向当地村民进行公示;需要得到村集体经济组织2/3以上的成员或者2/3以上的村民代表的同意,并经过乡镇政府的批准后才能进行林权流转;林权流转应采取招标、拍卖或公开协商等方式。然而,该县大部分集体统管山并没有遵循这一规范的流转程序,私下流转现象频发、森林资产评估工作不规范等问题明显。

林业改革工作影响深远,尽管面临诸多挑战,但松阳县相关林业部门仍将竭尽全力推进林业改革工作,为全县林业产业的持续发展作出积极贡献。

江西省安远县林权流转发展态势及对策建议

安远县林业用地面积高达300.7万亩,占据全县总面积的84.5%,其中商品林地面积为208.96万亩。全县森林覆盖率达到84.3%,活立木蓄积量644.3万立方米,国家重点生态公益林区划面积81.74万亩,省级重点生态公益林地面积10万亩。截至2017年,全县已完成国有和集体林权流转登记34.5万亩,其中,14.3万亩在林改前流转,主要用于果业开发;林改后流转的面积为20.2万亩。值得一提的是,在流转的林地中,国家重点生态公益林有4.5万亩,而这部分林地早在2001年被划定为公益林前就已经流转出去。

一、安远县林权流转发展现状

(一)林权流转政策扶持和改革创新情况

(1)完善流转规定。为了进一步激活林权流转市场和激励林农积极参与闲置林地的流转,在林业产权制度改革过程中,林业相关部门对林改前山林的处置方式、办证要求和档案整理等进行了详细规定,重点明确了流转双方的权利、义务和转让期限等要素,并对林权交易流程、公示时间、地点、流转方式的确定以及双方实地踏勘界限等环节进行了规范。

(2)出台管理办法。2016年,江西省林业厅出台了关于国有和集体林权流转的管理办法,明确了国有和集体林权的转让、招标、拍卖的范围和类型,且明确强调国有和集体林地的转让必须在公共资源交易中心进行,以确保交易的公开、公平和公正。

(3)出台扶持政策。为鼓励林农完善林权流转手续并办理变更登记,县林业局提供了一系列的完整政策进行支持。对于已完成相关手续的林地,由县林业局提供林权抵押贷款业务,协助林农申报中央财政贴息,优先安排造林更新指标,并支持开展林下经济等活动。县财政还为这些林地提供政策性森林保险,降低经营风险。此外,江西省林业厅也出台了奖补办法,对开展适度规模经营的专业合作社和承包造林大户进行每亩50元的补偿,以激励更多主体参与林业发展。

(4)创新流转方式。安远县鼓励林业专业合作社、专业大户和林农采取多种形式的林权流转,并不局限于传统的租赁、承包和转让形式;重点支持林农以山入股兴办农家乐、乡村旅游等,以确保林农不会失去山林和土地,并能持续增加收入。

(5)业务移交与规范。根据上级规定,2016年及之后林权证的登记办理相关业务需移交到不动产登记部门。为了确保林农正常办理林权流转,林业局与县不动产登记中心积极协调,对林权流转的具体行为进行了进一步规范和界定,明确了办理林权转移登记的种类和范围等,并印制了相关申请书和告知单。同时,还引进了第三方公司进行外业勘查,而林业部门主要负责林地流转政策的审核把关,并将国有和集体林权流转的山林统一移交到县公共资源交易中心进行交易或招拍挂。

通过上述措施,安远县林业局为林农提供了一个更加规范、透明的林权流转环境,以促进当地林业产业的持续健康发展。

(二)林地流转的主要形式和特点

安远县林地流转主要形式有转包、租赁经营、协商转让、拍卖、作价入股、反租倒包、国乡联营等方式。

(1)转包。截至2017年8月,以转包形式在全县范围内流转的林地面积达到0.8万亩。转包形式主要是指通过中介协助,促使转出方和转入方达成共识,并签订明确的转包合同。转包合同中必须详细规定转包的期限以及双方各自的权利和义务。该形式下林权流转的年限通常以30~50年为主。

(2)租赁经营。截至2017年8月,全县以租赁形式流转的林地面积8.2万亩。林地租赁经营形式下,可以通过公开招标等公平竞争的方式,将林地租给本村村民或具备经营能力的单位或个人,以促进造林和绿化事业的发展。林权经营者可根据租赁期限,灵活选择以分期或一次性方式支付林地租金,以确保林地的合理利用和持续发展。目前,该形式多用于开业发展或培育工业原料林。林地租金一般为按年度付款,而果园部分则在果树产生收入并挂果后按株数缴纳租金。

(3)协商转让。截至2017年8月,全县以协商转让形式流转的林地面积7.5万亩。该形式要求征得使用权拥有者的同意,将剩余使用年限的林地使用权转让给个人或单位。作为受让方,需要向出让方支付相应的转让金,以获得林地使用经营权。同时,受让方还需继续履行原出让方与权属所有单位之间签订的承包合同,以确保林业资源的持续管理和合同义务的履行。再次转让的流转年限也主要以30~50年为主。

(4)拍卖。截至2017年8月,全县以拍卖形式流转的林地有1.6万亩。县林权交易中心与南方林权交易所合作,共同负责全县的林地和林木拍卖工作,拍卖方式主要包括林地、林木拍卖和林木单位拍卖等。拍卖流转的年限也主要为30~50年。

(5)作价入股。截至2017年8月,全县作价入股的山林有5.1万亩。该形式主要适用于承包户组建的林业专业合作社。在山区边缘拥有较多自留山和责任山的林农通常会选择作价入股,他们会在自留山上造林,并出于经济因素将山林折价入股与他人合作经营。

(6)反租倒包。截至2017年8月,全县反租倒包的村组集体林地面积有4.6万亩。该形式是由村组从农户手中租用林地,经过统一规划后,再向社会进行招商,实现规模经营。林地承包者需要按照合同规定,每年向村组支付林地租金,以确保林地的合理使用和持续发展。

(7)国乡联营。截至2017年8月,全县以国乡联营形式流转的林地有6.7万亩。国乡联营最初主要是由国有林场与村组集体签订承包合同,国有林场租用集体山林进行造林。近年来,也有部分大户承包国有林地进行造林活动。

二、安远县林权管理服务中心建设情况

2008年,安远县人民政府批准设立了林权交易中心,该中心是全额拨款的事业单位。2012年,江西省林业厅将安远县林权管理服务中心作为试点,并在2013年批复了安远县林权管理服务中心试点报送的工作方案。

2012年10月15日,经安远县机构编制委员会批准,该县设立了安远县林权管理服务中心,作为林业部门农村林业改革发展的常设机构。该中心以林权管理为核心,以服务林农为宗旨,积极建立一个集集体林权管理、流转服务和社会服务于一体的林权管理服务机构,努力树立江西林权管理服务的品牌。目前该中心是林业局内设的一个股级全额拨款事业单位,中心主要职能包括林权档案查询、配合不动产登记中心办理林权抵押贷款和林权登记、林权流转等,同时还包括配合公共资源中心发布相关的招拍挂信息。此外,中心提供"一站式"服务,负责发布林业信息、林权登记纠纷处理信息,以及最新的林业科技知识、森林病虫害防治知识和林产品的供求信息,极大提高了办事效率。

三、林权管理服务中心面临的主要问题

(1)当前,林权交易和林权管理服务中心的职能界限不明确,两个中心之间存在明显的职责重叠现象。林权交易中心和林权管理服务中心基本是由同一套班子负责,但挂着两个不同的牌子。同时,由于林权管理服务机构是由原林改办转变而来的,因此承接了大量因林改时期遗留下来的林权登记纠纷和因承包集体所有林权而产生的合同纠纷事件。而由于林业的生产周期长,且林地价格在承包期间内会有很大的波动,利益分配问题会引发群体事件,这些事件容易对承包者管理林地的积极性产生负面影响。

(2)不动产登记中心无法使其登记数据与原林权登记数据格式兼容,导致数据无法共享和关联。根据相关规定要求,不动产统一纳入不动产登记部门进行登记,林权交易后的变更登记也被纳入了不动产登记。然而,在林业部门已经进行过林权变更登记的山林数据在不动产登记数据中却无法显示,这容易为可能发生的矛盾埋下隐患。

(3)林权登记已经被移交给不动产登记管理部门,导致原有的林权登记管理法律法规已经不再适用于当前的林权登记。因此,亟须相关部门出台相关的法律、法规和操作细则。而且在不动产登记过程中,有一部分林权权属是不被受理和登记的,这需要上级部门进行补充和完善,并明确各方的职责。

(4)20世纪八九十年代,安远县各地村组集体发包了大量的林地,但近年来很多林地的承包期限都即将到期。然而,林木采伐需要申报核发指标,这就导致部分承包山主在合同到期前无法采伐承包期间所种植的林木。由于最初签订的合同较为简单,合同双方并未就合同到期后林木处理的方式作出任何约定,如果无法进行采伐,将导致林地承包户的权益无法得到保障,进而影响其经营林地的意愿和收益,可能引发大量的矛盾、纠纷。而由于缺乏相关的处理依据,林权管理服务中心在处理这类纠纷时往往处于被动地位。

四、完善林管理服务中心的对策建议

(1)加快转变林权管理服务中心职能,明确林权管理服务中心职责。林权管理服务中心的重点要放在林权流转前的审核服务,以及流转后合同执行的监管上,以确保每一个环节都符合规定。为了更专注于这些核心任务,建议与纠纷调处(包括林权登记纠纷调处和合同纠纷仲裁)以及不动产权登记的相关工作进行剥离。

(2)着力提升林权管理服务机构能力和服务水平。充分利用与不动产登记数据整合的机会,加快建立一个全省联网的基础信息数据库和管理信息系统,实时共享全省集体森林资源、权属、生产经营主体等信息,便于公众查询和使用。同时,还可依托各县市的林权管理服务机构,构建一个省内互联互通的林权流转市场监管服务平台。这个平台重点专注于发布林业供求信息，并维护流转双方的合法权益，从而推动林权流转市场的健康、有序发展。

（3）加快出台规范林权流转的相关法律、法规、规章。建议相关林业部门进一步明确各自职能，完善林权流转程序，并建立林权流转退出机制。尤其是针对那些流转后林地荒芜或经营状况不佳的情况，林业主管部门应当有权力勒令终止合同或采取强制拍卖等措施收回林地。同时，林业主管部门还需出台针对林改前非法流转山林的处理意见或相关规定，以帮助基层更好地清理和规范林地流转行为。

（4）加快建立相关林业赎卖机制。针对被划为公益林、天保林或因位于饮用水源头而不能进行采伐的承包林地，由当地政府部门负责赎买或对受益群体进行一定的赔偿，以确保林地承包者的合法权益得到保护。这不仅是对林地承包者的公平对待，也是对他们长期投入林业产业的认可。

福建省三明市将乐县集体林权制度改革现状与展望

三明市将乐县位于福建省西北部,自然概貌丰富多样,以"九山半水半分田"为特色。该县拥有广袤的林地,共计293.58万亩,森林覆盖率高达80.27%,素有"深绿一派,清新满邑"的美誉。其中,毛竹林和生态公益林分布广泛,面积分别为45.93万亩和75.73万亩,林分蓄积量达到了2148.97万立方米。将乐县不仅是我国南方集体林区的核心区域,而且因盛产毛竹闻名遐迩,被誉为"毛竹之乡"。同时,该县也是经国务院批准成立的三明市集体林区改革试验区之一。

一、将乐县集体林权制度改革发展现状

(1) 稳定林地承包,逐步建立集体林地所有权、承包权、经营权三权分置的运行机制。一是自2003年实施集体林权制度以来,将乐县已经确定了108万亩商品林的家庭承包经营权,以稳定林地承包关系并保护农民的权益。二是对于林改前通过招标、拍卖等方式承包的林地,以及遵循"谁造谁有"政策的林地,承包期满后将由村集体统一收回,并重新进行家庭承包。三是在家庭承包的基础上,通过村、民、企合作经营、内部流转和对外流转等方式,进一步搞活林地经营权。

(2) 放活商品林经营。在严格遵守法律法规的前提下,集体林地的承包人可以自主选择适合他们的林地经营方向、模式和产品销售策略,以推动商品林地高效经营与发展。仅2017年,将乐县就通过多种方式推进造林工作,包括村民与企业联合造林、成立林业专业合作社、鼓励村民小组内部成员集资和支持村民联户合伙造林,共同营造了16385亩林地,以提高森林覆盖率。2018年,将乐县共同营造了16160亩林地,展现出该县在商品林经营方面的活力和持续发展的潜力。

同时,将乐县稳步推进重点生态区位商品林赎买的试点改革工作,积极

响应省政府的安排,致力于加速推进重点生态区位的商品林改造提升工程,鼓励对杉木、马尾松等人工林进行采伐改造,并按照一般商品林业政策执行(除非法律、法规另有规定)。但采伐后必须及时种植至少60%的乡土阔叶树种或混交林,以保持生态平衡和森林覆盖率的稳定。

此外,为了提升采伐过程的透明度,全面推行集体林采伐公示制度,定期在公告栏上公布当地的森林采伐限额、实际审批的业主等信息,确保经营者对林木的处置权得到充分落实。据不完全统计,仅2017年,将乐县就共办理了82339立方米的集体林林木采伐手续(不包括国有林场和福建金林木业股份有限公司的采伐量),占全年采伐限额694910立方米的11.8%。

(3)创新经营模式,不断突出集体林权流转的管理。针对乡镇在集体森林资源转让中出现的买标、串标问题,专门成立县级森林资源流转交易中心,隶属于县行政服务中心。森林资源流转交易中心的主要职能是代理本行政区域内森林资源的拍卖和招标业务,并为森林资源流转提供交易和信息服务。对于国有、乡(镇)林场以及村集体的森林资源流转,需经过相关主管部门的批准,并由森林资源流转交易中心来具体执行。至于农户自留山、承包的山林以及企业和个人所有的山林,可以选择是否在森林资源流转交易中心进行招标转让。县监察局和县林业局将对该中心所代理的森林资源流转的招标和拍卖活动进行严格的监管。中心的具体交易流程如下。

第一,县森林资源流转交易中心将对森林资源流转的标的物进行详尽的审核,主要审核内容包括:一是确认转让的标的是否符合《福建省森林资源流转条例》所规定的转让范围,对于一些特定的情况,如无权属证书、山林权属有争议或权属不明晰、被司法机关查封或冻结的商品林林权和林地使用权是不允许进行转让的。二是对于国有、乡(镇)林场及村集体的森林资源转让,中心会对是否进行了森林资源评估予以确认,如果涉及采伐权的转让,中心还会查验是否已办理了林木采伐许可证;三是对于村集体的森林资源转让,中心会确认是否经过了集体经济组织代表会议或村民代表会议的讨论通过,如果涉及村民小组的森林资源转让,还需要得到全体共有权利人的签字同意,并报经当地乡(镇)人民政府的批准。

第二,规范流转程序。中心根据《将乐县林业局关于切实加强森林资源流转管理工作的实施意见》所规定的招标程序来组织招投标工作,一是中心将在流转前七日内对符合流转条件的森林资源发布公告,公告内容包括招标标底、招标形式、竞买者条件、竞买者登记期限、竞买时间和竞买地点等;二是在招标当天,由村委会的人员根据森林资源的评估价来确定标底价,然后在相关人员的监督下进行公开招标。此外,对于进入森林资源流转交易中心进行交易的森林资源流转,所有业务均为零代理费,并且在森林资源流转交易中心刊登电子屏幕广告不收费。

第三,对某些不符合规定的流转行为进行限制。对于那些没有按照《福建省森林资源流转条例》和《将乐县林业局关于切实加强森林资源流转管理工作的实施意见》进行流转的国有、乡(镇)林场及村集体的森林资源,交易中心暂时不予办理林权的变更登记手续。

(4)实行"龙头企业+林农"合作模式。依托福建金森林业股份有限公司(以下简称"福建金森公司")、福建省将乐国有林场(以下简称"国有林场")等龙头企业,逐步推广了村民企股份合作联合经营、村企合作造林经营、林业托管经营、整乡整村合作经营等林业经营模式,以此推进林业的规模化、集约化经营。仅在2017年,福建金森公司就完成了5240亩的村民企合作造林经营,国有林场则完成了4000亩的林业托管经营;2018年,福建金森公司完成了3536亩的村民企合作造林经营,并与2个乡签订了整乡战略合作协议,与9个村签订了整村合作协议。同时,对于工商资本受让的集体林地和林木,只要符合不动产登记发证条件的,林业相关部门都会依法发放不动产权证书,如2017年共发放了110本不动产权证书。

(5)做好林业碳汇交易试点工作。福建金森公司致力于高质量、高效率的林业碳汇开发,已经成为福建省森林碳汇开发试点单位,并获得了海峡股权交易中心碳排放权交易综合会员资质,已经开辟了一条"不砍树也能致富"的新路径。2017年,该公司已经开发了4252.07公顷的森林碳汇,首期开发了17.46万吨的碳汇量,并完成了236万元人民币的交易。同时,该公司还与外县林场等单位共同开发了16个森林(竹林)经营的碳汇项目,总碳汇量超过了400万吨,占全省总量的60%。

(6)着力提升林业管理服务。一是鼓励和支持林业专业化服务和社会化服务组织发展。2018年,将乐县新建了福建苍绿林业技术服务有限公司和将乐县乐森林业服务有限公司等林业服务公司,主要提供森林资源资产评估、市场信息调查、技术培训、检查验收等在内的第三方服务,这在一定程度上有助于提升当地林业服务的专业性和效率。二是优化集体林地承包经营纠纷调处机制。由县林业局负责提供林业纠纷的指导服务,县综治办和信访局负责协调和督查,各乡镇人民政府负责调解和处理林权纠纷。2017年以来,将乐县共处理了16起集体林地承包经营纠纷,所有的纠纷都得到了有效的化解,化解率达到了100%。三是强化林业生产公共平台服务。全面优化将乐县林业生产电子信息服务平台,促使林权流转和林权抵押贷款的线上信息交流、线下签约办理流程更为顺畅。

(7)拓展林业金融服务。一是扩大林权抵押贷款规模。通过简化和健全林权抵押贷款制度,逐步提高林权抵押率。二是推进普惠制林业金融,继续推进鑫绿林业融资担保有限公司、金森林业小额贷款有限责任公司的建设工程,不断加强融资担保服务,进一步缓解林农、林企小额贷款难问题,并推广"福林贷""邮林贷""快农贷"等普惠林业金融产品。截至2017年,"福林贷"覆盖了全县110个村,贷款金额达到8108万元,使738户林农受益;"邮林贷"累计发放贷款263.3万元。三是加强林权收储机构的建设运营。2016年,将乐县与三明市联合成立了三明市金晟收储有限公司,精心构建了"五位一体"的防控机制,涵盖评估、保险、监管、处置和收储等多个方面。

二、将乐县集体林权制度改革面临的主要问题

虽然将乐县集体林权制度改革工作取得了一定的成绩,但还存在一些不足和问题。

(1)林权抵押贷款问题。由于天然商品林禁止采伐,同时受到现有市场需求疲软和经济增速放缓的影响,林农的资金需求和融资意愿都不高,这对林权抵押贷款工作的开展和规模的扩大造成了不利影响。

(2)多种形式林业合作经营问题。受到林业生产周期长的影响,当地村民在短期内看不到效益,对林业合作经营模式的理解不足,林业合作积极性不高,这使得林业合作经营模式目前无法全面普及和推广,亟需进一步研究和探索有效的解决方案。

(3)林业中介组织发展迟滞,尤其是在森林资源资产评估、林业规划设计调查、林业有害生物防治等林业专业化和社会化服务方面存在明显不足。

三、将乐县集体林权制度改革的未来展望

(1)进一步深化林业金融改革创新工作。一是推动绿色普惠金融,进一步简化林权抵押贷款的流程,扩大其规模,重点扩大"福林贷"、"邮林贷"和"快农贷"等林业信贷产品的覆盖范围,提高林农的收益。二是探索设计新型金融产品,以花卉苗木、林下种植、林下养殖、林下采集、林木采伐等产品为抵押物,丰富林权抵押贷款的种类,积极推行林业按揭贷款、生态公益林和天然林的收益权质押贷款等工作,从而拓宽当地林业企业和林农的贷款途径,满足企业、林农在林业生产经营方面的资金需求。

(2)持续推进林业经营模式改革创新工作。尝试创新村企互融共建的模式,在确保林农享有林地承包权不变的基础上,总结并推广福建金森公司与村集体、村民的"村民企合作"经营模式,推动整乡、整村的"村企"多层面合作,以实现林业的适度规模经营,从而提高林地的经营效益。

(3)强化中介组织建设。一是采取购买服务等方式,积极努力培育和发展一系列中介机构和专业组织,包括森林资源资产评估、伐区调查设计、木

材检验、林权勘验调查等。同时,重视林木种苗繁育、造林、抚育、采伐、病虫害防治等专业组织的成长,不断完善林业智能化管理的经验做法,引入更多智能化装备和信息化技术,加快智慧林业的建设进程。二是进一步优化社会化服务平台。继续以"将乐县林业生产电子信息服务网"为基础,促进林业金融、电子商务和林业信息的深度融合,重点支持福建金森公司制定并实施标准亩测算交易规则,实现林权流转的标准化交易。同时,支持福建金森公司在林业碳汇方面进行先行先试,探索规范、安全、有效的林业碳汇标准化交易模式。

(4)持续深化林业产权制度改革创新工作。重点围绕集体林地的"三权",加速建立集体林地三权分置的运行机制,并主要关注放活经营权。一是让流转形式更加灵活,鼓励林农采用转包、租赁、互换、入股、合作等多种方式,促进林地资源的合理配置和高效利用;二是让权限更加灵活,赋予林地实际经营人在林权抵押、评优示范、享受财政补助、林木采伐和其他行政审批等方面更多的权利,提高经营权的效能;三是让信息更加灵活,鉴于林权流转存在信息不对称、林业资产评估技术不足等问题,应充分利用好林权交易中心等平台,进一步活跃林权流转交易。

后　记

本书是基于笔者的博士学位论文和国家社科基金项目(15XGL014)的结题报告,经过大量的细致修订和全面深入的补充所形成的学术专著。在这本书即将付梓之际,我注视着电脑屏幕上密密麻麻的文字,不禁感慨万分。完成这本书的写作,真是一场漫长且充满挑战的旅程。在这段旅程中,从收集文献资料、实地调研,到最终的写作成书,每一个环节都充满了挑战与困难。我曾多次推翻、修改观点,直至最终定稿,每一个观点都经过了反复的推敲和验证,每一个结论都建立在充分的数据和证据之上。尽管无数个深夜,我曾为这本书辗转反侧,难以入眠,但这段旅程也让我收获了许多。

我最要诚挚感谢的是我的导师,也是本书的合著者——宁德师范学院经济管理学院魏远竹教授。自2012年慕名进入师门以来,恩师在学习和生活等各方面都给予了我很大的帮助。魏老师指引我从一个学术"小白"逐渐成长起来,他对我的帮助、指导和影响颇大,尤其是以严谨的治学态度影响着我。在本书的撰写过程中,从选题、框架设计、实地调研到最终定稿,无不倾注了魏老师的大量心血。每当我遇到困难时,魏老师总是鼓励我坚持下去,没有魏老师,这本著作是无法顺利完成的。除了学术上的指导,魏老师在生活中也以他谦逊的人格魅力和真诚待人的高尚品德影响着我。他教会了我许多为人处世的道理,这是我在今后工作和生活中宝贵的精神财富。衷心感谢魏老师的悉心教诲和无私帮助,我将永远铭记在心。

我还要衷心感谢福建农林大学经济管理学院谢帮生老师给予的无私帮

助和指导。在本书的撰写过程中,每当我遇到困难的时候,他都能为我提出很多建设性的意见,启发我进行新的思考。同时,还要感谢福建农林大学经济管理学院杨建州教授、王文烂教授、黄和亮教授、邓衡山教授、杜金苓老师及其他相关老师在本书撰写过程中给予的帮助和支持。

实地调研的顺利开展是本书能够顺利完成的前提。在此,我要特别感谢国家社科基金项目(15XGL014)等给予的经费支持;感谢江西省、福建省和浙江省等各地林业部门给予的支持和帮助;感谢杨春季、许小晶、张群、韩雅清、于浩、卢秋佳、钱斌、张祝恺、王耿焕、陈钦萍、陈德新、朱紫议等师兄、师弟、师姐、师妹们在调研过程中给予的帮助和支持,尤其要感谢张群师姐和韩雅清师姐,每当我遇到困惑的时候,她们总是热心地为我排忧解难。

感谢刘松涛同学和陈钦萍同学给予我的帮助,他们的意见和建议使本书更加完善。此外,我还要感谢福建省林勘院的池上评同学,他为本书提供了宝贵的技术指导。

感谢我的挚友兼同事苏凯,虽然我们认识的时间较晚,但共同的志趣和目标让我们迅速建立起深厚的友情。正是得益于他的支持和鼓励,我才能够取得今天的成绩。每当我面临学习或生活的困惑时,他总是耐心地为我加油打气、指点迷津,使我受益匪浅。同时,我要感谢林东艺为本书提供的技术指导和支持,他的专业知识和经验让我能够顺利完成本书的写作;感谢郑蓉蓉,她的建议和见解为我指明了未来的方向,使我更加明确自己的目标和追求。此外,我要感谢陈斌、彭清霞和林芸青等好友在学习和生活方面给予我的关心和帮助,他们陪伴我度过了许多难忘的时光,为我提供了宝贵的支持和鼓励;感谢挚友刘铭、邓梦秋、郑雪、王磊和林军伟为我的生活增添了许多色彩,每当我遇到烦恼的时候,他们总是耐心倾听,并鼓励我砥砺前行,感恩一路有你们的陪伴。

我要衷心感谢我的家人,他们始终给予我无条件的支持和关爱。我的成长离不开爷爷的辛勤照顾和培养,虽然爷爷在去年已经离我远去了,但相

后 记

信他会为我感到欣慰。感谢奶奶对我的细心照顾和指导,在生活和学习方面给予我无尽的帮助。同时,我要感谢我的父母、叔叔、姑姑、姐姐以及岳父岳母,他们在生活中给予我无数关怀与帮助,让我感受到家庭的温暖。特别感谢我的爱人范仲超女士,你为我付出了太多,我的心中满是感激之情,没有你的坚定支持,我难以顺利完成这本书的写作。未来,我会用更多的行动来回报你的深情厚意。我还要感谢我的儿子林哲昶,你的到来为我的生活增添了无尽的欢乐,愿你健康成长,幸福快乐!

再次感谢所有的恩师、同学、挚友和亲人。在未来的日子里,我会更加努力,书写属于我们的美好篇章!

本书由宁德师范学院林俊杰、魏远竹共同完成,其中,林俊杰撰写25万字,魏远竹撰写3.5万字。由于作者的知识和经验有限,本书可能存在一些疏漏或不当之处,恳请各位读者给予谅解,并提出宝贵的意见和建议,以帮助我们不断提高和改进。

林俊杰

2024年6月于福建宁德